D1830193

यादों के झरोखे

हर तरह के अभावों–अपमानों से जूझते हुए एक व्यक्ति किस प्रकार अपना जीवन निर्मित करता है, इसकी कटु–यथार्थ गाथा है–'यादों के झरोखे'। इसके लेखक का यह जीवन या उसके वे कार्य जिन्हें अपनी राह का पाथेय बनाया, अविस्मरणीय हैं; भले ही वाद–वर्ग–विशेष द्वारा इन्हीं का सहारा लेकर उसकी राह में काँटे बिछाये गये हों, किन्तु क्या उसकी राह रोक पाये? नहीं, उसने इन काँटों को भी फूल बनाया, वह आगे बढ़ता रहा, विकास के पथ पर बढ़ता रहा, किस प्रकार, इसी गाथा का दस्तावेज़ है–यह पुस्तक। इसमें शैक्षिक और बौद्धिक वर्ग की गुटबाज़ी, एक–दूसरे को धराशायी करने की कुत्सित प्रवृत्तियों का चित्रण है, और है लेखक की यथार्थ आत्मकथा भी।

प्रथम खण्ड 'संघर्ष गाथा' में जहाँ ज्वलन्त यथार्थ है, वहीं 'पुण्य–स्मरण' नामक दूसरे खण्ड में रोचक संस्मरण हैं।

इस पुस्तक में एक नये विमर्श की राह और कथावस्तु के धरातल पर नयी सामग्री का संकेत भी है।

यादों के झरोखे

प्रो. राजमणि शर्मा

वाणी प्रकाशन

वाणी प्रकाशन

4695, 21-ए, दरियागंज, नयी दिल्ली 110 002

फ़ोन : +91 11 23273167 फ़ैक्स : +91 11 23275710

शाखाएँ

अशोक राजपथ, पटना 800 004, बिहार

कॉफ़ी हाउस कैम्पस, महात्मा गांधी मार्ग, इलाहाबाद 211 001, उत्तर प्रदेश

महात्मा गांधी अन्तरराष्ट्रीय हिन्दी विश्वविद्यालय, वर्धा 442 001, महाराष्ट्र

सुल्तानिया रोड, मोतिया पार्क, भोपाल 462 001, मध्य प्रदेश

www.vaniprakashan.com
marketing@vaniprakashan.in
sales@vaniprakashan.in

YAADON KE JHAROKHE
by Prof. Rajmani Sharma

ISBN : 978-93-90678-26-6
Memoirs

© प्रो. राजमणि शर्मा

प्रथम संस्करण 2021

मूल्य : ₹ 300

इस पुस्तक के किसी भी अंश को किसी भी माध्यम में प्रयोग करने के लिए प्रकाशक से लिखित अनुमति लेना अनिवार्य है।

एशियन ऑफ़सेट प्रेस, दिल्ली-110 093 में मुद्रित

वाणी प्रकाशन का लोगो मक़बूल फ़िदा हुसेन की कूची से

जीवन की राह आसान बनाने वाले
कारकों को
सादर

—प्रो. राजमणि शर्मा

अपनी बात

मनुष्य की सार्थकता और सफलता प्रयत्न करने में है–बशर्ते सत्य, ईमानदारी, कर्त्तव्य–निष्ठता और परोपकार जैसे मानवीय मूल्य इस प्रयत्न के आधार हों। मैं इसी पथ का राही बना। जो शरण में आया, बिना भेदभाव उसे अपनी बुद्धि, धन से शक्तिभर सहारा दिया, सम्मान दिया। बहुत से लोग भूल गये, कुछ विरोधी भी बने, कुछेक ठगे भी, धोखा भी दिया। यदि केवल इन्हीं बातों का हिसाब रखता तो जीवन कष्टकर हो जाता। और बदला लेना मेरे शब्दकोश में है नहीं अस्तु सब कुछ ईश्वर पर छोड़ता रहा, सहता रहा मैं भी और मेरे पथ में कन्धा–से–कन्धा मिलाकर चलने वाली पत्नी भी। विरोधियों तथा अपनों से मिले अपमान, झूठे कलंक, कष्ट को मैंने जीवन–पथ का पाथेय बनाया। और बढ़ चला उस डगर पर जहाँ नदी की धारा के समान मेरी राह निरन्तर गतिमान रही। अवरोधों को ढकेलता रहा, आगे बढ़ता रहा, बिना थके, बिना हारे, बिना रुके, बेफ़िक्र, निडर निरभिमान। अन्ततः जिसकी कल्पना नहीं थी, वह मेरा प्राप्य बना।

आज मैं 80वीं वर्षगाँठ की कगार पर हूँ। सोचता हूँ... जीवन क्या यही होता है, जो मैंने जिया, भोगा; यदि यही सच है तो मैंने जो बानगी पेश की है, यदि भावी पीढ़ी इस पथ का अनुसरण कर पायी तो मैं अपने जीवन की आहुति को सार्थक मानूँगा।

जिन पुण्यात्माओं ने मुझे बनाया सवारा उनके अवदान, यादों का चित्रण अपरिहार्य रहा है। 'पुण्य स्मरण' इसी की परिणति है।

इस गाथा के कतिपय पात्र हैं तो कल्पित, किन्तु घटनाएँ सत्य हैं।

अक्षय तृतीया, सं. 2075

प्रो. राजमणि शर्मा

अनुक्रम

संघर्ष गाथा

पुण्य स्मरण

संघर्ष गाथा

मेरा गाँव : मेरा देश

गाँव में धँसा हूँ, कि यादें, स्मृतियाँ, मन–मस्तिष्क को एक–के–बाद–एक धक्का दे रही हैं। जब भी आता हूँ, कुछ–न–कुछ बदला सा नज़र आता है। सोचता हूँ–गाँव के वे जंगल कहाँ गये जो औरतों की लज्जा के रक्षक थे, वक़्त–ज़रूरत पर पुरुषों के भी सहायक थे। रोटी तैयार करने के लिए ईंधन देने वाले जंगली पेड़–पौधे कहाँ चले गये। कहाँ गये 'अडूस', जो सर्दी बुख़ार में हमारी औषधि थे। वे आम के पेड़ क्यों नाराज़ हो गये जो चार महीने भूख मिटाने के हमारे साधन थे; व्रत–पर्व पर व्रतियों के फलाहार थे, उनकी खटाई, अचार, अमावट, साल भर सब्ज़ी के स्थानापन्न बनते थे। महुए के पेड़ कहाँ लुप्त हो गये, जिनके फूल द्राक्षा का काम करते थे जो मेहनती किसानों और मज़दूरों के शक्तिवर्धक आहार थे और जिसका फल घी की कमी महसूस नहीं होने देता था। कटहल के पेड़ कैसे सूख गये? जो हम लोगों के बचपन की एकमात्र सब्ज़ी और पके फल भूख तृप्ति के माध्यम थे। जामुन कहाँ गयी जो एक औषधि है–डायबिटीज़ की; कैथ की चटनी अब कहाँ मिलेगी। सूरन कैसे, कब ग़ायब हुए? नीम का विशालकाय पेड़ और उसको आच्छादित किये गुरुच (गिलोय) कहाँ, कब कैसे विलुप्त हुए। बैर की झाड़ियों का पता नहीं। ये सब फल ही नहीं औषधि भी थे, ग़रीबों–अमीरों के भूख मिटाने के साधन थे। सबसे दुखद तो बाँस के झुरमुटों का ग़ायब होना है। ये बाँस छान–छप्पर, घर–दुआर निर्मिति के आधार थे। मृत्यु की 'तिख्ती' इसी बाँस की बनती है, जो मोक्ष का रास्ता दिखाती है। अकाल, सूखा पड़ने पर बाँस के फल चावल का पर्याय बनते थे, और पत्ते जानवरों के आहार। बिककर वे कपड़े–लत्ते तथा अन्य आवश्यक ख़र्चों के लिए धन उपलब्ध कराते थे, और–तो–और लोक में वंश–परम्परा की वृद्धि–समृद्धि के प्रतीक बाँसों के ग़ायब होने का रहस्य

समझ से परे है। वैसे भी वंश–परम्परा अब किसे याद है? याद रखने की किसे ज़रूरत है? कौन है इसे सँजोने वाला?

गाँव की वे हाथी–डुबान गड़हियाँ, सागर, तालाब कहाँ चले गये जो खेत–फ़सल को साल भर हरा–भरा रखने के माध्यम थे। ज़रूरत वक़्त पर नहाने के काम आने वाले तथा 'गुड़िया' (नाग पंचमी) आदि अनेक त्योहारों की अनिवार्यता तथा गाँवों को बाढ़ के पानी से बचाने वाले ये तालाब, गड़हियाँ, क्यों रूठ गयीं? क्या, आज इन सबकी हमें आवश्यकता ही नहीं? सामाजिक प्रतिष्ठा/स्तर के प्रतीक गोधन 'बैल' कहाँ लुप्त हो गये? क्या भारत में बैल की आवश्यकता नहीं? शाम होते ही आकाश गुंजायमान करने वाली सियारों की हुआँ....हुआँ.... और कुत्तों की भौं–भौं ध्वनि क्यों ग़ायब हो गयी? मैं, बदलाव की इस स्थिति से विकल हूँ। उदास! देखता हूँ! अँधियारा गहराते ही घरों के दरवाज़ों पर जल रहीं ढेबरियाँ और लालटेनें या बिजली के बल्ब बुझ गये। चारपाइयाँ भीतर चली गयीं। बाहर से पुरुष भी ग़ायब। घड़ी पर दृष्टि पड़ती है, अभी तो सात ही बजे हैं सोचने को मजबूर हूँ–बारह–बारह बजे रात तक चलने वाली कथा–भागवत, बतकही, किस्सा कहानी ग़ायब। कहानी कहने वाला नदारत। मानस का पाठ करने वाले कहाँ हैं, दुःख–सुख बतियाने वाले, ख़बरें बताने वाले, सब कहाँ ग़ायब हैं? अभी तक क्यों नहीं आये? क्या गाँव की परिभाषा नयी लिखी जा रही है।

मैं अनुभव करता हूँ... मनुष्य की बदलती प्रवृत्ति और प्रकृति से आकाश स्तब्ध है। तारों रूपी उसकी आँखें भय और चिन्ता से खुली–की–खुली रह गयी हैं। ऐसा लगता है मनुष्य की इस लीला को देखकर प्रकृति उदास है, आकाश दुखी है। चारों तरफ़ अँधेरे की साँय....साँय, जुगनू की चमक डरावनी हो उठी है।

मैं अपने में खोया था, या स्थिति के मनन में लगा था। तभी आवाज़ सुनाई पड़ी–''भैया, उठिए, आपकी चारपाई भी भीतर कर दूँ।'' भाई की आवाज़ थी, जो कहीं दूर से आती सी सुनाई दी।

''क्यों?'' मैंने कहा–''आवश्यकता नहीं।''

''बाहर सोना सुरक्षित नहीं... आजकल अनेक ख़तरे हैं। उठिए।''

उत्तर न देकर, मैंने इंगित से मना किया। और सोचने लगा क्या गाँव का जीवन इतना विषाक्त हो गया है। सुरक्षा! किसकी सुरक्षा? इस नाशवान आत्मा के आवरण–शरीर की, जिसका समय निश्चित है,

उस 'निश्चित' को कौन टाल सकता है? और ख़तरे उठाना तो मेरी ज़िन्दगी का हिस्सा रहा है, इसी ने मुझमें संघर्ष तथा निश्चिन्तता की अटूट क्षमता भरी; गाँव का खुला परिवेश तथा उसमें विचरण ने ही मुझे साहस से सराबोर किया। आज तक, चाहे सर्दी हो या गर्मी, आँधी हो या तूफ़ान या वर्षा कभी तो मेरी चारपाई खुले बरामदे या आकाश तले से भीतर नहीं गयी। तब, आज क्यों चिन्ता? किसकी चिन्ता... नाशवान की चिन्ता! मुझे स्वीकार नहीं था। भाई चुपचाप भीतर चले गये। मेरे लिए सोचने का एक और विषय छोड़ गये–गाँव का नया स्वरूप। क्या गाँव ऐसा हो गया है, क्या गाँव के लोग पारस्परिक सहयोग, दुःख–सुख में सहभागिता को भूल गये?

नींद टूटती है, आकाश की ओर टकटकी लगाता हूँ, कुछ समझ में नहीं आता। पानी पीता हूँ। सोने की कोशिश करता हूँ, नींद आती नहीं। घड़ी में समय देखता हूँ, दो बजे हैं। एकाएक उठ पड़ता हूँ। मन, अपने प्रिय पेड़ों की लीला उनकी जड़ों से जाकर पूछना चाहता है। बाग़ में पहुँचते ही कटहरिया, पसेरिहा, मिठउआ आम की जड़ों के स्थान को खोजने का प्रयत्न करता हूँ। पूरा मैदान सफ़ाचट। उनकी जड़ों के सम्भावित स्थान पर बैठकर उनके मरने का मातम मनाता हूँ। यादें हिलोरें लेती हैं। याद आती हैं। उनकी घनी डालियाँ और पत्ते जिनके बीच ही मेरी गर्मी की दोपहरी बीतती थी, मेरी भूख मिटती थी। जिनकी डालें मेरे छुपने की जगह रही हैं, एकान्त चिन्तन–मनन तथा लोगों को खिझाने, अपनी पिटाई की योजनाएँ बनाने के लिए मेरे आसन का काम करती थीं। पर वे मिलने वाली कहाँ? वर्षों पहले उनका अस्तित्व मनुष्य की अमानवीयता ने निगल लिया है।

आगे बढ़ता हूँ, खड़े दो–चार पेड़ों से दो–चार आम भी ज़मीन पर गिरे हैं, किन्तु इन्हें बीनने–उठाने वाला कोई नहीं, मुझे लालच आता है, उन्हें उठाता हूँ, याद आता है–इन पेड़ों के नीचे, इस मौसम में तो सैकड़ों फल गिरे रहते थे, जिन्हें हम सब एक–दूसरे से होड़ लगाकर दौड़–दौड़कर उठाते थे, अपने झोले भरते थे। पर, आज... टार्च की रोशनी ऊपर फेंकता हूँ। घुँघची के समान फलने वाले इन वृक्षों में दस–बीस फल और दिखाई देते हैं। और, लगता है हमेशा हँसने वाले ये वृक्ष अगाध उदासी में डूबे हैं। न उनमें स्पन्दन है, न कम्पन; न फलों की लालिमा है, न पत्तों की हरीतिमा। उनकी उदासी मुझे भी अपने आगोश में खींच

लेती है; और प्रतीत होता है कि ये पेड़ अपनी बारी की प्रतीक्षा में खड़े हैं–इस लोक से चले जाने के लिए। शायद उन्हें अपने भविष्य का आभास हो चुका है। यह उदासी, आभास कैसे क्यों? इसीलिए न कि मनुष्य ने इनकी सेवा–शुश्रूषा छोड़ दी है; उसे फुरसत नहीं; इन्हें देखने–पोसने की, उनकी परवाह करने की। मुझे आज याद आते हैं गाँव के पुरनिये, जो एक पेड़ के सूखने–गिरने की सम्भावना भाँपकर दूसरे पेड़ लगाने–पोसने में लगे रहते थे। तपती जेठ की दुपहरी में इन पेड़ों–पौधों की सींचते थे। अफ़सोस है कि हम उनसे यह न सीख पाये। तभी तो बाग़ आज मैदान में बदल रहे हैं, न तो विश्राम हेतु छाया है, न भूख मिटाने को फल। वैसे फल तो बाज़ार में उपलब्ध हैं किन्तु छाया, पर्यावरण आदि कहाँ से पायेगा मनुष्य? यह स्थिति एक दिन में नहीं हुई, वृक्षों, विशेषकर फल वाले वृक्षों की उपेक्षा, उस सभ्यता–व्यवस्था और मानसिकता की देन है, जो पर्यावरण की शुद्धता सुरक्षा पर करोड़ों–अरबों ख़र्च करने के बहाने अपनी समृद्धि की फितरत में मशगूल है।

2

आज फिर गाँव आया हूँ, बहुत दिनों बाद। मेरा यह गाँव–'लम्भुआ' जौनपुर–सुल्तानपुर के सड़क मार्ग पर सुल्तानपुर से 23 कि.मी. पहले–सड़क और रेलवे स्टेशन के बीच स्थित है। वैसे तो मैं तथाकथित रूप में पैदा हुआ जौनपुर ज़िले के धनियामऊ क़स्बे के एक गाँव 'औंका' में, स्वतन्त्रता से लगभग सात वर्ष पहले। यह वही स्थान है, जहाँ मेरे छोटे मामा जौनपुर–सुल्तानपुर मार्ग पर स्थित धनियामऊ के पुल को तोड़ते समय अंग्रेज़–पुलिस द्वारा गिरफ़्तार हुए थे। फ़िलहाल इस गाँव की और विशेषकर ननिहाल की मुझे बहुत कम स्मृति है। हाँ, इतना याद है कि यह समृद्ध और शान्त गृह था; किन्तु स्वतन्त्रता पूर्व ही। काल के पहिये का चक्र बदला, ग़रीबी ने पूरे परिवार को अभाव की चादर में लपेट लिया। असली पालन–पोषण तो मेरे अपने पैतृक गाँव में हुआ।

'औंका' और 'लम्भुआ' दोनों नामकरण मेरे लिए आज भी 'रहस्य' है। 'औंका' की व्युत्पत्ति तो मैं नहीं खोज पाया, किन्तु 'लम्भुआ' के सन्दर्भ में मेरी कल्पनाशीलता सक्रिय रही। शायद सड़क के किनारे लम्बाई में बसे होने के कारण 'लम्बा+हुआ' से व्युत्पन्न हुआ–'लम्भुआ'। अवधी का एक

शब्द है–'लमहा' जिसका अर्थ होता है–'क्षण' या 'अत्यन्त निकट'। हो सकता है 'दियरा' स्टेट से निकट होने के कारण इसे 'लमहा' कहा गया हो। और लमहा–लमुँहा–लम्भुआ' में तब्दील हुआ हो। आप इसे फ़िज़ूल की बातें कह सकते हैं, किन्तु गाँवों के नामों के साथ लोक–कथाएँ और लोक–भावनाएँ जुड़ी हैं, ठीक वैसे ही, जैसे आज महापुरुषों के नाम पर सड़कों परियोजनाओं का नामकरण। वैसे भी 'लोक' का परिचय तो सबसे पहले उसके गाँव के नाम से ही होता है। फ़िलहाल इस गाँव के बसने की न कोई कथा है, न इतिहास। इतना अवश्य प्रसिद्ध है कि स्वतन्त्रता की लड़ाई में गाँधीजी के आन्दोलन की राह पर चल पड़े इस गाँव के लोगों को नियन्त्रित करने के लिए बर्बर पुलिसिया प्रहार निरन्तर आवश्यक मानकर थाना 'चाँदा' से 'लम्भुआ' में स्थानान्तरित हुआ।

'लम्भुआ' अपने जन्म–काल से अम्बेडकर बाबा की अवधारणा को नकारता हुआ–सामाजिक समरसता, समन्वय और सह–अस्तित्व का प्रतीक रहा है। इस गाँव में हिन्दू भी थे, मुसलमान भी। मूलतः ब्राह्मणों के इस गाँव में–यादव, कोइरी, कुम्हार, कहार, नाई, धोबी, चमार, पथरकटा, डोम सभी तो थे। चमारों का घर गाँव की पूर्वी दिशा में गाँव से सटा था। ब्राह्मणों में 'भट्ट' अधिक हैं, गोसाईं (गोस्वामी), चौबे, उपधिया, मिसिर के भी घर हैं, इस गाँव में। सभी छान–छप्पन तैयार करने, सिंचाई–बोवाई में एक–दूसरे की सहायता करते थे। सभी के सुख–दुःख में सभी शामिल होते। यथाशक्ति सहायता करते। यहाँ न जाति का भेद था, न धर्म का। मस्जिद के नाम पर एक घेरा ज़रूर था; जिसमें नमाज पढ़ी जाती थी या नहीं, पता नहीं। मन्दिर तो था नहीं। एक मरी माई थीं, जिन्हें कभी–कभी लोग पूड़ी–हलवा चढ़ाते। रूमाल की तरह का एकाध लाल कपड़ा तथा पताका भी चढ़ाते। शायद यह 'मानता' (मनौती) की पूर्णता पर होता था। हाँ! एक काली का स्थान भी था। यहाँ भी लोग पूजा–अर्चना करते। एक यादव–महिला पर काली माई आसन ग्रहण करतीं और वह गाँव के लोगों को भविष्य बताती। आस्था ऐसी कि कोई उसे टाल नहीं सकता था। यह प्रक्रिया वर्ष में दो बार होती। काली माई के चौरे पर वर्ष में एक बार गर्मी के महीने में–श्रीमद्भागवत् का पाठ एक माह चलता। सुयोग्य पण्डित की खोज तथा उनके प्रतिदिन के भोजन व्यवस्था का भार बाबू (पिताजी) उठाते थे। वैसे तो भोजन हेतु गाँव के परिवारों की पारी लगती, किन्तु इससे पूरा नहीं पड़ता और फिर पिताजी को सक्रिय होना पड़ता।

भोजन कराने में असमर्थ लोग अलग क़िस्म की सेवा का भार उठाते। रात में कथा सुनने आस–पास के गाँवों से सैकड़ों लोग भी आते। आस्था ऐसी कि जो इस कथा को सुनता उसे अपने परिवार–समाज को महामारी से बचने का अटूट विश्वास हो जाता। त्योहार तो एकमात्र होली था, जिसमें पूरे माह भर छोटी–छोटी टोलियाँ, घर–घर घूमकर फाग सुनातीं। अन्तिम दिन का कहना ही क्या? जाति–धर्म, परस्पर राग–द्वेष भूलकर सब इस अवसर पर, एक–दूसरे के घर जाते। खाते–पीते, रंग में सराबोर होते। मेरे दरवाज़े पर अधिक चहल–पहल रहती–शायद सुबह से तैयार होने वाली भाँग का स्वाद चखने के लिए। किन्तु आज! आज तो बड़प्पन का भाव हमारे सह–अस्तित्व का दुश्मन बन बैठा है। ईद–बकरीद का तो मुझे स्मरण नहीं; हाँ–ताजिया (मुहर्रम) और 'गाजी मियाँ के मेले' तथा विजयादशमी के बाद लगने वाले मेले (रामलीला) याद आते हैं, जिसमें हिन्दू–मुसलमान दोनों सहभागी बनते थे। ऐसा नहीं था, कि झगड़े न होते रहे हों, झगड़े भी होते थे, किन्तु परस्पर संवाद, दुआ–सलाम हमेशा क़ायम रहता। मुकदमेबाज़ी भी शुरू हो चुकी थी। धर्म–जाति के नाम पर संघर्ष या दंगों की बात मेरे गाँव के लिए तब भी कल्पना की बात थी और आज भी।

'ग़रीबी' से इस गाँव का चोली–दामन का रिश्ता रहा है। अधिसंख्य हिन्दुओं और मुसलमानों के पास खेत नाम की चीज़ नहीं के बराबर थी। मुस्लिम–युवा दिनभर मेहनत मज़दूरी करते या चिड़िया, मछली फँसाते। बुलबुल, तोता पकड़कर बेचते। रज़ाई–गद्दा सिलना–भरना भी इनका व्यवसाय था, पर इसमें पुरुषों की अपेक्षा उनकी स्त्रियाँ अधिक सक्रिय रहतीं। अभावों के साम्राज्य से केवल इन्हीं का नाता नहीं था, हिन्दू विशेषकर ब्राह्मणों की दशा और दयनीय थी। आभिजात्य के अहंकार में वे मज़दूरी कर नहीं सकते थे, खेत नाममात्र के थे। अशिक्षा ने उन्हें पूजा–पाठ से भी विरत कर रखा था। हाँ! तिथि–त्योहार पर कभी–कभी किसी के यहाँ से सीधा–पिसान (आटा, दाल, नमक) मिल जाता या भोजन का निमन्त्रण मिलता। औरतें पर्दे में रहतीं। 'डेहरी' (घर का द्वार) रात–विरात तभी डाँक या पार कर सकती थीं, जब उन्हें दैनिक क्रिया की आवश्यकता महसूस होती।

'लम्भुआ' की भौगोलिक स्थिति विचित्र है। हर इलाक़े के लिए यहाँ से राह निकलती है। लोग बताते हैं कि दूसरे विश्वयुद्ध में अंग्रेज़ों ने

यहाँ की रेल पटरियाँ हथियार बनवाने के लिए उखाड़ ली थीं। जो भी हो, 1952 ई. में यह लाइन फिर बनना शुरू हुई। उस समय सवारी के साधन बैलगाड़ी और दो–चार इक्के ही थे जो दो–चार कोस तक के ही सहारे थे। ज़िला मुख्यालय सुल्तानपुर होने के कारण मुक़दमे, परीक्षाएँ–आठवीं, दसवीं की–वहीं होतीं। सात कोस की दूरी को पूरा करना उस समय कठिन कार्य था। साधन थी–एकमात्र 'बस', जिसमें इंजन था और था–बिना पैसे का बैंड बाजा की ध्वनि करता ढाँचा। धूल उड़ाती सुबह सुल्तानपुर के लिए रवाना होती और रात–विरात वहाँ से लौटती। वैसे यह कहाँ और कब बिगड़ कर चलने से इनकार कर दे, कोई ठिकाना नहीं था। रास्ते के गड्ढों से बस की उठा–पटक में कभी किसी का सिर फूटता, कभी कोई सीटों के बीच मुँह के बल गिर कर दाँत तुड़वाता। इससे बचे तो सीट के पीछे के लोहे के राड रीढ़ की हड्डी को चोट पहुँचाते। सवारियों को यात्रा के पैसे देने के अलावा यह भी दायित्व था कि गड्ढे और कीचड़ में फँसने या स्टार्ट न होने पर उसे धक्का दें। सच तो यह था कि कभी बस सवारियाँ खींचती और कभी सवारियाँ बस को खींचती। फ़िलहाल यह 'बस' हमारे गाँव के लिए बिना पैसे का तमाशा थी। उसके आने–जाने के समय पूरा गाँव एकत्रित होकर आनन्द लेता। हाँ! अधिकांश लोग सुल्तानपुर पैदल जाना ही सुरक्षित समझते। परस्पर विरोधी मुक़दमा लड़ते, किन्तु दोपहर में गोमती के जल से तैयार 'सत्तू' एक साथ बैठकर खाते। था न परस्पर सौहार्द? उस समय तक धोखे से ज़हर देने का रिवाज नहीं था; मनुष्यता की भावना ही तो जोड़े थी, इस गाँव के निवासियों को।

हमारे गाँव से एक सड़क दुर्गापुर के लिए जाती है, दूसरी सुल्तानपुर, तीसरी गारापुर स्टेट होते हुए प्रतापगढ़ चली जाती है और चौथी–चाँदा होते हुए जौनपुर पहुँचती है। पाँचवीं गोमती के तट तथा 'धोपाप' घाट तक जाती है। कहने के लिए यह सड़कें थीं, किन्तु तब ये थे–गड्ढा–युक्त रास्ते। 'धोपाप'–एक तीर्थस्थल है। नाम और अर्थ के अनुरूप ही इसके साथ एक लोक कथा जुड़ी है। आज तो इस कथा पर और मुलम्मा चढ़ गया है। कहा जाता है–एक 'कौआ' (सम्भवतः काग भुशुण्डि) यहाँ स्नान कर हंस (श्वेत) बन गया। काला रंग पाप का पर्याय है, और श्वेत! पुण्य का। अर्थात् पाप मुक्त हो गया। पक्षियों ने उसे घेरा, पूछने पर उसने बताया कि इस स्थल पर स्नान करने से बड़े–से–बड़े पाप, यहाँ तक कि

ब्रह्महत्या के पाप–दोष से मुक्ति हो जाती है। रावण के वध के पश्चात राम के मन में ब्रह्महत्या का काँटा सालता रहा होगा, उन्होंने सबसे पूछा होगा। किसी पक्षी ने उन्हें गोमती के इस घाट का महत्त्व और रास्ता बताया होगा। नहीं भी बताया होगा, तो भी 'लोक–मन' ने इस स्थान को राम के स्नान, पाप–मुक्ति से जोड़ लिया होगा। तभी तो कथा चल पड़ी–दोनों भाई--राम और लक्ष्मण ज्येष्ठ मास के गंगा दशहरा के दिन यहाँ आकर स्नान किये और ब्रह्म हत्या या हत्या के पाप--दोष से मुक्त हुए थे। और, तभी से इस स्थल का नाम 'धोपाप' पड़ा। इतिहास और पुराण में तो इसका उल्लेख कहीं नहीं मिलता, किन्तु लोक–मान्यता–विश्वास से बढ़कर कौन–सा इतिहास, पुराण है? लोक अपनी मान्यताओं को छोड़ने के लिए तैयार कहाँ, वह तो हारिल पक्षी के मुँह की लकड़ी के समान निरन्तर इसे और मज़बूती से पकड़े रहता है। तभी तो, बचपन के दिनों की अपेक्षा आज यहाँ लाखों लोग प्रतिवर्ष स्नान करते हैं। लम्भुआ बहुत छोटा क़स्बा था मेरे बचपन में; किन्तु यहाँ के लोगों का ह्रदय बहुत विशाल था। स्नानार्थी दिन–रात यहाँ किसी–न–किसी के दरवाज़े विश्राम करते; लोग, यथा–शक्ति लाई–चना–चिवड़ा–गुड़–अचार–सत्तू से उनका पेट भरते। सम्पन्न लोग इस बहाने पुण्य कमाते। 'बाबू' भी इसमें शामिल होते।

यह तीर्थ लम्भुआ की प्रसिद्धि का कारक तो था, किन्तु इससे भी अधिक प्रसिद्ध था–अपने झगड़ों के लिए, लाठी--बल्लम चलाने के लिए। दूर–दूर तक यहाँ के लोग झगड़े के अवसर पर ससम्मान याद किये जाते थे, विजय उसी की होती, जिधर लम्भुआ के लठैत होते। कुश्ती, झाबर, कबड्डी जैसे खेलों में भी लम्भुआ–टीम की धाक थी। जीत पहले से ही निश्चित रहती, सीधे नहीं जीतते तो भीड़ उन्हें जिता देती। लम्भुआ की टीम के साथ लम्भुआ टीम के प्रशंसक भी हर जगह उपस्थित रहते। ऐसा 'जुनून' तो आज 'राष्ट्र' के साथ भी नहीं है। क्रिकेट के मैदान में भी नहीं।

3

वंश–परम्परा के अनुसार मेरे पड़ोसी रामेक्षा प्रसाद, तीसरी पीढ़ी के चाचा थे। अच्छी खेती। बड़े--बड़े सजीले तीन बैल। एक बैलगाड़ी। प्रायः वे अपने बैलों की बहादुरी के कारनामे सुनाते। विशेषकर 'बीड़ी' वाला (बैलगाड़ी के दोनों बैलों के आगे चलने वाला) बैल कैसे दोनों

बैलों के निराश होने पर भरी पूरी बैलगाड़ी को अकेले खींचकर ऊँचाई पर चढ़ाता है... आदि। पाक–कला में पारंगत थे वे। कहा जाता है कि कलकत्ता में किसी बंगाली के यहाँ वे भोजन बनाने का काम करते थे, शायद इसी प्रभाव के चलते वे मछली भी बनाना–खाना सीख गये। कब वहाँ से वापस आये पता नहीं, पर बोध आने पर मैंने उन्हें गाँव में पाया। वे दूसरों के शादी–ब्याह में बराती–घराती के रूप में शामिल होते अवश्य; किन्तु घरातियों–बरातियों में झगड़े–लड़ाई की आग सुलगा कर दूर खड़े तमाशा देखते, मज़ा लेते। गुस्सैल बहुत, लाल–लाल आँखें और लाठी लिए वे भाँजते रहते, मजाल किसी का कि कोई उन्हें कुछ कह दे। बात–बेबात लड़ाई, मारपीट उनकी आदत थी। अपने बहादुर लठैत होने की भी वे प्रायः चर्चा करते थे, पर मैंने अपने गाँव में हुई 'बदी' (शर्त के साथ) लाठियाँ चलाने वाले में उन्हें अनुपस्थित पाया। बाबू को छोड़कर सभी उनसे डरते। वस्तुतः उन्हें 'बल' / 'शह' प्राप्त थी अपने तथाकथित चाचा 'बलवान' की।

मेरे होश सँभालने तक उनकी दूसरी या तीसरी पत्नी भी इह लोक छोड़ गयीं। इस बार या तो उन्होंने विवाह किया नहीं, या हुआ नहीं, उनकी बिटिया तो मेरे परिवार में पल–बढ़ रही थी। पेट बड़ा पापी है, तब न चक्की थी, न बनी बनाई दाल, न धान कूटने की मशीन। यह सब हो तभी तो, पेट भरता। वैसे तो इन कामों को करने में वे स्वयं माहिर थे–ऐसा कहा जाता है, किन्तु यदि किसी नारी का साथ मिल जाता तो उनकी शक्ति दो गुनी बढ़ जाती। ब्राह्मणों के इस पुरवे में ऐसी महिलाओं की कमी नहीं थी–अनेक आश्रयहीन बूढ़ी, विधवाएँ ऐसे ही कार्य कर अपना जीवन बिता रहीं थीं किन्तु उन्हें खोज थी–नौजवान महिला की। 'चटकीला' कोहाइन तो सूरज प्रसाद के क़ब्ज़े में थी। बची थी 'गंगी'। तोते जैसी नाक, गौर वर्ण, ओंठ ऐसे कि उन्हें खोजना पड़े, बड़ी–बड़ी चंचल आँखें, मखमल जैसे मुलायम गोल–मटोल गाल, हँसी ऐसी कि लोगों को बरबस अपनी ओर आकर्षित कर ले। दाड़िम जैसे दाँत, ठिगना भरा पूरा शरीर उसके आकर्षण में चार चाँद लगा रहा था। शादी–शुदा। सन्तानें भी हुईं किन्तु जीवित नहीं रहीं। हर एक का काम करने के लिए आतुर। आख़िर उसे भी तो अपना और अपने मर्द का पेट भरना था। उसे पटाने में उन्हें देर नहीं लगी। ख़ुशी–ख़ुशी उसने उनकी सेवा का भार उठा लिया। 'बाबू' के कठोर रुख़ अपनाने पर वे प्रायः गाँव से बाहर रहते। गंगी भी दूर हुई। उनके परम समर्थक अमर और बलवान भी दिवंगत हुए।

तथाकथित चचेरे चाचा अमर की भी यही स्थिति थी। वे दो भाई थे, दोनों अविवाहित। खेती तो इनके पास कम थी, किन्तु रोज़गार के लिए कभी ऊँट, कभी कुछ और पालते। शौक़ीन भी बहुत। विवाह की लालसा जीवनकाल के अन्तिम दिनों तक थी।

अमर के अनुसार मर्द साठे पर पाठा होता है। वे साठ के तो नहीं थे, पर पचास ज़रूर पूरा कर चुके थे। एक दिन पता लगा कि दमा के चिर–रोगी अमर के दरवाज़े से ऊँट ग़ायब है, और स्वयं अमर भी नदारत। दो–चार दिनों बाद शाम के समय मर्सराइज्ड बुर्राक धोती, मखमल का कुर्त्ता और चमचमाता काला जूता पहने, पैरों में महावर और आँखों में सुरमा लगाये एक डोली के साथ अमर चाचा अपने घर पर हाज़िर हुए। हम बच्चों के लिए यह एक अजूबा था। भाग कर माई–बड़की माई को हम लोगों ने ख़बर की। वे सँभल पातीं कि अमर चाचा ने स्वयं इन दोनों के पास हाजिऱ होकर उनके पैरों में अपना सिर रख दिया–"अपनी देवरानी की परछन कर डोली से उतरवाइए, यही मेरी विनती है।" दोनों असमंजस में। कैसे मानें, पिता, बड़े बाबू का निर्देश था, इनसे सम्बन्ध न रखने का।

रामेक्षा और अयोध्याप्रसाद उर्फ़ बलवान से हम लोग भी डरते थे। उनका भूत, तन्त्र–मन्त्र कब हम लोगों को परेशान कर दे, कोई ठिकाना नहीं। कहा जाता है उन्होंने गर्भवती महिलाओं के गर्भ गिराये। जन्मजात बच्चों को भूत को सौंपा। पता नहीं नयी–नयी बियाई कितनी गाय–भैंस या उसके बच्चे एवं दूध भगवान को प्यारे हो गये। हमारे पुरवे की तीन चौथाई आबादी, बाग़–बगीचे उन्हीं के क़ब्ज़े में थे। किसी में प्रतिरोध का साहस न था। फिर भी परदादा के चलते हमारे परिवार के पास घर और बड़ा–सा दुआर अवश्य था। पर बाग़ों पर उनका क़ब्ज़ा था।

चार बैलों की खेती वाले बलवान के घर में कोई औरत–बच्चा मैंने कभी नहीं देखा। हाँ, उनकी रोटी पानी के लिए कभी उनकी बहन, कभी बिटिया आ पहुँचती। बलवान का अधिक समय अपने भूत–सिद्धि और ओझाई में बीतता था। एक दिन बलवान चल बसे। बलवान की अनुपस्थिति में भूतों को तेज़ भूख लगी, वे गाँव के सबसे बड़े बलवान के मकान को खा गये। फिर बारी आयी रामेक्षा चाचा की, अमर तो पहले ही चल बसे थे। गाँव की तीन–चौथाई आबादी के क़ब्ज़ेदारों के तीनों घरों में दिया बाती जलाने वाला कोई भी नहीं बचा। 'एकलख पूत सवा लख नाती,

तेहि रावण घर दिया न बाती।' आश्चर्य यह कि बलवान और रामेक्षा की ज़मीन क़ब्ज़ियाने वाले परिवार के लोगों की दशा आज भी दुखदायी है। विकास उनसे कोसों दूर है। हाँ, इनकी अपेक्षा अमर चाचा की ज़मीन फलदायी रही, उसके लिए–जिसने इसे लिया।

इसी गाँव में एक थे–नकनकहा (अर्थात् नाक से बोलने वाले)। असली नाम था–देव कुमार। देवकुमार के भाई शिवकुमार चढ़ती जवानी में ही चल बसे। दोनों परिवारों के दर्जन भर से अधिक लोगों के पालन–पोषण का उत्तरदायित्व उन्हीं के कन्धे पर था। खेती लायक ज़मीन बहुत कम। पर वे हार मानने वाले जीव नहीं थे। उन्हें मैंने कभी किसी से न बात करते देखा, न खाली बैठे। अपने काम में मस्त। किन्तु हर एक के सुख–दुःख, काम–प्रयोजन में उन्हें सन्नद्ध खड़े देखा जा सकता था। बच्चों औरतों को लेकर वे खेत में जुटे रहते। घी के नाम पर महुवे के तेल का प्रयोग करते। कभी किसी से कानी कौड़ी उधार नहीं लिया। किन्तु बेटियों और बेटों का विवाह समय से किया। सभी को पढ़ाया–लिखाया। हाईस्कूल तक तो नहीं पहुँचे, किन्तु लगन वाले थे। किसी काम को उन्होंने छोटा नहीं माना। गाँव छोड़े। सूरत–बम्बई पहुँचे। कोई पुलिस में भर्ती हुआ, कोई चना–भूजा, पानी–पूड़ी, भेलपुरी बेचने लगा। पैसा कमाया। पिता–चाचा को भेजना शुरू किया। एकाएक नकनकहा के सभी दुःख दूर हुए। वे सूद पर पैसा देने लगे, दो के बदले चार बैल हो गये। किन्तु देवकुमार का असली संघर्ष तो था–सूरज प्रसाद से, जो यहाँ के नवासादार थे और थे पूरे गाँव के महाभारत के नायक। देवकुमार ने उनसे अपने हिस्से की ज़मीन को मुक्त कराने का संकल्प ले रखा था। फौजदारी हुई, मुक़दमे दायर हुए। अन्ततः 40 वर्षों के संघर्ष के पश्चात सूरज प्रसाद परास्त हुए। वैसे सूरज प्रसाद मुझ जैसे गाँव के दो–चार लोगों के पढ़े–लिख जाने के पश्चात स्वतः परास्त हो गये थे, क्योंकि उनकी कूटनीति को हम सबने जान लिया था। किन्तु उनकी कमर तो तब टूटी जब देवकुमार ने उनके दरवाज़े के सामने ही अपने ज़मीन की चहारदीवारी खिंचवा दी। रही–सही कसर पूरी की सूरज प्रसाद के बड़े बेटे ने, जब उसने अपना हिस्सा बँटवाया। अन्ततः जीवनकाल के अन्तिम दिनों में विवश होकर उन्होंने अपने दोनों बेटों को अलगाया।

'मतलबी' मेरे पिता के ही नहीं समस्त गाँव के दोस्त थे, किन्तु केवल अपने उद्देश्य सिद्धि तक के लिए। उनके बड़े बेटे युवावस्था में चल बसे,

शेष दो में एक 'नेता' नाम से प्रसिद्ध हुए। मूलतः टैक्सी ड्राइवर से नेता बने थे। 'नेता' अपने पिता के नीति का अनुसरण करते हुए गाँव में वितंडावाद के प्रवर्तक बने। किन्तु सफल नहीं हुए। उन्हें कहीं भी, कभी भी किसी के भी साथ देखा जा सकता है। उनके बच्चे...। क्या हैं, कहाँ हैं, कह पाना कठिन है? ठीक, यही स्थिति उनके चाचा के परिवार की हुई।

"अजगर करै न चाकरी पंछी करै न काम।
दास मलूका कहि गये सबके दाता राम।।"

मोटे अर्थात् रामसेवक को मैंने कभी कोई काम करते नहीं देखा। छोटका को छोड़कर गाँव के अन्य किसी स्त्री–पुरुष से बात करते भी नहीं देखा। काला रंग, स्थूलकाय, लम्बा–चौड़ा शरीर। देखने में डर लगे। पता नहीं उनका विवाह हुआ था या नहीं, उन्हें कोई सन्तान थी या नहीं। थोड़ी–बहुत खेती थी, पर वे उसके डाड़े कभी नहीं जाते थे। चोरी–छिनारा में वे पारंगत थे। पर कभी कोई पकड़ने का साहस नहीं करता। पुलिस भी उनसे दूर रहती। क्योंकि वे उसके मुखबिर थे। पुलिस जो भी केस दर्ज करे, उसमें एक गवाह मोटे रहते थे। हर घटनाओं के वे चश्मदीद गवाह होते थे। वकील जिरह करते–करते थक जाते पर मोटे कभी हार न मानते। इनकी साथिन थीं–छोटका। घर–घर समाचार इकट्ठा करतीं और बाँटती थीं। यह अलग बात है कि छोटका के पहुँचते ही घर के दरवाज़े विशेषकर मेरे परिवार के दरवाज़े बन्द हो जाते। बहुएँ–बेटियाँ भीतर क़ैद हो जातीं।

उन्हीं के भतीजे थे–अमीर राम। कानपुर की गन फैक्ट्री में काम करते थे। उनकी पत्नी मेरे मामा के गाँव की थीं। असली नाम क्या था–पता नहीं। पर उन्हें सभी 'लँगड़ा' कहते। गोरी–चिट्टी, दुबली–पतली, छरहरे बदन की यह महिला बहुत काइयाँ थी। लँगड़ा का मंसेधू (पति) कमासुत था। महीने में दो–चार दिन अथवा तिथि त्योहार पर आता। ख़ूब बढ़िया कपड़ों में, पर बहुत कम बोलना, किसी के यहाँ आना–जाना नहीं। लँगड़ा थोड़ी–बहुत पढ़ी–लिखी थीं। उनके घर में क़िस्सा–ए–चार यार, तोता–मैना, रानी सारंगा की कथा, कथासरित्सागर जैसी पुस्तकें रहती। रार–तकरार में उनसे मोर्चा लेने का साहस किसी में नहीं था। बाद में तो वे मोटे की सम्पत्ति (घर–दुवार तथा खेती–बारी) की भी हकदार बनीं। एक परिवार गोरे–चिट्टे कई बच्चों का था–गंगा का। उनकी माँ शाम तक किसी–न–किसी से माँग–जाँच कर रात के लिए दो बहुओं और दर्जनों

बच्चों के भोजन की व्यवस्था करतीं। स्वयं गंगा बम्बई में डलिया सिर पर रखकर आम–केला बेचने का धन्धा करते। दूसरा भाई, भरी–जवानी में कालग्रस्त हो चुका था। मेरे बचपन में ब्राह्मणों के इस कुनबे में गंगा पयागदीन दो भाइयों का परिवार भी था। गंगा स्वस्थ, लम्बे, हट्टे–कट्टे, गौरवर्ण। झगड़ा करने, लाठी चलाने में माहिर थे। इन फनों में माहिर तो उनके भाई पयागदीन भी थे।

गाँव की यह कथा तब तक पूरी नहीं होगी, जब तक जल्दू–जल्दुवाइन की कथा न पूरी हो। इसी नाम से मैं उन्हें जानता हूँ। वे माठा के नाम पर पानी बेचतीं। घी के नाम पर डालडा। दूध भी बेचती थीं। किन्तु उनसे तभी कोई लेता, जब कहीं से मिलना सम्भव न होता। उन्हें काली भी चढ़ती। कई बच्चे हुए पर एक को छोड़कर सभी काल कवलित हो गये। जल्दुवाइन आवश्यकता से अधिक ख़ूबसूरत स्वस्थ और पति पर एकाधिकार रखने वाली महिला थीं। मजाल नहीं कि उनकी अनुमति के बिना जल्दू अन्न का एक दाना या आम महुआ मुँह में डाल लें। वे सीधे, मेहनती और ईमानदार थे। हम लोगों के घर का सारा काम वे कर दिया करते, इस आशा से कि उन्हें अपने पेट की आग बुझाने का सामान मिल जायेगा।

हाँ तो जल्दू सबेरे–शाम हम लोगों के घर से जो कुछ पा जाते उसी पर आजीवन अपना शरीर चलाये। अन्न–विहीन शरीर कितना दिन साथ देता। मेरे देखते–देखते वे चल बसे।

एक थीं–माले बुआ। अनाथ। बहुत ही स्वाभिमानी, किन्तु सरल–सहज। कभी–कभी उनके नाती–नातिन (बेटी के बच्चे) आते। एक और थीं–हरदेई। यह भी विधवा एकाकी जीवन बिताने के लिए अभिशप्त थीं। किन्तु माले बुआ की अपेक्षा इनके वस्त्र अत्यन्त शुभ्र–धवल होते, जो उनके गौर–वर्णी सौन्दर्य को और खिला देते थे। जिस रास्ते वे चलतीं–उस रास्ते को फूँक मारकर पहले साफ़ कर लेतीं। कोई उन्हें छू नहीं सकता था; पर मैं कहाँ मानने वाला। किसी–न–किसी बहाने उन्हें छू लेता। सौ–पचास गाली सुनता, शिकायत की धमकी देतीं। और फिर आकर नहातीं, कपड़े धोती। उनके लिए प्रसिद्ध था कि वे नमक भी धोतीं थीं। मैंने एक दिन उनसे पूछा कि–"बुआ क्या तेल भी धोती हैं?" क्या प्रतिक्रिया हुई होगी, इसकी कल्पना आप कर सकते हैं।

एक घर और था–उस काल में वे डाकिया थे। एक जगह की डाक दूसरी जगह पहुँचाते थे। बहुत ईमानदार शान्तिप्रिय। दो बेटे–कृष्णदेव और रामदेव। पर घर में झगरा भारी। 10–15 रुपये से घर का ख़र्च चलाना मुश्किल। खेती–बारी न के बराबर उन्हीं से सटा परिवार था–रामराज, राजाराम का। दो सगे भाई। शायद दोनों अविवाहित। रामराज तो पचास पहुँचते–पहुँचते भगवान को प्यारे हो गये। पर राजाराम बीघा–डेढ़ बीघा ज़मीन के भरोसे अपनी, अपनी विधवा बहन की नैया खेते रहे। 'माठा' की आदत थी हर बात को मथना। उसका घी और मट्ठा सब कुछ ग़ायब कर वे निष्कलुष बने रहते। उनके भाई विद्या इनसे बिल्कुल अलग–शौक़ीन तबियत के व्यक्ति रहे। वे व्यवस्थित भी थे।

एक परिवार था–'मुसेली' का। असली नाम क्या था पता नहीं। किन्तु खेत, बाग़–बगीचों से समृद्ध। मुसेली को शायद जन्मजात कुष्ठ था। वे काम नहीं कर सकते थे। काम के लिए थे–उनके छोटे भाई कृष्ण। वे परम बलवान, मृदु–भाषी निरन्तर क्रियाशील रहने वाले व्यक्ति थे। किन्तु घर पर साम्राज्य था–मुसेली का। उनकी इच्छा के बिना तिनका न हिलता। मुसेली को अल सुबह खेत की मेंड़ पर टहलते, एक–एक पौधे और दाने को निहारते; पौधों–दानों से बात करते देखा जा सकता था। खलिहान से ही वे अन्न बेच देते, बाग़ के फलों को कुजड़े को बेच देते। साप्ताहिक बाज़ार को ख़रीददारी करते। कितने दिन के लिए... यह रहस्य रहा, उनकी मृत्यु तक।

हाँ तो भाई इन्हीं मुसेली के लड़की की शादी थी। संयोग से उसी के दस–पाँच दिन पहले मेरी बहन का ब्याह हुआ था। घर में आटा–चावल–दाल–आलू पड़ा था।

जिनके घर खाना नहीं, उन्होंने शादी ठान दी। इरादा था बारात के पहुँचने पर रस दाना कराकर शादी करायी जाय, उसके बाद झगड़ा करके बिना खिलाये अक्षत देकर बारात को बैरंग वापस कर दिया जाय। प्रायः उन दिनों ग़रीबों के लिए यही उपाय था अपनी इज़्ज़त बचाने का। मुझे आज भी याद है वे बारातें जिनमें बिना भोजन के हम लोगों को वापस आना पड़ा था। बाबू के लिए यह अजूबा भी था क्योंकि आज तक मुसेली उनकी शरण में नहीं आया। वे टोह लेते रहे। मुसेली को पिताजी पसन्द नहीं करते थे। इसलिए मुसेली को भी हिम्मत नहीं पड़ रही थी। उसने तरीक़ा निकाला। उसकी औरत थी–चालू। कहीं पिताजी दिख गये।

उनके पैरों को उसने पकड़ लिया। तभी छोड़ा जब पिताजी ने उसे वचन दिया। मुसेली और उनके भाई कन्हैया लाल को बुलवाकर घर से सब सामान बाहर करवा दिया। झगरू कँहार को भी समान ढुलवाने में लगा दिया।

शादी के सुबह से ही भोजन तैयार होना शुरू हो गया था। बारात भी आ गयी। द्वारपूजा हुई, शादी हुई, भोजन भी हुआ। तब पिताजी वहाँ से लौटे। सुबह वे दैनिक कृत्य में लगे ही थे कि एकाएक कोई आ धमका, धीरे–से कुछ फुसफुसाया। पिताजी गरजे–"मुसेलिया से जाकर कह दो कि यह गाँव की इज़्ज़त का सवाल है। उदयराज की इज़्ज़त का सवाल है। बारात विदा नहीं होगी। आज बड़हार रहेगी। कल विदा होगी। मैं आ रहा हूँ।"

बात भी सच थी। रात–बिरात बाहर से आने वाले लोग शास्त्रीजी के घर का ही रास्ता पूछते। वहीं उन्हें बसेरा मिलता था। चाहे दोपहर हो या आधी रात। सर्दी हो गया गर्मी। वर्षा हो या सूखा। आगन्तुकों को बिना खिलाए नहीं सुलाना है। बिस्तर–बिछौना देना है। इसलिए गाँव की इज़्ज़त का मतलब था–उदयराज शर्मा की इज़्ज़त, शास्त्रीजी की इज़्ज़त। और इस इज़्ज़त को ढोने में पहले माँ पिसती थीं, पत्नी के आने पर उन्हें मुक्ति मिली। अब बारी थी पत्नी की। माँ की तरह बिना ज़ुबान की पत्नी भी उसे ढोती रहीं, तब तक जब तक वे बनारस नहीं आ गयीं, मेरे साथ रहने के लिए।

गाँव में बसे नवासादारों की कमी नहीं थी। ग़ौर–वर्ण पर शुभ्र–धवल वस्त्र सूरज प्रकाश बाह्य उज्ज्वलता को जितना प्रकाशित करते, उतने ही वे भीतर से काले थे। उनकी पत्नी इसी गाँव की बेटी थी। बड़े लोगों के साथ सम्बन्ध बनाना उनका शगल था। काम कोई था नहीं, दो बेटे खेती–बारी का काम करते। एक बेटा पंजाब से पैसा भेजता और भाई लठैत। लक्ष्य पूर्ति के पश्चात भाई और उनके बच्चों को उन्होंने घर से बाहर का रास्ता दिखाया। पुरुषों को साधने का काम सूरज प्रकाश के ज़िम्मे और औरतों को फोड़ने की ज़िम्मेदारी उनकी पत्नी ने सँभाली। फिर तो गाँव में महाभारत की लौ फूट पड़ी। भाई–भाई, पिता–पुत्र अलग हुए। एकसूत्रीय कार्यक्रम के तहत उन्होंने लोगों की ज़मीनें क़ब्ज़ा कीं। अपनी वैद्यकी का प्रचार किया, किन्तु वह चली नहीं। बाबू उनसे अधिक पढ़े –लिखे थे। उस समय के प्रख्यात ज्योतिषी और कर्मकाण्डी थे। यजमानी भी थी। किन्तु ज्योतिष और कर्मकाण्ड के बदले उन्हें दक्षिणा स्वीकार्य नहीं थी।

वैसे भी वे गाँव में कम ही रहते। उन्होंने परम्परा के विपरीत यजमानी का परित्याग किया। सच तो यह है कि सूरज प्रकाश गाँव के शोषक थे, जबकि पिताजी ग़रीबों के सहायक और हितचिन्तक। सूरज प्रकाश कब चुप बैठने वाले थे। मौक़े की तलाश थी, पिताजी से उनकी दाल गलती नहीं थी, पिताजी जहाँ पंचायत में पहुँचते वहाँ से वे पलायित हो लेते। इसलिए उन्होंने ताऊ, चाचा को मोहरा बनाया। किन्तु न पिताजी ने हार मानी, न मैंने (पिताजी के बाद)।

हाँ तो भाई। इस गाँव के ब्राह्मणों के लगभग पचीस घरों में दोपहर का भोजन नहीं बनता था। बनता था–मौसमी अन्न, साग और फल। अर्थात् मौसम के अनुकूल गंजी (शकरकन्द), बथुआ, सरसों, मटर, चना की घुघरी, महुआ आदि उबाल, तल कर खाया जाता था, उसके साथ ईख का रस, जिसके खेत में गन्ना होता उसके पौ–बारह।

सूरज प्रकाश के घर में भी यह सामान बाक़ायदा थाली में परसा जाता था। सूरज घर में खाते थे। बाहर हाथ–पैर धोकर चौके पर जाकर बैठते, थाली सामने आती। फिर डकारते हुए (अर्थात् पेट भर गया है) लोटे में पानी लिए दरवाज़े के बाहर आकर हाथ–मुँह धोते। शेष घरों में जैसे–तैसे चल जाता है। हाँ! इसका प्रवाद था–तो मेरा घर जहाँ दोनों जून भोजन बनता था।

हमारे घरों के बगल ही तीन घरों का एक कुनबा था–चौबे लोगों का। यद्यपि उनका गाँव लम्भुआ के बदले जगन्नाथपुर कहलाता था। आज यह कुनबा बीस घरों में बदल गया है। धर्मराज उम्र में भी सबसे बड़े थे और मान प्रतिष्ठा में भी क्योंकि कांजी हौज के वे मुंशी थे। यह अलग बात है–कांजी हौज में बन्द जानवरों का भोजन और चारा उनके बेटे–बेटियों पर ख़र्च हो जाता। और जानवरों को भोजन के नाम पर कभी–कभी पानी मिल जाता। दस–पन्द्रह दिन में उनकी हालत ख़राब हो जाती और उन्हें नीलामी के समय कोई मुफ़्त भी लेने के लिए तैयार नहीं होता। उसे आशंका रहती–घर तक पहुँचने के पहले इनके काल–कवलित होने की। बेटियाँ तो उन्होंने ब्याह दीं पर बेटों की शादी नहीं होनी थी न हुई। उनकी मृत्यु के साथ ही सभी भाई अलग। सबको अपना घर बनाना –बसाना था। रोटी बनाने वाली की तो खोज करनी ही थी। इसलिए कोई तो गाँव के आस–पास से ही विधवा, सधवा या अबोध बच्ची को अपनी बीबी बना लिया और कोई बंगाल पहुँचा वहाँ से बंगालिन ले आया।

इनके बेटों में कोई झोला उठाया। बन गया–डॉक्टर! कोई मास्टर बना, कोई तान्त्रिक, कोई पत्रकार–सबने अकूत पैसा कमाया। परिणाम यह हुआ कि चरित्रहीन और धर्म–भ्रष्टता में आगे होकर इन सबका गाँव में आतंक छा गया। चोरी में भी कुछ माहिर थे। बेईमानी में तो सभी पारंगत।

धर्मराज पुण्य कमाने में माहिर थे। वर्षाकाल में प्रतिवर्ष कथा सुनते। अड़ोस–पड़ोस के ब्राह्मणों को भोजन कराते–पूड़ी, कुनरू का भर्ता, पानी वाला माठा तथा गुड़ उनके ब्रह्मभोज के पकवान थे। हमारे यहाँ कहावत है कि 'पुत्र बढ़े पिता के धर्मा'। पिता ने धर्म तो बहुत किया पर उनके सात पुत्रों में से अन्ततः कोई पागल होकर मरा, किसी ने आत्महत्या की और किसी की हत्या हुई। आज यह कुनबा उजाड़ है। उनके खेत बिक गये। 'घरुही' भी बिकने की नौबत आ गयी है। उनका धर्म, कहाँ अधर्म बना यह खोज और सोच का विषय है।

गाँव के उत्तरी छोर पर अड्डा जमाये रहे हैं ओंकार कथिक और पूर्वी–उत्तरी कोने में कल्लू कथिक। इन दोनों के बीच एक उपधिया और एक मिसिर परिवार आकर कहाँ से बस गया, पता नहीं। ओंकार 'कथक' नृत्य के श्रेष्ठ कलाकार थे। सम्भवतः 'कथक' के कारण ही उन्हें 'कथिक' कहा जाने लगा। ओंकार से नृत्य सीखने के लिए वेश्याएँ तक आती थीं। हम लोग उन्हें मामा कहते थे। हाज़िरजवाबी, प्रत्युन्नमति, रामायण–महाभारत की कथाओं के जानकार थे वे। देश–दुनिया से उन्हें कोई मतलब नहीं था। महीने में पाँच–दस दिन ही गाँव में रहते थे और ज़ब रहते थे तो वे हर दरवाज़ों पर अपनी उपस्थिति दर्ज करा आते थे। हँसी–ठट्ठा में माहिर, गौरवर्ण, स्थूलकाय बदन। किन्तु नृत्य के समय उनकी देहयष्टि की लोच दर्शनीय होती थी। मैं सात–आठ वर्ष का रहा होऊँगा! अपने से बड़े चचेरे भाई की शादी के अवसर पर मैंने पानी भरी थाली की बारी (किनारा) पर उन्हें जो थिरकते देखा था वह आज तक मेरी स्मृति में कौतूहल उत्पन्न करता है। एक बूँद भी पानी बाहर नहीं छलका।

गाँव में एक नाई और एक कहार का घर भी था। एक–दो घर कुम्हार भी थे। बर्तन की कमी पूरा करते कुम्हार। कपड़े धोता धोबी। पानी भरता कहार। पर यह कुछेक परिवारों की ही व्यवस्था थी। शेष अपने आप करते। हाँ धोबी, नाऊ का काम सभी के यहाँ पड़ता। इन सबको हर फ़सल का हिस्सा मिलता। सभी प्रसन्न–मगन। शादी के अवसर पर गाँव

के छोर पर बसे मुसलमान दर्ज़ियों में से एक के यहाँ से जोड़ा–जामा आता। उसकी परछन–पूजा होती। उसको नेग मिलते।

ब्राह्मणों के इस पुरवे या गाँव की खेती–किसानी की ज़िम्मेदारी गाँव के हरिजन (चमार) सँभालते रहे हैं। ब्राह्मण भला हल कैसे चलाते, इसलिए उन्होंने गाँव के पूर्वी दिशा में हरिजनों को बसाया। इस गाँव में सेठ–साहूकार मुराई, कोइरी, लोहार, धोबी, कुम्हार, ठठेर, मोची, सूपकार आदि सभी पेशेवर जातियों का निवास था। सही अर्थों में यह गाँव ग्राम (समूह) था।

सम्भवतः 1950 तक मेरा गाँव समाजवाद का आदर्श गाँव था। सभी एक–दूसरे के दुश्मन भी थे और सुख–दुःख में एक–दूसरे के मित्र भी। ग़रीबी में सभी समान। भुखमरी में सभी समान। गर्मी में प्लेग पड़ने पर सभी बाग़–बगीचे में छप्पर डालकर रहते, एक–दूसरे का छप्पर तैयार कराते। उसे खड़ा करते। एक–दो दिन में सभी के छप्पर तैयार, सभी घर से बाहर। एक साथ सभी अपनी बारी के अनुसार रातभर पाँच–पाँच जनों की टोली बनाकर पहरेदारी करते। एक–दूसरे का खेत बोवाते–सिंचवाते। कटवाते–दँवाते। तो ऐसा था–मेरा गाँव, मेरा देश जहाँ मैं पला–बढ़ा।

पुरुष नहिं होत समय होत बलवान

सब कुछ अच्छा चल रहा था, शान–शौकत से बचपन बीत रहा था। पढ़ाई भी ठीक चल रही थी। मैं पाँचवीं कक्षा का विद्यार्थी था। मन में बड़े–बड़े अरमान जन्म ले रहे थे कि एकाएक समय ने पलटा खाया और फिर सब कुछ बिखर गया। कल तक का राजा आज भिखारी था तभी तो कहा गया है–"पुरुष नहिं होत समय होत बलवान"। लोक–जीवन की यह कहावत हर मनुष्य को भविष्य के प्रति सचेत करती है; फिर भी क्या मनुष्य सचेत हो पाया। कालचक्र की नियति से वह बच पाया। और फिर हम बच्चों को क्या पता कि जीवन की गति विचित्र होती है। आज सोचता हूँ, अपने अतीत में झाँकता हूँ तो यही सच लगता है कि मनुष्य इस निस्सीम जगत में नियति के हाथों का खिलौना है, वही उसे जैसा बजाना चाहती है, वह बजता है। बीती रात तक राज सिंहासन की तैयारी करने वाले रामचन्द्रजी को भी सुबह जंगलों की डगर पकड़नी पड़ी; फिर हम जैसों की क्या विसात ? सच तो यह है कि कब क्या घट जाय, क्या हो जाय कुछ भी निश्चित नहीं, इस असार संसार में।

सन् 1950 का कोई प्रारम्भिक दिन। स्कूल से लौटा। माई (माँ) की खोज में घर में घुसा। देखा... माई की आँखें नीचे हैं, उनसे झर–झर आँसू बह रहे हैं। यह मेरे लिए अप्रत्याशित था। मुझे 'काठ मार गया।' मैं अवाक् उनकी ओर मुँह किये खड़ा रहा, मेरी हिम्मत उन्हें बुलाने की नहीं हुई। शायद उन्होंने मेरी उपस्थिति अनुभव की। आँखें ऊपर उठाकर हँसते हुए वे मेरा सामना करना चाहती थीं, किन्तु असफल। आँखें लाल, गौरवर्णीय चेहरा मुरझाया था, अपना तेज खो चुका था। यह एक दिन नहीं, सप्ताह भर चला। जब वे अकेले होतीं, आँखों से पनाले बहते, और यदि हम भाई–बहन उपस्थित भी होते तो भी वे बेख़बर अपने दुख–सागर

में डूबी रहतीं। मैं तो 10 वर्ष का था, किन्तु बहन तो और छोटी थी। जब मेरी खोज, समझ में रोने का कारण नहीं मिल रहा था, तो बहन को इस समस्या का समाधान कैसे मिलता? कोई कुछ बताने वाला नहीं, कोई कुछ करने वाला नहीं। उनका रोना मुझसे सहा नहीं जाता। वे रोने न पायें इसलिए बहन को लेकर मैं उनके इर्द-गिर्द मँडराता रहता। उन्हें यह बोध कराने का प्रयास करता कि मुझ पर वे भरोसा करें। किन्तु उन्हें मेरी सामर्थ्य पर विश्वास हो तब न? हम दोनों को तो भोजन मिल जाता किन्तु वे खाती भी थीं या नहीं, न देख पाया, न जान पाया। हाँ यह ज़रूर देखता कि माई का चेहरा कुम्हला गया है, शरीर कमज़ोर होता जा रहा है, आँखें बियावान जंगल का नज़ारा पेश कर रही हैं। पर हम दोनों विवश, एकाएक चाचा-बाबा से भी दूरी बढ़ गयी। कोई तो नहीं आता माँ के पास।...

लगभग 20 दिन बीता होगा। एक शाम देखता हूँ कि 'बाबू' घर के दुआरे लेटे हैं, अकेले। न परिवार का कोई सदस्य, और न ही गाँव का कोई व्यक्ति उनके पास है। यह मेरे लिए आश्चर्य था। क्योंकि जब भी बाबू घर आते, गाँव, नाते-रिश्तेदारों की भीड़ लगी रहती। रात में लालटेन या ढ़िबरी के स्थान पर मोमबत्ती जलती। किन्तु आज.... चारों ओर सन्नाटा। उनके चेहरे पर न तेज न उल्लास। माई के पैर भी गतिहीन। रात होने तक घर भाँय-भाँय करने लगा; उस स्थिति और अवसाद को झेलते हुए। हम भाई-बहन चुप, भयभीत।

दो-तीन दिन बीते होंगे कि बाबू की अस्वस्थता पर कहर टूटा। अन्य भाइयों ने बाबा पर दबाव डालकर बाबू को परिवार से अलग करा दिया। रहने के लिए दो कमरे मिले। किन्तु अनाज-पानी, खेती-बारी, पशु और पशु के चारे में पूरा हिस्सा नहीं मिला। फलस्वरूप रोग से अधिक पारिवारिक, विशेषकर-बाबा के कृत्य से वे अत्यधिक आहत हुए। सच यह है कि वे शरीर से तो कमज़ोर हुए ही थे, मानसिक दृष्टि से भी टूटे। गाँव के दो-चार लोग, बाबा-चाचा की आँख बचाकर बाबू से मिलते ढाढस देते। पर इससे क्या होना था? हाँ! वैद्य अनन्त प्रसाद मिश्र तथा पिताजी के परम मित्र चन्द्रमा द्विवेदी उनकी सेवा-शुश्रूषा में दिन-रात एक करके तीन-चार महीने बीतते-बीतते उन्हें, मानसिक और शारीरिक रूप से स्वस्थ बनाये।

स्वस्थ होते ही बाबू ने बम्बई की राह पकड़ी। किन्तु पहले जैसी स्थिति तो लौटनी नहीं थी, लौटी भी नहीं। बहन की पढ़ाई का तो प्रश्न ही नहीं था। मेरी पढ़ाई भी बाधित होने लगी। पहले मास्टरों से तो मैं पिटता था नये-नये प्रयोगों के कारण, बाबू से पिटता अपनी खुराफ़ातों के

कारण किन्तु इससे कोई दुःख नहीं था। दुःख हुआ–फ़ीस के अभाव में दूसरे–तीसरे माह नाम कटने से, कभी किताब–कॉपी की कमी से, कभी मास्टर की मार से और कभी स्याही, क़लम के लिए पैसे की माँग पर माई के चाँटे, झुँझलाहट से। एक–दो वर्ष बीते। सुधार कम, अभाव बढ़ता रहा। बाबू शक्ति भर प्रयासरत थे, किन्तु भाग्य और स्वास्थ्य उनका साथ नहीं दे रहा था।

2

येन–केन प्रकारेण दो–तीन वर्ष बीते। बाबू बम्बई में थे। मैं निश्चिन्त और निर्द्वन्द्व भाव से आम के टिकोरे चूसते हुए घर लौट रहा था कि कानों में ढोलक के थाप और मंगल–गीत की आवाज़ सुनाई पड़ी। सुबह तो कोई बात नहीं थी, सोचता ठगा–सा मैं घर के दरवाज़े पर पहुँचा। देखा ढोलक बज रही है, महिलाएँ नाच और गान में मस्त हैं। घर में घुसने की राह तलाश ही रहा था कि मेरी भौजाई लपककर अपनी तरफ़ खींचती हैं, और भद्दा–सा मज़ाक़ करती हुई औरतों के झुण्ड में लेकर पहुँच जाती है–नाचने के लिए। किसी तरह अपनी जान बचाकर मैं बाहर भागा। बाहर, मेरे चचेरे भाई स्कूल से वापस आते दिखे, वे अपने घर किसी को न पाकर मेरे घर की ओर लौट रहे थे। उन्होंने समझते हुए हँसकर बताया कि तुम्हारा ब्याह तय हो गया है। 'विवाह' शब्द मेरे लिए नया नहीं था। घर पर अकेले रहने के कारण चचेरे भाई के अलावा गाँव के अनेक लड़कों की शादियों में मुझे भी बाराती बनने का सौभाग्य मिला था। किन्तु इसके असली अर्थ से मैं अपरिचित था। हाँ! रात में नौटंकी देखने जाने पर देर से पहुँचे चचेरे भाई को एकाध बार देखा था जिनके सिर में तेल चुपड़ा था, और था–आँखों में काजल। हाईस्कूल पास करते ही उन्होंने बम्बई की राह ली, कमाने के लिए। उस समय मेरी दृष्टि में शायद पति–पत्नी का यही रिश्ता था।

3

बाबूजी की अनुपस्थिति में माँ, बहन, घर, खेती–बारी, जानवरों के चारे की व्यवस्था मेरी ज़िम्मेदारी थी, और उम्र थी मात्र ग्यारह वर्ष। पढ़ाई तो गौण थी। निषेध अधिक था। मैं जानता था–मुझे भी देर सबेर बम्बई की

राह पकड़नी होगी। मन में ठाना बिना हाईस्कूल पास किये शादी नहीं करनी है। मैंने पिताजी को बम्बई लिख भेजा। शायद पिता और होने वाले श्वसुर ने मेरी भावनाएँ समझीं। उस समय तो शादी टल गयी। हाईस्कूल की परीक्षा देते–देते मेरे मन में आगे पढ़ने की लालसा जगी। किन्तु कहाँ कैसे? यह समस्या थी। हाईस्कूल की परीक्षा चल रही थी। उस समय यह परीक्षा ज़िला मुख्यालय में होती थी। आर्थिक विवशता के चलते एक सार्थी के पिता के आवास पर रुक कर मैं परीक्षा दे रहा था। किन्तु पढ़ाई सुल्तानपुर के रेलवे स्टेशन के लैम्प की रोशनी में होती थी। परीक्षा–गैप में मेरी गाँव पर उपस्थिति भी आवश्यक होती। फ़िलहाल, अन्तिम पेपर देकर लौटा तो वहाँ पिताजी को उपस्थित देखा–मैं चकराया। कल ही तो मैं घर से लौटा, माँ ने भी कोई चर्चा नहीं की। इस उधेड़–बुन में डूब–उतरा रहा था कि बाबू की आवाज़ गूँजी–"खाना खा लो अभी घर चलना है–मेरे साथ।" घर पहुँचने पर आभास हुआ–दो दिन बाद मेरी तिलक है।

तिलक के दिन अपने श्वसुर और उनके भाई को देखकर मैं कुण्ठित, दुखी और चिन्तित हो उठा। दोनों का रंग गहरा श्याम। अन्तस् के कोने में कहीं गहरे पैठी पत्नी के गौरवर्णा होने की कल्पना धराशायी हो गयी। भाभी भी तो गौरवर्णा थीं। मैं अपनी पीड़ा किससे कहूँ, कौन सुनेगा, कौन करेगा इस शादी से मेरा बचाव? इस सोच–विचार में दुबला हो रहा था कि कड़कती आवाज़ में बाबू का आदेश मिला–"घर में जाओ।" घर में कुछ करना नहीं था, छिपकर बैठना था, सबकी निगाहों से ओझल होकर। ख़ैर... शादी हुई, अपनी नियति मान मैं चुपचाप रहा। और शादी भी आधी नींद में, आधी होश में। किन्तु सिन्दूरदान के समय मैं पत्नी का रंग देखना न भूला। लालटेन की रोशनी में उनका गौर–वर्ण सोने की तरह दमक रहा था। आँखें बन्द थीं, शायद सो रही थीं। नाक–नक्श खुले थे, उस आभा से आँखें चौंधिया गयीं। वैसे हम दोनों का मिलन हुआ ढाई साल बाद, जब गौना आया।

4

शादी और अगले सात साल मेरी ज़िन्दगी में तूफ़ान बनकर आये। हाईस्कूल का परिणाम आया। एक युवक से परिचय कराते हुए बाबू ने कहा–यह स्कूल इंस्पेक्टर हैं। तुम्हें प्राइमरी का मास्टर बना देंगे।

तुम मास्टर बन जाओ।'' भट्टजी ने भी मुझे समझाया। वस्तुतः अपने पिता से तिरस्कृत, अपमानित भट्ट और ससुराल से त्रस्त उनकी बहन पर अमीरी काल में बाबू का बहुत एहसान था। बाबू ने धन, बल, बुद्धि से उनकी सहायता की थी। आज बाबू त्रस्त, अब बारी थी–भट्ट के एहसान चुकाने की। भट्ट ने अपना फ़र्ज़ निभाया। 'बाबू का गुस्सा सातवें आसमान पर'। मैं बेपरवाह बना रहा। यह मन, शरीर कुछ और बनना चाह रहा था। विवश बाबू ने स्वीकार किया।

किन्तु मेरी पढ़ाई कहाँ हो, कैसे हो यह सोच की बात थी। सोचना बाबू को भी था और मुझे भी। इलाहाबाद, वाराणसी के बारे में भी मुझे जानकारी नहीं थी। घर–गाँव में कोई भी दिशा–निर्देश देने वाला नहीं था। और पता भी हो तो रहने, खाने–पढ़ने का ख़र्च कैसे, कौन उठायेगा? यह प्रश्न मुँह बाये खड़ा था। एकायएक प्रकट हुए–सगे मौसा, वैसे वे प्रायः आ जाते थे; जो मुझे कत्तई पसन्द नहीं थे। वे और मौसी जब आते तो अपनी अमीरी का प्रदर्शन करते। वे लखनऊ में पोस्टमैन थे। उन्होंने हाथ बढ़ाया। माँ, पिता प्रसन्न किन्तु मैं दुखी था। मुझे उन्हें देखकर कुछ बोध हो रहा था, उनकी नियति में मुझे कुछ खोट दिखाई दे रही थी। सच बात तो यह थी कि वे मेरी मज़बूरियों का दोहन करना चाहते थे–नौकर बनाकर, जो दस–बारह लोगों का भोजन बनाये, बर्तन–चौका करे, कपड़े धोये। लखनऊ पहुँचते ही इंटर में प्रवेश के पूर्व ही मुझे इनसे रूबरू होना पड़ा। यद्यपि अपनी यह नियति मुझे स्वीकार नहीं थी। फिर भी मरता क्या न करता, कोई विकल्प भी तो नहीं था। प्रवेश हुआ, महीना बीतते–बीतते मौसा का हिसाब मेरे सामने। खाना–ख़र्चा, किताब–कॉपी, फ़ीस का पैसा उन्होंने बाबू से मँगवाने का आदेश दिया। मैंने वही हिसाब बाबू को भेज दिया। बाबू ने कितना पैसा भेजा, पता नहीं; किन्तु दूसरे महीने में, मेरा नाम कटने की बारी आ गयी। मैंने जब सूचना दी तो मौसा का टका सा जवाब–''पैसा आया नहीं मैं कहाँ से दूँ।'' मामा को पकड़ा। किन्तु यह स्थिति तो हर महीने हो रही थी। बाबू को पत्र लिखता, वे मुझे ही दोषी करार देते। चार–पाँच माह किसी तरह बीते, अन्ततः एक दिन मैंने गाँव की राह पकड़ी/पढ़ाई छूटी–वर्ष बर्बाद हुआ। वापस लौटने पर मैंने पाया कि मेरी बात पर न तो बाबू को विश्वास था, न माँ को। साल की बर्बादी का मुझे उतना दुख नहीं था, जितना कि माता–पिता के अविश्वास और उनके द्वारा मुझ पर लगाये गये पैसे की बर्बादी के आरोप का था।

5

पाँच–छह माह तक इन सबसे मैं जूझता रहा। अन्ततः मैंने संकल्प लिया कि अब आगे की पढ़ाई अपनी कमाई से ही करूँगा और सन् 1957 की नाग पंचमी को बम्बई की राह पकड़ी। बम्बई पहुँचते ही मैंने वहाँ की ज़िन्दगी का जो नमूना देखा, जिसे मुझे अपनाना पड़ा, वह तो और भी नारकीय था। चाल के एक कमरे में चार–पाँच चूल्हों पर बीसों लोगों का खाना बनना और रात में दुकानों की खाली पटिया खोजकर, बोरे बिछाकर सोना। बम्बई के जीवन के ऐसे यथार्थ की मुझे कल्पना नहीं थी। इसे अपनाना ही एकमात्र विकल्प था। मेरी ही नहीं, उत्तर प्रदेश और बिहार के हज़ारों लोगों की विवशता थी। दूसरे दिन से बाबू मुझे मारवाड़ियों की दुकानों पर नौकरी लगवाने ले जाते। दो–तीन दिन तो हर जगह से इनकार मिला, शायद चौथे दिन मुझे नौकरी मिली। तनख़्वाह तीस रुपये महीने। अन्ततः मैं भैयाजी बन गया। हाय रे भाग्य! बाबू का आदेश तो मानना ही था; उस समय स्वीकार कर लिया; किन्तु तीसरे दिन मैंने विद्रोह कर दिया। नौकरी पर नहीं गया। दो–चार दिन इधर–उधर घूमता रहा। इस बीच ईश्वर–रूपी एक अध्यापक की अहैतुक कृपा का मैं पात्र बना। उन्होंने एक ही दिन में पहली से आठवीं कक्षा तक के बच्चों के बीस–बीस रुपये के चार ट्यूशन दिलाये। और, चारों जगह से दस–दस रुपये एडवांस भी दिलवाये। उन्होंने सलाह दी–पढ़ाई जारी रखिए। इतना ही नहीं, उसी दिन, एक वाचनालय में लेकर पहुँचे। मुझे वहाँ का सदस्य बनवाया, दो–तीन किताबें पढ़ने को दिलायीं। रात में मैं देर से पहुँचा–कोठरी पर। खाना नहीं बना था। बाबू आगबबूला। मैं उनकी शान्ति का उपाय जानता था–उनके हाथ पर मैंने तीस रुपये रखे। वे शान्त तो हुए, किन्तु उन्हें कौतूहल हुआ, पूछा ये कहाँ से लाये। मैंने उन्हें संक्षेप में पूरी कथा बतायी। दिन में क्या करोगे?, यह पूछते हुए उन्होंने मेरी आँखों में आँखें डालीं। 'सोचूँगा'। यह संक्षिप्त उत्तर था। सुबह–शाम ट्यूशन। दिन में वाचनालय। 1958 के प्रारम्भ तक मैंने छायावाद काल तक के अधिकांश प्रसिद्ध उपन्यास, कहानियाँ, नाटक, कविताएँ पढ़ डालीं। कबीर, सूर, तुलसी, बिहारी के अधिकांश अंश हाईस्कूल तक पढ़ लिए थे।

शायद, मार्च 1958 का महीना था, मेरे एक शुभ चिन्तक ने कहा–' 'यहाँ आपके लिए आगे की पढ़ाई सम्भव नहीं–परीक्षा का माध्यम है–

अंग्रेज़ी और गुजराती। गुजराती आप जानते नहीं; अंग्रेज़ी उतनी आती नहीं; जितनी परीक्षा में उत्तर लिखने के लिए आवश्यक है।'' अतः मेरी सलाह है–''टाइप सीखो, टाइपिस्ट और शार्टहैंड (स्टेनो) की माँग यहाँ बहुत है।'' वैसे भी, मैं जानता और सोचता था कि केवल ट्यूशन से तो मेरा, मेरे घर का ख़र्च चलेगा नहीं, माता–पिता सन्तुष्ट होने से रहे; मुझे कोई राह खोजनी पड़ेगी। क्या करूँ? चचेरे भाई की तरह मैं पुलिस तो बन नहीं सकता था, चपरासी–गीरी का हश्र मैंने दो ही दिन में देख लिया था। अस्तु! अपने शुभ चिन्तक का सुझाव मुझे जँचा। मैंने दूसरे दिन से वाचनालय के बजाय टंकण–प्रशिक्षण स्कूल की राह ली। एक साथ अंग्रेज़ी–हिन्दी की टाइपिंग सीखना शुरू किया। आश्चर्य–शायद ईश्वर ने मेरी सुन ली। महीना बीतते–बीतते प्रशिक्षक ने मेरी नौकरी लगवा दी और मैं टाइपिस्ट बन गया। तनख़्वाह 110 रु. महीना। काम केवल दो घण्टे का। यहीं रहकर मैंने साहित्य–सम्मेलन की मध्यमा, साहित्यरत्न की परीक्षाएँ पास कीं। वर्धा द्वारा संचालित हिन्दी शिक्षण–प्रशिक्षण स्कूलों में मुझे अध्यापन का कार्य भी मिल गया। इस तरह अब मेरी आमदनी दो सौ पचास रुपये महीने के आस–पास पहुँच गयी।

आर्थिक दृष्टि से सबल होते ही मैंने ऐसे नीड़ की खोज शुरू की जहाँ रहकर मैं अपने सपनों को साकार कर पाता। सच यह था कि दुकान की पटरी पर सोने, एक कमरे में दस चूल्हों के बीच अपना चूल्हा जलाकर रोटी बनाने तथा सामूहिक शौचालय और वैसे ही स्नानगृह में लाइन में लगकर खड़े होने से मैं ऊब चुका था। अतः मैंने कोठरी की खोज की। कोठरी मिली–हर सुविधा से सम्पन्न, कार्य–क्षेत्र से 15 कि.मी. दूर अँधेरी पूर्व में। दिनचर्या बदली। सुबह 5 बजे लोकल ट्रेन से ट्यूशन पर पहुँचता। दिनभर खटता–पढ़ता–पढ़ाता, कार्य करता, फिर रात नौ बजे वापस कोठरी पर पहुँचता। इससे शरीर तो थकता किन्तु मन उत्साह से भरा हुआ रहता। मेरी पत्नी, मेरे बच्चे, हित–मित्र, शिष्य, गुरु, सभी इस बात के साक्षी हैं कि आवासीय व्यवस्था, मेरी हमेशा स्वतन्त्र थी, जिससे मैंने कभी समझौता नहीं किया। यह बात अलग है कि इस व्यवस्था पर मेरी आय का एक महत्त्वपूर्ण हिस्सा ख़र्च हो जाता था।

कायाकल्प की स्थली : काशी हिन्दू विश्वविद्यालय

सन् 1963 का उत्तरार्द्ध और 1964 का पूर्वार्द्ध मेरे जीवन–लेख का महत्त्वपूर्ण समय सिद्ध हुआ। शनि की साढ़े–साती से भी मुक्त हुआ। बाबू का अब बम्बई आना–जाना बाधित हो रहा था, अपनी बीमारी के चलते वे टोकरी उठाकर गली–गली घूमकर फल बेचने में असमर्थ थे। और, लगभग सात साल बम्बई में रहते–रहते मैं भी भागदौड़ की ज़िन्दगी से ऊब गया था। मैं यह जानता था कि आगे बढ़ने के लिए मुझे इंटरमीडिएट पास करना होगा। वह भी उत्तर प्रदेश से। और मुझे माँ–पिता, भाई की सेवा के लिए घर के पास ही रहना चाहिए। जुलाई–अगस्त 1963 के बीच ही मैंने इंटरमीडिएट की 1964 की परीक्षा का फार्म भरा। संयोग वश सितम्बर 1963 में काशी हिन्दू विश्वविद्यालय के एक विज्ञापन पर मेरी नज़र पड़ी हिन्दी टाइपिस्ट के एक पद का विज्ञापन था। भरा। परीक्षा हुई नवम्बर, 1963 में। टाइपिस्ट के पद की परीक्षा और साक्षात्कार के लिए जब मैं वाराणसी आया तो एकाध परिचित ने मुझे निरुत्साहित किया, एक पद के लिए इतनी दूर से आने के लिए। फ़िलहाल मैं रुका जैपुरिया स्मृति भवन, गोदौलिया में। सुबह–सुबह काशी विश्वनाथ का दर्शन किया और फिर निकल पड़ा–काशी हिन्दू विश्वविद्यालय के लिए। मालवीय भवन पहुँचा। वहाँ का दृश्य देखा; मेरा मन रमा। मालवीयजी की अमर आत्मा से साक्षात्कार किया, अपने उद्धार की प्रार्थना की। इस प्रक्रिया में मेरी आँखों से अश्रुधारा बह चली। घण्टों बैठा रहा। निस्पृह भाव से आकर मैंने टाइपिंग की परीक्षा दी और साक्षात्कार का सामना किया। दूसरे दिन पुनः बम्बई की राह ली।

2

अब बारी थी–इंटरमीडिएट परीक्षा की। यह परीक्षा भी मेरे दृढ़–निश्चय की परीक्षा थी। बाबू मेरे आगे की पढ़ाई के विरोधी थे। सप्ताह भर पूर्व मैं गाँव आ गया था। केन्द्र रखा था गाँव से 90 किमी. दूर इलाहाबाद। बाबू का सख़्त आदेश था–"सालभर बाद आये हो, घर रहो।" वैसे वे मेरी प्रकृति से परिचित थे, जिस दिन मुझे जाना था, वे घर से ग़ायब। शायद उनकी सोच थी–बिना पैसे के मैं कैसे जाऊँगा? किन्तु मैं इसके लिए तैयार था, सुबह से ही पत्नी मेरे इर्द–गिर्द मंडरा रही थीं। अवसर मिलते ही पत्नी ने मेरी इच्छा और स्थिति पूछी। मैंने बता दिया, पैसा है नहीं–पैदल जाऊँगा। इलाहाबाद पहुँचने पर मुझे कोई दिक़्क़त नहीं होगी। मनीआर्डर आ गया होगा। थोड़ी देर में वे आयीं और मेरी मुट्ठी में कुछ रुपये थमाये, "यही इतना मेरे पास है।" और, मुँह फेरकर चलती बनीं। शायद उनका उलाहना था–"कमा के आये तो एक पैसा हाथ पर नहीं रखे।" ये रुपये थे–एक–एक की नोट–26 रुपये। मैं जानता था–इसके तिहाई में मैं इलाहाबाद पहुँच जाऊँगा, और माँ का पैर छूकर घर से निकल पड़ा। पत्नी खड़ी थीं, उदासी के स्थान पर उनके चेहरे पर गरिमा और गर्व का भाव था–और सन्देश था–भविष्य का। किन्तु इसके बदले उन्हें बाबू से कितना अपमान, अवहेलना, डाँट–डपट झेलनी पड़ी, इसे वे ही जानती हैं। परीक्षा काल तक मैं इलाहाबाद से हिला नहीं। इसी बीच, एक ही दिन मुझे रजिस्टर्ड डाक से दो पत्र मिले, एक काशी हिन्दू विश्वविद्यालय का और दूसरा स्वदेशी काटन मिल्स–नैनी का। दोनों स्थलों पर मेरी नियुक्ति टाइपिस्ट के रूप में हो गयी थी। पहला अस्थायी पर एक सरकारी संस्थान का और दूसरा स्थायी किन्तु प्राइवेट लिमिटेड कम्पनी का। चयन में मैंने पहले नैनी को प्राथमिकता दी, किन्तु दस–पन्द्रह दिनों में ही मोहभंग हुआ। और तब पहुँचा काशी हिन्दू विश्वविद्यालय। वैसे भी मैं इंटरव्यू के समय से ही काशी हिन्दू विश्वविद्यालय के आकर्षण से बँधा था।

3

जून 1964 का अन्तिम दिन था। मैं काशी हिन्दू विश्वविद्यालय के केन्द्रीय कार्यालय में अपना कार्यभार ग्रहण करने पहुँचा। पत्र उपकुलसचिव व्यास

द्वारा हस्ताक्षरित था। उनको ख़ोजते हुए उनके कक्ष में पहुँचा। मैं यह देखकर स्तब्ध हो उठा कि साढ़े ग्यारह बजे दिन में वे अंग्रेज़ी का उपन्यास पढ़ रहे हैं। काम कोई नहीं। ख़ैर! उन्होंने मुझे प्रो. जगन्नाथ प्रसाद शर्मा से शाम 4 बजे मिलने के लिए कहा। उनका पता पूछा–उन्होंने बतलाया–"औरंगाबाद में रहते हैं। प्रसिद्ध आदमी हैं। पूछ लीजियेगा, पता चल जायेगा।" मैं चकराया। मेरे मुँह से निकल पड़ा–"औरंगाबाद तो महाराष्ट्र में है।" "यदि आपको बनारस के बारे में नहीं मालूम है तो आप यहाँ करेंगे क्या?" व्यास ने धमकाऊ भाषा में कहा। मैंने वहाँ से खिसक लेने में अपनी भलाई समझी।

बाहर आकर अगल–बगल झाँकता रहा, कहीं कोई मिल जाये तो औरंगाबाद के बारे में जानूँ। एकाएक एक मुच्छड़ सुडौल, गौरवर्णीय युवक कमरे से बाहर आते दिखे। अपनी ओर मुखातिब पाकर उन्होंने डाँटकर पूछा–"क्या है, कौन हैं, क्या काम है?" इतने सारे प्रश्नों के साथ मेरे पास पहुँचते ही उन्होंने मेरे हाथ का कागज़ छीन लिया और पढ़ते हुए, उपहासात्मक हँसी हँसते हुए उसी कमरे में पुनः घुस लिए। मैं भी पीछे–पीछे; अपने पत्र को आततायी की गिरफ़्त से मुक्त कराने के लिए। दूसरों से उन्होंने मज़ाक़ उड़ाते हुए कहा–"अरे यह वही महाशय हैं, जिनकी खोज में विश्वविद्यालय के लोग हलकान हैं।" दुःख और आक्रोश में डूबा वाक्य मेरे मुख से फट पड़ा–"मैं कोई अपराधी नहीं हूँ। कृपया बताइये कि औरंगाबाद बनारस में है कहाँ?" "ओह तो यह है तुर्रा?" "जाइये उनसे पूछिये।" मेरा पत्र फेंकते हुए उन्होंने एक तरफ़ संकेत किया।

4

ख़ैर उस दूसरे सज्जन ने मुझे सरल राह समझायी और मैं सीधे व्याकरण कार्यालय पहुँचा। यहाँ रामचन्द्र अरोड़ा नाम के जीव से मेरी भेंट हुई। मुझसे परिचित होकर वे परम आह्लादित हुए। कहा–"आप आ गये अब मैं मुक्त हो जाऊँगा।" (वे स्थायी लिपिक बन गये थे और उनका स्थानान्तरण कहीं और किसी विभाग में हो गया था)। फ़िलहाल उन्होंने चाय–पानी पिलाया। उन्होंने मुझे रास्ता समझाया किन्तु मेरे चेहरे को भाँपकर कहा–"चलिए साथ में मैं चलता हूँ।" उनके साइकिल के डण्डे

पर बैठकर मैं औरंगाबाद पहुँचा। एक गली में एक मकान के दरवाज़े के पास पहुँचकर उन्होंने बताया कि यही मकान है। गेट खोलिए। और खुद साइकिल लेकर दूर जा खड़े हुए। जैसे ही गेट पर हाथ लगाया–''भौं, भौं, भौं...की आवाज़ आयी। घबड़ाया। हिम्मत कर फिर हाथ लगाया, फिर वही ध्वनि। घूमकर पीछे लखता हूँ–अरोड़ा और दूर खिसक लिए हैं, किन्तु वहीं से भीतर घुसने का संकेत भी कर रहे हैं। इस बार और हिम्मत की, दरवाज़ा खोला–भीतर धँसा। देखता हूँ–उछल–उछलकर एक कुत्ता मेरी राह रोक रहा है। और मैं हूँ कि उस तरफ़ बढ़ रहा हूँ, जिस तरफ़ खिड़की से प्रश्न उछला था–''कौन?'' मेरे क़दमों के साथ कुत्ता भी क़दम–दर–क़दम पीछे हटता था, पर उसकी ललकार कम नहीं हो रही थी। तब तक एक कमरे का दरवाज़ा खुला। मैं दरवाज़े पर हूँ। उनकी आँखें मुझ पर अविश्वास, अपरिचय और उद्देश्य के प्रश्न उछालती रहीं। ''क्या है?'' प्रश्न उछला। ''कृपया, पहले इस कुत्ते को चुप कराएँ।'' मेरे इस वाक्य को सुनकर सामने खड़े व्यक्ति ने इसे मेरी धृष्टता माना। वे चुपचाप ताकते रहे, और शायद मेरी हिम्मत को तौलते रहे। कुत्ते को चुप होना न था, उसकी डरावनी आवाज़ के बीच हिम्मत जुटाकर मैंने कहा–''मुझे प्रो. शर्मा से मिलना है। मुझे ज्वाइन करना है। यह पत्र है।'' हाथ में पत्र लेकर देखते हुए उन्होंने कहा–''हूँ। तो आप ही हैं–'वह लाट साहब' जिसे समय चाहिए। कोई समय नहीं दिया जायेगा। आप कल कार्यालय में आकर ज्वाइन करें, अन्यथा मैं दूसरी व्यवस्था करूँगा।'' मेरे मुख से कुछ निकलता इसके पहले ही वे दरवाज़ा बन्द करने लगे। चलते–चलते मैंने ज़ोर से सुनाते हुए कहा–''मैं परसों आऊँगा।''

मैं बाहर आया। बिसूरता रहा कि यह कैसे व्यक्ति हैं, पानी पूछना तो दूर, बैठने तक के लिए नहीं कहा। धमकी अलग। क्या यह नौकरी भी गयी। तब तक अरोड़ा प्रकट हुए। मैंने उन्हें आप बीती सुनाई। मुझे निश्चिन्त करते हुए उन्होंने कहा–''आप जाइए परसों सुबह कार्यालय अवश्य पहुँचिए।'' उन्होंने मुझे गिरजाघर चौराहे से रिक्शा पर बैठाया और स्वयं फुर्र। मैं स्टेशन पहुँचा, इलाहाबाद की बस पकड़ी। मन में डर था ज्वाइनिंग नहीं हुई तो क्या होगा? दूसरे दिन सारा सामान बाँधा। शाम को ही बनारस हाज़िर। नियत समय पर अगली प्रातः मैं व्याकरण कार्यालय पहुँचा। अरोड़ा ने सभी औपचारिकताएँ पूरी करायीं।

और शाम को शर्माजी के यहाँ चलकर समस्त प्रपत्रों पर उनसे हस्ताक्षर कराने के लिए कहा। दिन बिताना था, व्याकरण कार्यालय में, जहाँ मुझे कार्य करना था। यहाँ का नज़ारा कुछ और ही दिखा। यहाँ हिन्दी भाषा का व्याकरण बनाया जा रहा था। दो कमरों में अलग–अलग 6/7 के समूह में लोग–बाग एक–दूसरे की बीवी–प्रेमिका का रेखाचित्र खींच रहे थे। या पंजा लड़ा रहे थे। ...मैं सबको देख रहा था और मेरी उपस्थिति का संज्ञान सम्भवतः कोई नहीं लेना चाहता था। उस वातावरण के लिए उनकी दृष्टि में मैं एक धूमकेतु था! हाँ! इनमें एक छरहरा, गोरा–चिट्टा युवक कुछ काग़ज़ों–किताबों में डूबा हुआ था। वह चुप, सबसे अलग–थलग। ये थे–काशीनाथ सिंह। मेरे सामने के कमरे में दोपहर के समय एक दुबले–पतले, नाटे चश्मा–टाई–कोटधारी व्यक्ति आये, बीच की कुर्सी पर बैठे। शायद उन्हें मेरे कार्यभार सँभालने की सूचना–शेष कर्मियों ने दे दी थी। मुझे बुलाया गया; बताया गया–ये उपनिदेशक डॉ. भोलाशंकर व्यास हैं। कुछ देर व्यासजी सन्देह की निगाह से मुझे देखते रहे। फिर मेरा विवरण पूछा। लेकिन यहाँ भी स्नेह, प्रेम कम, अधिकार, अहंकार ज़्यादा दिखा।

सन्ध्या समय अरोड़ा के साथ ही शर्माजी के यहाँ पहुँचा। उन्होंने सभी प्रपत्र पढ़े और हस्ताक्षर किये। हम लोग वापस लौटे। अब मुझे हर सन्ध्या या प्रातः घर आने का आदेश–निर्देश मिला।... एक दिन पहुँचा, नियम–क़ानून को लेकर उनकी किसी गलत व्याख्या से मैं एकाएक झुंझला पड़ा। कुछ क्षण उनकी बड़ी आँखें मुझे तौलती रहीं। बैठने का आदेश मिला। इससे मेरे साहस में वृद्धि हुई और पूछ बैठा–

"कुत्ते को खुला क्यों रखते हैं?"

शर्माजी खिलखिलाकर हँस पड़े–"इससे मैं आने वाले का साहस परखता हूँ।"

"क्या हर बार यही दृश्य होगा?"

"नहीं जी अभी मेल कराता हूँ।"

इस घटना के पश्चात शर्माजी ने मुझे अगाध स्नेह दिया। मेरे दुख में वे सदा साथ खड़े रहे। इसका उदाहरण है मेरी बेटी शैलजा की जानलेवा बीमारी के रूप में। एक हाड़–कम्पाती रात पिताजी उसे लेकर वाराणसी आये, साथ में पत्नी। बेटी मरणासन्न। अस्पताल की शरण ली। सुबह विभाग में सन्देश भिजवाया। पत्नी नहीं चाहती थीं कि मैं बेटी के पास से हटूँ।

दूसरी तरफ़ डॉक्टर दवा के पर्चे बार–बार हाथ में पकड़ाते। इस बार लम्बा पर्चा था। मैं बिसूरता खड़ा रहा, पैसे की व्यवस्था के लिए चिन्तित। एकाएक निगाह उठती है–देखता हूँ, प्रो. शर्मा और उनके साथ अस्पताल के डॉक्टर मेरी ओर ही आ रहे हैं। मैं हतप्रभ; डरा भी। किन्तु यह क्या... उन्होंने मेरे हाथ से पर्चा छीनते हुए कहा–"तुम्हें परेशान और चिन्तित नहीं होना है। दवा आदि की व्यवस्था हो जायेगी; बच्ची भी ठीक हो जायेगी। आप कल से विभाग आकर काम देखिए। आपकी पत्नी बच्ची की देखभाल कर लेगी।" कुछ क्षण रुकने के पश्चात वे वापस मुड़े। मैं चुप, पत्नी तो कुछ समझ ही नहीं पायीं। डॉ. शर्मा के आने के पश्चात मुझे एक पैसा ख़र्च नहीं करना पड़ा। मुझे पता भी नहीं चला, पैसा कहाँ से आ रहा है। चार–पाँच दिनों पश्चात बेटी अस्पताल से मुक्त हुई। अब क़र्ज़ चुकाने के लिए मैं आतुर किन्तु शर्माजी हैं कि इस सन्दर्भ में मुँह ही नहीं खोलते। हाँ! हाल रोज़ पूछते। एक दिन मैंने हिम्मत की तो उन्होंने कहा–"वह मेरी पौत्री है, मेरा भी कुछ फ़र्ज़ बनता है।" और उन्होंने लगभग डाँटते हुए कहा–"जाओ! हिसाब–किताब में मत पड़ो।"

5

व्याकरण कार्यालय में दो–चार दिन भी नहीं बीते होंगे कि पता लगा कि यह प्रभाग शीघ्र ही बन्द होने वाला है। वस्तुतः विज्ञापित पद तो स्थायी था, किन्तु मेरी नियुक्ति अस्थायी रूप से इस प्रभाग में की गयी। यह था–नियति का खेल। लेकिन मैं हार कहाँ मानने वाला–नियति से ही तो पिछले आठ वर्षों से जूझ रहा था। भाग–दौड़ की, अधिकारियों से मिला। मैं आभारी हूँ डॉ. शर्मा एवं उस समय के कुलसचिव श्री एस.एल. दर का, जिन्होंने मुझे राह दिखायी, और दस दिन बाद होने वाली लिपिक पेनल परीक्षा में बैठने की अनुमति दिलायी। यह अनुमति भी परीक्षा के पूर्व सन्ध्या–समय मिली। फ़िलहाल परीक्षा में शामिल हुआ। परीक्षा–परिणाम आते–आते चार माह लग गये। इसमें भी उत्तीर्ण हुआ दूसरी पोजीशन के साथ।

डॉ. जगन्नाथ प्रसाद शर्मा व्याकरण–प्रभाग के निदेशक थे, और हिन्दी विभाग के विभागाध्यक्ष भी। स्थायी नियुक्ति मेरी हुई–केमिस्ट्री विभाग में स्टोर कीपर के रूप में। किन्तु डॉ. शर्मा मुझे मुक्त करने के लिए

तैयार नहीं थे। हमेशा बहाना बनाते। 'अभी रुको', आदेश देते। मैं समझ नहीं पा रहा था। एक दिन मैं झल्लाया। मैंने उनसे तत्काल मुक्त करने का आग्रह किया; उन्होंने कहा–"कल भैयाजी (तत्कालीन–वित्ताधिकारी) के यहाँ बारह बजे मिलना। जब मैं वहाँ पहुँचा तो मुझे हिन्दी विभाग में ज्वाइन करने का आदेश–पत्र मिला। मुझे समझने में देर नहीं लगी, यह डॉ. शर्मा की चाह का परिणाम है। फ़िलहाल नवम्बर 1964 में मैंने हिन्दी विभाग में कार्य प्रारम्भ किया।

व्याकरण कार्यालय में रहते हुए मैंने बहुत कुछ जाना। हिन्दी विभाग की गुटबाज़ी से परिचित हुआ। अध्यापकों के कृत्यों से दो–चार हुआ। परीक्षा और नियुक्तियों में होने वाले पक्षपातों से परिचित हुआ। यहीं मैं डॉ. भोलाशंकर व्यास की अविश्वसनीयता, कान के कच्चेपन से परिचित भी हुआ और प्रताड़ित भी। यहीं मैं डॉ. शिवप्रसाद सिंह के राजसी चरित्र से भी दो–चार हुआ। इनका कथाकार रूप तो बाद में सामने आया। यहीं मैं योग्यताओं और अयोग्यताओं के समूह से हिला–मिला।

हिन्दी विभाग में ज्वाइन किये। लगभग दस–बारह दिन बीते होंगे कि एक दिन सुबह–सुबह सात बजे मेरे घर का दरवाज़ा खटका। मैंने खोला तो देखा–सामने डॉ. त्रिभुवन सिंह खड़े हैं। उनका मेरे घर आना, मेरे लिए आश्चर्य की बात थी। डॉ. सिंह, डॉ. शर्मा के प्रमुख सलाहकार रहे हैं जो 1964 के पहले से ही हिन्दी जगत् में छा गये थे। उनके विरोध का साहस हिन्दी विभाग के किसी अध्यापक में न था। बैठते ही डॉ. सिंह ने बताया–"मैं हिन्दी विभाग में ... द्विवेदी को चाहता था, मैं आपका विरोधी था। पन्द्रह दिन के लिए मैं बाहर गया, मेरी अनुपस्थिति में शर्माजी ने आपको विभाग में ज्वाइन करा दिया। आते ही कल मैं शर्माजी से लड़ा हूँ किन्तु शर्माजी आपकी योग्यता और निष्ठा के कायल हैं। अब आप विभाग में आ गये हैं, मैं आपका हूँ आप मेरे हैं। मेरा आपसे कोई विरोध नहीं।" अब मुझे समझते देर नहीं लगी कि मेरी ज्वाइनिंग को डॉ. शर्माजी ने लगभग दो माह तक क्यों लटकाये रखा? शायद डॉ. शर्माजी डॉ. सिंह की उपस्थिति में मुझे ज्वाइन कराने की हिम्मत नहीं जुटा पा रहे थे। डॉ. सिंह ग़ज़ब के व्यक्तित्व थे। साहित्यिक आयोजन हो, या अन्य आयोजन, वे सब में माहिर, सब में आगे। इन आयोजनों के माध्यम से उन्होंने उत्तर से दक्षिण, पूर्व से पश्चिम तक के हिन्दी महारथियों को अपने से जोड़ रखा था। विश्वविद्यालयीय राजनीति और प्रशासन की भी वे केन्द्रीय धुरी थे।

विभिन्न विचारधाराओं के अध्यापकों, छात्र–समूहों में भी उनकी पैठ थी। हर एक का काम उनका अपना काम होता। कालान्तर में मेरे भी उनसे सम्बन्ध रहे, और मुझे इस ऊँचाई तक पहुँचाने में उनका भी योगदान रहा है। हाँ! कतिपय लोगों ने उन्हें कुछ दिन भरमाया, किन्तु जब असलियत का बोध हुआ तो उन्होंने स्वयं सुधार किया।

6

विभाग में सब कुछ ठीक–ठाक चल रहा था कि एक दिन मुझे अपनी प्रतिष्ठा पर आँच दिखी। विभाग के एक पहलवान टाइप अस्थायी अध्यापक प्रतिदिन डॉ. शर्मा के अंगरक्षक बन उनके साथ रिक्शे पर बैठकर आते–जाते थे। इसी तुर्रे में, एक दिन उन्होंने एक काग़ज़ टाइप के लिए थमाया। टाइप हो गया, लेकिन उसमें कुछ त्रुटि थी। यद्यपि यह त्रुटि उनके मूल में भी थी तथापि उन्होंने आव देखा न ताव; एकाएक बिफर पड़े; अनाप–शनाप बकने लगे। मेरा स्वाभिमान जगा... मैंने उनके हाथ से काग़ज़ छीन लिया और उसे चिन्दी–चिन्दी कर खिड़की के बाहर फेंक दिया। कहा–"जो करना हो जाइए करिए।" वे फक्क, चुपचाप डॉ. शर्माजी के कक्ष में घुसे। वहाँ निःशब्द चुप्पी। डॉ. शर्मा सब सुन–देख चुके थे। दूसरे दिन जब मैं कुछ काग़ज़ों पर हस्ताक्षर कराने के लिए अध्यक्ष–कक्ष में घुसा तो वहाँ ये महाशय उपस्थित दिखे। एकाएक ये हाथ जोड़कर मेरी ओर मुखातिब हुए। कहा–"मुझे माफ़ कीजिए। मेरी गलती थी। इसका मुझे दुख है।" इस अनपेक्षित अप्रत्याशित क्रिया के प्रति मैं निर्विकार भाव से खड़ा उन्हें ताकता रहा। केवल इतना कहा–"मेरी भी इज़्ज़त है, भविष्य में इसका ध्यान रखिएगा।" और, डॉ. शर्माजी काले चश्मे के भीतर से मुझे भी तथा उन अध्यापक महोदय को भी चुपचाप निरख–परख रहे थे। मैं समझ गया–यह प्रो. शर्मा का फ़ॉर्मूला था, जिसमें न्याय था और था मेरी प्रतिष्ठा सम्मान का प्रयास। इस घटना के पश्चात डॉ. सिंह की भावनाएँ तो बदलीं ही। साथ ही विभाग के अध्यापकों–प्राध्यापकों, छात्रों को भी एक ऐसा सन्देश मिला जिससे मेरी धाक बढ़ी।

7

डॉ. सिंह कालान्तर में डॉ. काशीनाथ सिंह के साथ स्थायी बने। किसी औघड़ बाबा के शिष्य थे या नहीं किन्तु स्वभाव से वे औघड़ अवश्य थे और थे डरपोक भी। एक बार इनकी एक शिष्या इनके घर पहुँच गयी। सुदर्शन–आकर्षक। सम्भवतः ये तेल मालिश कर दण्ड–बैठक कर रहे थे–केवल लँगोट पहने। प्रकृत रूप में दरवाज़ा खोल ये उसके सामने खड़े हो गये। पूछा क्या है? वह बोली–कुछ पूछना था। और इनका उत्तर था–'आओ'। गली में खड़ी शिष्या इनके आह्वान पर शर्मायी या नहीं, किन्तु गली की आवा–जाही से उसने वहाँ से भागने में ही अपनी भलाई समझी। और, ये महाशय–गुमसुम उसे भागते देखते रहे। ऐसा–जैसे सब कुछ खो बैठे हों।

8

स्थायित्व तो मिला किन्तु आर्थिक दृष्टि से क्षति भी हुई। माता–पिता, भाई–बहन–पत्नी, बच्ची सभी का ख़र्च मुझे ही तो उठाना था। ख़ैर मैंने इसकी राह निकाली टाइप मशीन ख़रीदी और येन–केन प्रकारेण सबको पालता रहा। स्थायित्व मिलते ही मैंने आगे की पढ़ाई की सोची किन्तु हाय रे भाग्य! काशी हिन्दू विश्वविद्यालय के नियमों के तहत मैं कहीं से बी.ए. (प्राइवेट भी) नहीं कर सकता था। डॉ. शर्मा ने मुझे अनुमति दिलाने की कोशिश की, किन्तु असफल रहे। मैंने अपनी स्थिति से समझौता किया। किन्तु निराशा कम नहीं हो रही थी।

9

मुझे हिन्दी विभाग में पहुँचे लगभग दो वर्ष ही हुए थे कि एक दिन डॉ. शर्मा ने मुझे बताया कि वे आज ही काशी विद्यापीठ में प्रोफ़ेसर के रूप में ज्वाइन करने जा रहे हैं। वस्तुतः यहाँ उनका कार्यकाल दो–चार माह ही बचा था, और काशी विद्यापीठ में उन्हें 5 साल का कार्यकाल मिला था। अब विभाग के अध्यक्ष बने मानसिक, शारीरिक दृष्टि से अस्वस्थ चल रहे पं. श्री पद्मनारायण आचार्य। विभाग की स्थिति डाँवाडोल। मेरा दायित्व बढ़ा।

दूसरे नम्बर पर थे डॉ. श्रीकृष्ण लाल। मैं उनकी सलाह भी लेता। इस समय आर्ट्स कालेज के प्राचार्य थे–गणितज्ञ डॉ. ब्रजमोहन। वे भी मेरे कार्य के प्रशंसक थे। और, उन्हें मेरी भाषा और योग्यता पर इसलिए आश्चर्य था कि मैं केवल इंटरमीडिएट पास था।

10

दिसम्बर 1967 का अन्तिम दिन था–प्राचार्य डॉ. ब्रजमोहन का बुलावा आया। पहुँचा तो उन्होंने कहा–''डॉ. हजारीप्रसाद द्विवेदी आये हैं। उन्हें विभाग में अध्यक्ष के रूप में ज्वाइन कराना है। सभी काग़ज़–पत्र तैयार करके कल शाम के समय उनके घर जाकर उनसे मिलें और उन्हें ज्वाइन कराइए।'' मैं वापस आया। उनका घर भी मालूम था और डॉ. लाल की बेटी कुमुद प्रभा की शादी में उनके दर्शन का सौभाग्य भी मिला था। दूसरे दिन शाम को मैं द्विवेदीजी के यहाँ जा रहा था। रवीन्द्रपुरी चौराहे पर पहुँचा ही था कि सामने से पैदल आ रहे डॉ. काशीनाथ सिंह ने मुझे आवाज़ देकर रोका और पूछा–कहाँ जा रहे हैं? मेरे बताने पर कहा कि ''भाई, वहाँ का माहौल आपके बहुत विपरीत है। डॉ. विजयशंकर मल्ल और उनके साथ बैठे अन्य लोगों ने द्विवेदीजी से शिकायत की है कि ''आप डॉ. शर्मा के आदमी हैं। आपका तत्काल ट्रांसफर करा दें, अन्यथा आप उन्हें (द्विवेदीजी) धोखा दे सकते हैं।'' एक मिनट तो मैं चुप रहा। फिर मैंने काशीनाथजी की चिन्ता दूर की। मैंने कहा–''ट्रांसफर ही कराएँगे न, नौकरी तो रहेगी। इसकी चिन्ता मुझे नहीं।'' किन्तु काशीनाथ असन्तुष्ट ही रहे, शायद वे नहीं चाहते थे कि मेरा ट्रांसफर हो। वस्तुतः व्याकरण कार्यालय और हिन्दी विभाग में मेरे कार्यकाल के दौरान डॉ. काशीनाथ सिंह मेरे निकट ही नहीं आये; अपितु मेरे बहुत बड़े हितैषी बन गये थे। आगे की पढ़ाई के लिए मुझे बार–बार प्रोत्साहित करते रहते।

11

फ़िलहाल बेफ़िक्र मनोभाव से मैं आचार्यजी के घर पहुँचा। बैठक जमी थी। मुझे प्रवेश मिला। आचार्यजी को मैंने अपना परिचय देते हुए

डॉ. ब्रजमोहन का सन्देश दिया। सभी दरबारी भौचक–मेरे प्रति आचार्यजी के सदय व्यवहार को देखकर। काग़ज़–पत्र पलटने के पश्चात उन्होंने उसे लौटाते हुए अपने ज्वाइनिंग की तारीख़ और 10:30 बजे का समय बताया। मैं दरबारियों की बातों में व्यवधान नहीं बनना चाहता था। मैं उठ खड़ा हुआ, द्विवेदीजी उठे। मुझे दरवाज़े तक छोड़ने के लिए आगे आये और मैंने हाथ जोड़ा, घर की राह ली।

आगे क्या हुआ मुझे ज्ञात नहीं। किन्तु नियत तिथि पर द्विवेदीजी पौने दस बजे ही विभाग पहुँच गये। और, पता नहीं किस प्रेरणा के वशीभूत हो, मैंने एक दिन पहले चपरासी सुद्धू को सहेजा–''कल साढ़े नौ तक पहुँच जाना, मैं भी आ जाऊँगा।'' हम लोग चुपचाप विभाग में बैठे ही थे कि सुनसान जगह पर एकाएक कुछ ध्वनियाँ कानों में पड़ीं। इसके पहले कि वे कार्यालय में प्रवेश करते मैं बाहर आया, उन्हें अध्यक्षीय कक्ष में ले गया। द्विवेदीजी का पहला प्रश्न उछला–''आप तो बताये थे कि कार्यालय 10.30 पर खुलता है, और आप पौने दस के पहले से यहाँ हैं।'' ''कल मैंने सोचा कि कहीं आप जल्दी न आ जायें और बाहर खड़े रहें, इसलिए मैंने चपरासी को भी सहेजा। और हम दोनों पौने दस बजे के पहले से बैठे हैं।'' चार–पाँच दिन बाद ही द्विवेदीजी ने मुझे काग़ज़ों का एक बंडल दिया, कहा ''इसे टाइप करवाना है। कल तक हो जाय।'' और क्लास में चले गये। विभाग के तथाकथित टाइपिस्ट के वश की बात नहीं थी–इसे टाइप करना। यह लगभग 20 पृष्ठों का दीक्षांत समारोह में दिया जाने वाला भाषण था। अस्तु मैंने मशीन सँभाली। टाइप किया। स्टिच कर उनकी मेज़ पर रख दिया। लगभग एक घण्टे बाद वे क्लास से वापस आये। आते ही खीझ भरी आवाज़ में उन्होंने मुझे बुलाया, पूछा, इसे टाइप नहीं किया गया। मैंने बताया–'टाइप तो कर दिया है।' अविश्वास की निगाहों से कभी वे मुझे देखते, कभी पन्नों को पलटते। मैं खड़ा रहा, जब उन्होंने अन्तिम पृष्ठ तक की सामग्री देख ली, तो आश्चर्यचकित वाणी में उन्होंने कहा–''इतनी जल्दी कैसे टाइप कर दिया।'' मैं केवल मुस्करा भर दिया। चुपचाप अपने कमरे में वापस लौटा। दो–चार अध्यापक उनकी जी–हुजूरी के लिए वहाँ पहले से बैठे थे। द्विवेदीजी उनकी ओर मुख़ातिब हुए।

12

द्विवेदीजी विभाग से प्रायः 1 बजे तक घर लौट जाते थे। उनके साथ उनके कतिपय भक्त–चापलूस साथ होते। लगभग पन्द्रह दिन बीते होंगे। आज द्विवेदीजी के पास कई अध्यापक बैठे हैं, सभी बेसब्र क्योंकि उनके जाने के बाद ही सभी अध्यापक जाते थे। किन्तु आज वे हिल नहीं रहे हैं। क्या बात हुई पता नहीं। एक–एक कर लोग जा चुके। मैं भी बेचैन था, किसी कार्यवश मुझे केन्द्रीय कार्यालय जाना था किन्तु अध्यक्ष जायें तब जाऊँ न। और द्विवेदीजी उठ ही नहीं रहे थे। एकाएक द्विवेदीजी ने मुझे बुलाया। कमरे में जाने पर मैंने देखा–वे अकेले हैं। उन्होंने मुझे दोनों दरवाज़े बन्द करने के लिए कहा और बैठने का संकेत किया। मेरे बैठते ही उन्होंने कहा–"आपको मुझसे कुछ कहना है।" मैं अवाक्! भला मेरी क्या बिसात कि कुछ कहूँ। मेरा उत्तर था–"मुझे कुछ भी नहीं कहना है।" मेरा जवाब सुनकर उन्होंने कहा–"लेकिन मुझे कहना है।" मैं चुप रहा, उन्होंने पहले तो मेरी शिक्षा–दीक्षा, घर–परिवार की बात की, फिर अन्त में मेरे ख़िलाफ़ जो शिकायत आरोप लगे थे, विशेषकर डॉ. शर्मा का आदमी होने आदि की उन्होंने चर्चा की। मैं मौन साधे रहा, यद्यपि ऐसी बातों का उत्तर देना निरर्थक था; किन्तु अपने स्वभाव के अनुरूप मैं बोल पड़ा–"सफाई देना मेरी प्रवृत्ति नहीं, मेरा काम ही मेरा उत्तर है। इस कुर्सी पर जो भी बैठता है मेरी निष्ठा उसी के प्रति होती है। वैसे आप मेरे स्थानान्तरण के लिए लिख दें, आपको तो पता नहीं होगा कौन कैसा है? इसलिए इन लोगों के पसन्द का आदमी आप बुलवा लें। मेरा कोई नुकसान नहीं होगा।" द्विवेदीजी एक सरल बच्चे की तरह मुस्कराते हुए बोले–"मैं सब समझता हूँ। अच्छा आठ लोग जो अस्थायी हैं, उनमें से किसका–किसका एक्सटेंशन हो?" इस प्रश्न पर मैं चौंका। समझते देर नहीं लगी कि इसमें भी राजनीति की गयी है। मेरा टका–सा उत्तर था–"वैसे तो ऐसे प्रसंग में मुझे सलाह देने का अधिकार नहीं है। किन्तु आप पूछ रहे हैं, इसलिए मैं यही कहूँगा कि बीच सेशन में 'पिक एंड चूज' की पालिसी आपके लिए उचित नहीं होगी, इससे अनावश्यक आपका विरोध बढ़ेगा। आप जिसे हटाना चाहते हों, जुलाई में हटाइए। वैसे आपकी जो इच्छा हो, बताइएगा, तदनुसार पत्र बना दूँगा।" इस बीच द्विवेदीजी के चेहरे पर एक आकर्षक तेज उभरा और उनकी आँखें तो जैसे मुझे भीतर से खँगाल रही हों। किन्तु मैं निडर निश्चिन्त बना रहा।

कुछ क्षण हम दोनों के बीच सन्नाटा छाया रहा। एकाएक वे बोले–''कुछ लोग तो मुझे दलदल में ढकेलना चाहते हैं; किन्तु आपने बचा लिया। आपकी सलाह सही है, आप सभी का एक्सटेंशन पत्र बना दें।'' अन्त में उठते हुए उन्होंने कहा–''अब मैं जाऊँगा और आपके प्रमोशन के बारे में प्रयास करूँगा।'' मैं भी उनके साथ उठा, सोचा इन्हें नीचे रिक्शे पर बैठा दूँ। जब द्वार खोला तो देखा कुछेक तथा–कथित भक्त अध्यापक दरवाज़े पर खड़े हैं और भीतर की वार्त्ता का अनुमान लगा रहे हैं। वैसे मेरे प्रमोशन की बात तो डॉ. शर्मा ने भी की थी, वे सफल नहीं हुए। डॉ. ब्रजमोहन भी कुछ नहीं कर पाये। अब द्विवेदीजी कह रहे हैं, यह भी क्या कुछ कर पायेंगे? यह सब प्रलोभन देकर काम लेने का तरीक़ा है। उपर्युक्त बातें मेरे जीवन की सामान्य बातें हैं। इसे विस्तार देने का मेरा प्रयोजन तथाकथित अध्यापकों के कलुषित मन तथा सोच का पर्दाफ़ाश करना मात्र है जिनकी प्रतिद्वन्द्विता एक क्लर्क से थी। क्या यह वर्ग आज भी बदला है। पढ़ने–पढ़ाने से अधिक इनकी रुचि लोगों के चरित्र–हनन की, उठा–पटक में होती है, झूठ–फरेब बुनने–रचने और दलबन्दी करने में होती है। लिखने–पढ़ने वालों को अयोग्य ठहराने में होती है। ऐसे अध्यापकों का इस विभाग में न कल अभाव था न आज है। और, हिन्दी जगत इन सबसे भरा पड़ा है। मैं इनसे पहले भी परिचित था आज भी इनसे मुठभेड़ होती रहती है। फ़िलहाल, उस समय भी मैं निस्पृहभाव से काम करता रहा और आज भी मैं अपने लक्ष्य की ओर अग्रसर हूँ। कालान्तर में द्विवेदीजी मेरे उद्धारकर्त्ता सिद्ध हुए और शायद 1968 के बाद एकमात्र मैं ही उनका राज़दार भी रहा।

13

लगभग दो माह पश्चात एक दिन प्रचारित हुआ कि आचार्य हजारीप्रसाद द्विवेदी विश्वविद्यालय के रेक्टर बनाये गये हैं। और, उन्होंने अपना कार्यभार भी ग्रहण कर लिया। वस्तुतः कुलपति डॉ. जोशी को यह इल्म नहीं था कि द्विवेदीजी के इतने अधिक विरोधी हैं। विभागाध्यक्ष बनते ही द्विवेदीजी का विरोध प्रारम्भ हो गया था। परिणाम यह हुआ कि द्विवेदीजी की नियुक्ति को वे एक्जीक्यूटिव काउंसिल से पास नहीं करा पाये। और, द्विवेदीजी को विभागाध्यक्ष एवं आचार्य के पद से हटना पड़ा।

आश्चर्य यह कि द्विवेदीजी के मुद्दे पर परस्पर विरोधी–ठाकुर–ब्राह्मण–लॉबियाँ एकजुट हो गयीं। द्विवेदीजी को विश्वविद्यालय में कायम रखने का एकमात्र विकल्प था–उन्हें रेक्टर बनाना। रेक्टर पद सँभालने के पश्चात आचार्य द्विवेदी दो दिन विभाग नहीं आये और न ही मुझे कोई निर्देश मिला। तीसरे दिन आते ही उन्होंने मुझसे कहा–"आपको बुलवाया था, आप आये नहीं।" मैंने उत्तर दिया–"मैं विभाग का लिपिक हूँ, रेक्टर कार्यालय का नहीं। वैसे मुझे आपका सन्देश भी नहीं मिला।" पहले तो वे मुझे निरखते रहे, फिर हँसते हुए उन्होंने कहा–"भई! अभी भी मैं विभागाध्यक्ष हूँ।" मेरा उत्तर था–"मुझे इसकी जानकारी नहीं।" फ़िलहाल उनका आदेश हुआ–"कल सुबह 7 बजे होल्कर हाउस (रेक्टर आवास) में आपको आना है।"

दूसरे दिन नियत समय पर होल्कर हाउस में पहुँचा। बीसियों पत्र थमाते हुए कहा–"इनका उत्तर तैयार कर दीजिए।" कुछेक अन्य पत्रों के उत्तर लिखवाये। मैं वापस आने के लिए उठा तो उन्होंने सूचना दी–"मैंने आपकी नियुक्ति रेक्टर कार्यालय में हिन्दी के स्टेनो पद पर करा दी है। अब आपको मेरे साथ रेक्टर कार्यालय में रहना है। दोपहर को उपकुलसचिव से अपना नियुक्ति पत्र लेकर आज ही ज्वाइन कर लें।" मेरे लिए यह अहैतुक कृपा का रहस्य समझ से परे रहा। वैसे यह ख़ुशी का समाचार भी था–किन्तु चिन्ता का भी। अब तक मैं स्वतन्त्र था, किन्तु अब मैं उनका अन्ध भक्त बन गया। पर, मेरा कोई कार्य बिना अवरोध के हो पाना मेरे भाग्य में ही नहीं रहा। इस नियुक्ति में भी अवरोध आये। द्विवेदीजी रेक्टर कार्यालय में बैठे इन्हें दूर करते रहे, तब तक जब तक कि मैंने शाम सात बजे ज्वाइन नहीं कर लिया। यह तारीख़ थी सम्भवतः 12 अप्रैल 1968।

14

द्विवेदीजी के रेक्टर बनते ही विभागाध्यक्ष पद के लिए भाग–दौड़ शुरू हो गयी। मेरे विरोधियों को रेक्टर कार्यालय में मेरी नियुक्ति से ऐसा सन्देश मिला कि उन्हें साँप सूँघ गया। अब उनकी विवशता थी–मेरे दरवाज़े पर मत्था टेकने की। फलस्वरूप मेरे दरवाज़े पर भीड़ लगने लगी। विभाग ही नहीं, अन्य विभागों के लोग भी इसमें शामिल थे। किन्तु पहली समस्या थी हिन्दी विभाग के कार्यकारी अध्यक्ष की नियुक्ति की। वरीयता क्रम में

प्रमुख प्रत्याशी थे–डॉ. भोलाशंकर व्यास और डॉ. ज्ञानवती त्रिवेदी। मुझसे मिलने के लिए पता नहीं कितनी बार मेरे आवास के सामने की बगिया में डॉ. व्यास और उनके शागिर्दों ने घण्टों गुज़ारे। किन्तु इस प्रसंग में मैंने मौन धारण को अपनी नीति बनायी। बिना पूछे सलाह देने का मैं विरोधी था। लगभग एकाध सप्ताह बीते होंगे कि एक दिन प्रातः जब मैं द्विवेदीजी के कमरे में पहुँचा तो उन्हें असहज और बेसब्र पाया। फ़िलहाल कुछ निर्देश दिये, और मैं अपने कमरे में लौटने के लिए उठा तो उनका आदेश हुआ–'ज़रा रुकिये'। उनका प्रश्न उछला–''विभाग का कार्यकारी अध्यक्ष किसे बनाया जाय?'' निर्विकार भाव से मेरा उत्तर था–''आप जिसे चाहें, उसे बनाइए।'' द्विवेदीजी ने खिझलाकर कहा–''यह मसला बहुत झमेले का है।'' ''नियम क्या है?'' मैंने बताया–''दो दावेदार हैं–एक डॉ. त्रिवेदी और दूसरे डॉ. व्यास। डॉ. त्रिवेदी महिला महाविद्यालय में हैं, डॉ. व्यास विभाग में। विश्वविद्यालय के सभी विभागों में विभाग के कार्यकारी अध्यक्ष का पद विभाग के अगले सीनियर व्यक्ति को मिलता रहा है। हिन्दी विभाग में भी यही नियम और परम्परा रही है। आपके पश्चात डॉ. व्यास सीनियर रीडर हैं।'' द्विवेदीजी चुप रहे। मैं चला आया। अन्ततः डॉ. भोलाशंकर व्यास कार्यकारी अध्यक्ष बने। और प्रचार हो गया कि मैंने डॉ. व्यास को विभागाध्यक्ष बनवा दिया। सच यह है कि विभाग की वह लॉबी जो ज्ञानवती को विभाग में घुसने नहीं देना चाहती थी, सशक्त और सक्रिय थी, जबकि ज्ञानवती की समर्थक लॉबी में एकाध–दो अध्यापक ही थे, और वे भी निष्क्रिय। इसी का परिणाम हुआ कि फाइल की नोटिंग भी डॉ. व्यास के पक्ष में आयी। किन्तु ज्ञानवती को तो यही बोध था कि मैंने द्विवेदीजी को भरमाया। उन्होंने रिप्रजेंट भी किया किन्तु परम्परा कैसे बदलती। ज्ञानवती ने असलियत जानने–समझने की कोशिश तो नहीं की, हाँ–ज़िन्दगी भर वे मेरे ख़िलाफ़ झण्डा बुलन्द किये रहीं। उन्हीं के विरोध का परिणाम था कि साढ़े–चार वर्षों के लिए मुझे बनारस से वनवास मिला।

15

इस विश्वविद्यालय के हिन्दी विभाग तथा भारत के अन्य हिन्दी विभागों की राजनीति कितनी गन्दी और घातक रही है इसका प्रमाण है–

हिन्दी के ख्यातिप्राप्त विद्वान आचार्य द्विवेदी का विश्वविद्यालय से निष्कासन। पुनः आये तो पद छोड़ना पड़ा। यशस्वी अध्यापक डॉ. श्रीकृष्ण लाल का इसी राजनीति ने बलिदान लिया। पद्मनारायण आचार्य पागल बने। इसी हिन्दी विभाग के अध्यक्ष बनने के लिए तरसते रीतिकाल तथा काव्यशास्त्र के मर्मज्ञ पं. विश्वनाथ प्रसाद मिश्र अन्ततः आचार्य द्विवेदी की कृपा से केवल विजिटिंग प्रोफ़ेसर बन पाये। अध्यक्ष की कुर्सी प्राप्ति की उनकी लालसा अपूर्ण ही रही। मैं भी इसका साक्षी और भोक्ता रहा हूँ–पहले ढाई वर्ष के लिपिक के रूप में, और फिर पाँच वर्ष के छात्र–जीवन, बाद में अध्यापक के रूप में 23 वर्ष तक। इन अध्यापकों एवं तथा–कथित विद्वानों को मेरी योग्यता, कर्मठता, कालान्तर में अध्यापकीय ख्याति–यश, प्रतिष्ठा और लेखन–कर्म कभी पच नहीं पाया। याद आता रहा, केवल ढाई वर्षों का विभाग में मेरा लिपिकीय जीवन जिसके वे साक्षी भी नहीं थे। और वे–जिन्होंने जीवन भर ''मसि कागद छुयो नहीं, कलम गह्यो नहि हाथ'' की उक्ति चरितार्थ करते हुए प्रोन्नति के साथ–साथ अनेकों पद प्राप्त किये। यथा–मुंगेरी लाल।

16

आचार्य द्विवेदी के रेक्टर बनने के पश्चात हिन्दी विभाग के प्रोफ़ेसर, रीडर, लेक्चरर के पद विज्ञापित हुए। अनेक लोग आचार्यजी से मिलने आते। सन् 1968 में एक दिन सुबह–सुबह डॉ. विजयपाल सिंह होल्कर हाउस पहुँचे। उनके द्वारा दिये गये परिचय के अनुसार वे तिरुपति विश्वविद्यालय में कई वर्षों से प्रोफ़ेसर और विभागाध्यक्ष हैं। दक्षिण भारत के विश्वविद्यालय में हिन्दी विभाग की स्थापना और वहाँ के अध्यापकों की नियुक्ति में उनका अवदान और वर्चस्व था। वैसे, उनके आगमन के पूर्व इनका एक टेलीग्राम भी आया था। इसलिए मैं इनके नाम से परिचित था। उन्होंने आचार्य द्विवेदी से मिलने की इच्छा व्यक्त की। मेरा तो यही कार्य था, अस्तु मैं आचार्यजी को सूचना देने उनके समक्ष पहुँचा। उन्होंने मिलने से इनकार कर दिया। मैं स्तब्ध। यह और ऐसा तो पहली बार हुआ था। वे तो हर एक छोटे–बड़े से, मित्रों, दुश्मनों से प्रसन्नता और आह्लाद के साथ मिलते थे। फिलहाल मैं अवाउट टर्न हुआ, और डॉ. सिंह को सूचना दी–''इस समय मिलना सम्भव नहीं।'' उस समय वे चले तो गये,

किन्तु जाते–जाते अत्यन्त आश्वस्त भाव और खिसियाहट में कहते गये–"मिलें या न मिलें, प्रोफ़ेसर मैं ही बनूँगा, देखना।"

17

कुछ दिन बाद ही चयन समिति की बैठक थी। लेक्चरर, रीडर पदों के चयन की अध्यक्षता आचार्य द्विवेदीजी ने ही की। प्रोफ़ेसर की बारी आने पर कुलपति डॉ. अमरचन्द जोशी ने अध्यक्षता सँभाली। हिन्दी के स्वनामधन्य विशेषज्ञों ने यहाँ एक चाल चली। उन्होंने डॉ. जोशी से कहा कि हम सब आचार्य द्विवेदी को इस पद पर सम्मानपूर्वक रखना चाहते हैं, इसलिए आचार्यजी बाहर चले जायें तभी चर्चा सम्भव है। और.... दाँव–पेंच से अनभिज्ञ आचार्यजी चुपचाप बाहर चले आये। यह जानते हुए कि आफर सम्भव नहीं। फिलहाल यह बहाना था, द्विवेदीजी को बाहर करके अपनी मनमानी करने का। विभाग के सभी प्रत्याशी रिजेक्ट हुए। विशेषज्ञों ने डॉ. विजयपाल सिंह का नाम प्रस्तुत किया–उनके बायोडॉटा से अभिभूत डॉ. जोशी ने उन्हें स्वीकार कर लिया।

डॉ. सिंह की नियुक्ति विवादास्पद बनी। बहुत दिनों तक बवाल होता रहा, यह एक लम्बी कहानी है। किन्तु, अन्ततः तत्कालीन कुलपति भी दबाव में आये और डॉ. सिंह को नियुक्ति–पत्र जारी हुआ। डॉ. सिंह अध्यक्ष और आचार्य के रूप में आचार्य रामचन्द्र शुक्ल की गद्दी के वारिस बने।

18

स्थायित्व के लिए भाग–दौड़, द्विवेदीजी के आगमन एवं रेक्टर बनने, फिर मेरे उनके साथ जुड़ने के क्रम में मैं आगे की पढ़ाई के प्रति उदासीन ही रहा। रेक्टर बनने के तीन–चार महीने पश्चात एक दिन आचार्यजी ने मुझे झिंझोड़ते हुए कहा–"बी.ए. क्यों नहीं कर लेते।" मैंने उन्हें बताया कि विश्वविद्यालय के नियमानुसार कार्य करते हुए बी.ए. नहीं कर सकता। अवैतनिक अवकाश लूँ तो परिवार को क्या खिलाऊँ, कैसे पालूँ? प्राइवेट की अनुमति भी नहीं मिल रही है। सभी विश्वविद्यालयों ने पुरुष छात्रों के लिए अपने द्वार बन्द कर लिए हैं। उन्होंने कहा "अनुमति के लिए

आवेदन करो, मैं देखूँगा–कैसे अनुमति नहीं मिलती?'' मैंने अनुमति के लिए आवेदन किया। आशा की एक किरण जगी। मेरे इस आवेदन–पत्र पर उनकी टिप्पणी ही विश्वविद्यालय से प्राप्त अनुमति का आधार बनी। मैं आह्लादित था। दो–तीन दिनों पश्चात ही एक दिन प्रातः आचार्यजी ने हरिश्चन्द्र डिग्री कालेज का फार्म देते हुए कहा–''अब तो अनुमति मिल गयी है। तुरन्त प्रवेश ले लो।'' पत्नी से परामर्श करता रहा। कोई समाधान नहीं। अध्ययन हेतु समय के अभाव तथा बड़े पारिवारिक बोझ की स्मृति ने मुझे फार्म नहीं भरने दिया। दूसरे दिन पहुँचते ही उन्होंने फार्म माँगा। यह सुनते ही मेरी रूह काँप गयी, चुपचाप फार्म उनकी ओर बढ़ा दिया। आचार्यजी ने फार्म पर एक सरसरी दृष्टि डाली। आँखें फैलाकर कुछ देर ताकते रहे–मेरी ओर। मैं ऊपर से नीचे तक पीपल के पत्ते की भाँति काँपता रहा। वे चुप। मैं अपराधबोध से ग्रस्त। चुपचाप आचार्यजी उठकर भीतर चले गये। मैं जानता था कि यह उनका गुस्सा प्रकट करने का तरीक़ा है। क़रीब एक घण्टे बाद वे सज–धज कर बाहर निकले। 'चलो' का आदेश देते हुए गाड़ी की ओर उन्मुख हुए। मैं भी पीछे–पीछे। गाड़ी की दिशा आज बदली थी। न मैं समझ पा रहा था, न पूछने का साहस था कि कहाँ चल रहे हैं? हरिश्चन्द्र महाविद्यालय के सामने गाड़ी रुकी। प्रवेश हो गया।

अपनी स्थिति पर मुझे क्षोभ हुआ। आचार्यजी की कृपा और क्रिया ने मुझे उनके प्रति और श्रद्धावनत बनाया। पढ़ाई चल पड़ी। परीक्षा के समय तैयारी के लिए मुझे अवकाश लेना पड़ा। आचार्यजी हर प्रश्नपत्र के दिन सन्ध्या–समय माताजी के साथ आते। प्रश्नपत्र देखते और पूछते–कैसा हुआ? अगले प्रश्नपत्र की तैयारी के बारे में पूछते। एक दिन उन्होंने कहा–''लगभग, यही प्रश्न एम.ए. में भी आते हैं।'' इसका गूढ़ार्थ था–एम.ए. करने का निर्देश। बी.ए. का परीक्षा परिणाम आया, आचार्यजी और माताजी परम आह्लादित। परिणाम से मैं भी आह्लादित हुआ।

19

डॉ. ए.सी. जोशी जा चुके थे। विश्वविद्यालय अब डॉ. कालूलाल श्रीमाली के ज़िम्मे था। एक सप्ताह के लिए मैं, सपरिवार गाँव गया, लौटा तो पता लगा कुलपति डॉ. श्रीमाली ने आचार्यजी को रेक्टर पद से मुक्त कर

बन्द हो चुके "हिन्दी भाषा का व्याकरण कार्यालय" को पुनरुज्जीवित कर, उसके निदेशक पद पर उनकी नियुक्ति कर दी है। उन्हें हिन्दी भाषा का व्याकरण बनाने की ज़िम्मेदारी सौंपी है। साथ में मुझे उनका आशुलिपिक बनाया गया है। अर्थात् रेक्टर कार्यालय से मैं भी विस्थापित हुआ। किन्तु बाद में पता चला कि आचार्यजी ने डॉ. श्रीमाली से कहकर मुझे अपने साथ रखवाया। फ़िलहाल इस एक सप्ताह में बहुत कुछ उलट–पलट हो गया। डॉ. शिवप्रसाद सिंह, डॉ. शुकदेव सिंह और डॉ. सतीश कुमार रोहरा उपनिदेशक बने। और इन लोगों के साथ दो–दो, तीन–तीन शोध–छात्र नियुक्त हुए। वैसे तो कुलपति को यह अधिकार रहा है कि वह अपनी पसन्द का रेक्टर बनाये; किन्तु सच यह था कि डॉ. श्रीमाली आचार्य प्रवर की छात्रों में लोकप्रियता और उनकी विचारधारा से भयग्रस्त थे। उन्होंने रेक्टर तो नहीं बनाया, किन्तु एक आई.ए.एस. अधिकारी श्री मृगेन्द्र कुमार चतुर्वेदी को सलाहकार के रूप में नियुक्त किया।

20

एम.ए. में प्रवेश प्रारम्भ हो चुका था। एक दिन मैंने आचार्यजी से एम.ए. करने की इच्छा जताई। उन्होंने प्रसन्नता व्यक्त की, प्रोत्साहित किया एवं सहायता का आश्वासन दिया। मैं अवकाश नहीं लेना चाहता था, अस्तु उन्होंने मेरे कार्य और कार्यालय में उपस्थिति का समय, नियमित समय के विपरीत बदला। सुबह सात से दस और अपराह्न तीन से आठ बजे। इसकी अनुमति उन्होंने कुलपति डॉ. श्रीमाली से ली। फलस्वरूप एम.ए. में प्रवेश की अनुमति मिली। और काशी हिन्दू विश्वविद्यालय का मैं विद्यार्थी (एम.ए. का) बन गया। व्याकरण कार्यालय के पुस्तकालय ने अध्ययन में मेरे लिए शिक्षक की महत्त्वपूर्ण भूमिका निभायी।

21

छात्र–रूप में हिन्दी विभाग में मेरे प्रवेश के पूर्व डॉ. विजयपाल सिंह का युग आरम्भ हो चुका था। वे प्रोफ़ेसर भी थे, और अध्यक्ष भी। सन् 1968 की चयन समिति की अनेक ख़ोजों में एक ख़ोज थे–डॉ. शुकदेव सिंह। मुजफ़्फ़रपुर से आये डॉ. सिंह लोकप्रिय वक्ता, अध्यापक और

साहित्य के हर क्षेत्र के विशेषज्ञ तथा प्रत्युत्पन्नमति, विनोदप्रिय एवं प्रतिभा के धनी भी थे। कबीर और रविदास को अन्तरराष्ट्रीय ख्याति दिलाने में उनका योगदान नकारा नहीं जा सकता। वस्तुतः वे चलते–फिरते इनसाइक्लोपीडिया थे। वे सबके थे, किन्तु सभी उनसे दूर। हम सबको गलत–सही किसी बात का प्रचार करना होता तो शुकदेवजी को बता देते। वे अपनी जेब से भाड़ा–किराया ख़र्च कर उस बात को पूरे शहर में फैला देते। वे अतिथि का सम्मान भी करते, हम सब की बात ही अलग थी। खान–पान के शौक़ीन शुकदेवजी हिन्दी के तमाम विद्वानों के यार थे, प्यार और सम्मान के अधिकारी थे। किन्तु उन्हें उनकी अविश्वसनीयता ले डूबी। वे बैनर, वाद/दल विहीन थे। उनके शब्दों में वे मेरे शुभ–चिन्तक थे। एम.ए. अध्ययन के दौरान उन्होंने मेरी मदद की किन्तु भीतर से शायद ईर्ष्यालु और पक्षपाती थे, अपने मुजफ़्फ़रपुर के महाविद्यालय के एक छात्र को टाप कराने के चक्कर में उन्होंने एम.ए. प्रथम–वर्ष में मेरी लुटिया डुबोई। डॉ. बच्चन सिंह परीक्षक थे और ये उनके पड़ोसी। सोमरस के प्रेमी। दोनों की ख़ूब छनती थी। और शुकदेवजी के लिए यह एक औज़ार था, किसी से ग़लत काम कराने का।

22

मेरी आदत थी, जिन अध्यापकों की कक्षाएँ मुझे प्रिय थीं, उनमें मैं शामिल होता, शेष छोड़ देता। या तो केन्द्रीय पुस्तकालय में रहता या व्याकरण कार्यालय के पुस्तकालय में। इससे अनेक अध्यापक मुझसे खपा रहते। हाँ! डॉ. मल्ल को उनकी कक्षा के दिन याद दिलाना होता। वे आते लेकिन दस–पन्द्रह मिनट बिताकर। और दस–पन्द्रह मिनट पहले चले जाते। वे पढ़ा रहे थे–अज्ञेय की 'असाध्य वीणा'। यदि उन्हें बीच में कोई छात्र न छेड़े तो वे अत्यन्त महत्त्वपूर्ण सामग्री दे जाते थे। किन्तु मुझे आज भी याद है–वे इस बात का निर्णय नहीं कर पाते थे कि यह कविता अस्तित्ववाद से प्रभावित है या बौद्ध दर्शन से। मेरी अपनी दृष्टि में यह कविता काव्य और काव्य–रचना–प्रक्रिया का सर्वश्रेष्ठ उदाहरण है। रही बात–दर्शन की–चीन प्रभावित बौद्ध दर्शन का प्रभाव इस कविता पर पड़ा है (बकौल–डॉ. मल्ल)।

मेरे साथ एक विद्यार्थी थे–नरेन्द्र नीरव। एम.ए. के पश्चात उसने अपनी सहपाठिनी से विवाह किया और राबर्ट्सगंज के आदिवासी इलाके

को अपना कर्मक्षेत्र बनाया। आज़ वह कहाँ हैं, पता नहीं। किन्तु उसके कृत्यों का परिणाम मैंने कई वर्ष झेला। वस्तुतः वे डॉ. राजपति दीक्षित और डॉ. ज्ञानवती त्रिवेदी की अध्यापन पद्धति से असन्तुष्ट थे। एक दिन ज्ञानवती का पीरियड शुरू होने के पहले ही रामनामी दुपट्टे में 'रामचरितमानस' की प्रति तथा राम का चित्र लपेटकर अध्यापकीय मेज़ पर रख दिया, और अगरबत्ती जला दी, साथ में एक काग़ज़ पर बड़े–बड़े अक्षरों में लिखा था–"रामचरितमानस का रोज़ प्रातः पाठ कीजिए, परीक्षा में प्रथम श्रेणी मिलेगी।" और इसे भी मानस के बगल में रख दिया। यह सब देख–पढ़कर आते ही ज्ञानवती त्रिवेदी आगबबूला हो उठीं, और सबको धमकाते हुए बाहर जाते हुए कह गयीं–"मैं जानती हूँ, यह किसकी करतूत है, देखती हूँ कैसे प्रथम श्रेणी पाते हैं।"

प्रथम वर्ष में मैं विभागीय अध्यापकों का कोपभाजन बन चुका था। जानबूझकर प्रथम स्थान पाने वाले छात्र से मुझे एक ही प्रश्न–पत्र में अट्ठारह अंक कम दिये गये यद्यपि मैं वरीयताक्रम में दूसरे स्थान पर था, किन्तु अट्ठारह अंकों से पीछे। और; अब; ज्ञानवती की धमकी। मैं चिन्तित हुआ। तत्कालीन अध्यक्ष डॉ. विजयपाल सिंह, डॉ. त्रिवेदी को नाराज़ नहीं कर सकते थे। और डॉ. त्रिवेदी मेरे विरुद्ध खड्हस्त; बदला लेने के लिए आतुर। अन्ततः कुलपति डॉ. कालूलाल श्रीमाली की शरण में मैं जा पहुँचा। मेरी पूरी कथा–व्यथा सुनकर उन्होंने मुझे निश्चिन्त किया। और, पहली बार विश्वविद्यालय के हिन्दी विभाग की परीक्षा में कोडिंग सिस्टम लागू हुआ। डॉ. श्रीमाली ने यह ज़िम्मेदारी सौंपी उस परीक्षा नियन्ता डॉ. भट्ट को जो अपनी ईमानदारी और कर्तव्य–निष्ठा के लिए विख्यात थे। इस प्रक्रिया की जानकारी विभाग के अध्यापकों, छात्रों को तब मिली, जब उत्तर पुस्तिकाएँ परीक्षकों के यहाँ पहुँचीं। इससे विभाग में भूचाल तो आना ही था, आया भी। बहुतों की हसरत धरी रह गयी।

परीक्षा परिणाम आया। मैं टॉप तो नहीं कर सका, दूसरे स्थान से सन्तोष करना पड़ा। वैसे भी उस समय एक–एक अंक के लिए टक्कर होती थी, यहाँ तो अंक 18 का अन्तर था 60 और 78; तब भी कोशिश की। कसर केवल तीन अंकों की रह गयी।

एम.ए. के परीक्षा परिणाम के पश्चात एक दिन मैं विभागाध्यक्ष से मिलने पहुँचा, उसी समय डॉ. त्रिवेदी भी उनके कमरे में घुस आयीं। मुझे बधाई दी और कुटिल मुस्कान बिखेरते हुए कहा–"शर्माजी आपने बहुत

अच्छा निबन्ध लिखा था। मेरी क़लम से आपको 'हाइएस्ट' अंक मिला। मुझे उत्सुकता थी कि यह कौन छात्र है? यह जानने के लिए मैं परीक्षा विभाग पहुँची, वहाँ मुझे पता चला कि यह तो आप हैं।'' परीक्षा तो सकुशल बीती किन्तु आगे तो मुझे इन्हें झेलना ही था। यद्यपि मैंने उन्हें धन्यवाद दिया किन्तु अब और डरा। मैं जानता था इनकी बधाई भविष्य में मुझ पर भारी पड़ेगी।

23

जुलाई में शोध के लिए प्रवेश होना था। मेरी इच्छा थी शोध करके शिक्षक बनने की। इसी बीच आचार्यजी की नियुक्ति उत्तर प्रदेश हिन्दी संस्थान के कार्यकारी अध्यक्ष के पद पर हो गयी। वहाँ उन्होंने कार्यभार भी ग्रहण कर लिया था। दस–पन्द्रह दिन पश्चात वे वापस आये। मिलते ही मैंने अपना अंक–पत्र उन्हें दिखाया। उनकी प्रसन्नता मुझे प्रोत्साहित और आनन्दित कर गयी। किन्तु आचार्य प्रवर की योजना शायद और थी–उन्होंने एक नियुक्ति–पत्र पकड़ाया संस्थान के 'प्रकाशनाधिकारी' का। मैं ख़ुश भी हुआ और चिन्तित भी। उस समय मेरे सामनेजीवन की दो राहें बॉहें फैलाए खड़ी थीं–एक थी–सुरक्षित, शाँत जीवन–कर्मक्षेत्र–प्रकाशनाधिकारी बनना और दूसरी थी–शोध एवं संघर्ष की राह–अनिश्चित भविष्य का आरोहण। फ़िलहाल मैंने शोध–संघर्ष की राह पर ही चलने–बढ़ने का निश्चय किया। विश्वविद्यालय के नियमों और मेरे यथार्थ से परिचित आचार्य प्रवर मुझे परेशानी में डालना नहीं चाहते थे तभी तो चिन्तित होते हुए उन्होंने पूछा–''घर–परिवार का ख़र्चा कैसे चलाओगे?'' ''तीन सौ की छात्रवृत्ति मिलेगी, उसी से ख़र्च चलाने का प्रयास करूँगा''–मेरा उत्तर था। अविश्वास और भेदक–दृष्टि से वे मुझे निरखते–परखते रहे; शोध की राह पकड़ने के निश्चय से वे प्रसन्न भी हुए और क्षुब्ध भी।

उस समय पीएच.डी. में प्रवेश हेतु कम छात्र ही रहते थे। इसलिए अध्यापकों के बीच छात्रों को लेने की होड़ रहती। यही कारण था, कि निर्देशक का चुनाव छात्रों की मनमर्ज़ी से नहीं, अध्यापकों (रिसर्च कमेटी के अध्यापकों) के मन–मुताबिक़ होता था, कभी–कभी इस प्रक्रिया में अध्यापकों में वैमनस्य पैदा होता था। डॉ. विजयपाल सिंह और

डॉ. त्रिभुवन सिंह विभाग के दो शक्तिशाली ध्रुव थे, कभी एक और कभी अलग राहें होतीं इनकी। मैं तो आचार्य हजारीप्रसाद द्विवेदी के साथ शोध–कार्य करना चाहता था, किन्तु उत्तर प्रदेश हिन्दी संस्थान के कार्यकारी अध्यक्ष होने के नाते विश्वविद्यालय उन्हें इस कार्य हेतु अनुमति देने के पक्ष में नहीं था। अब बारी थी विभाग के अध्यापकों की। डॉ. बच्चन सिंह शिमला जा चुके थे। डॉ. शिवप्रसाद सिंह अस्वस्थ चल रहे थे। बचे–डॉ. विजयपाल सिंह और डॉ. त्रिभुवन सिंह। इन दोनों की चाहत थी–अपने निर्देशन में मुझे शोध कराने की। कहाँ क्या समझौता हुआ–दोनों ध्रुवों के बीच, कह नहीं सकता। मेरा प्रवेश डॉ. विजयपाल सिंह के निर्देशन में हुआ। हाँ, इसके पश्चात कुछ दिनों तक डॉ. त्रिभुवन सिंह मुझसे असन्तुष्ट नज़र आये।

शोध छात्र बनते ही मैंने दो वर्ष का अवैतनिक अवकाश लिया। इसी बीच विश्वविद्यालय में 'लिंग्विस्टिक विभाग' अस्तित्व में आया। द्विवर्षीय लिंग्विस्टिक डिप्लोमा का पाठ्यक्रम प्रारम्भ हुआ। सुनहरा अवसर जान मैं इस पाठ्यक्रम का छात्र बना। यहाँ भी मेरे लिए धूमकेतु सिद्ध हुए अंग्रेज़ी विभाग के प्रो. आर.एस. शर्मा। पता नहीं उन्हें क्या सूझा कि प्रोफ़ेसर होते हुए भी वे डिप्लोमा के छात्र बने। अंग्रेज़ी–ज्ञान के कारण इन्हें मुझसे ऊपर रहना ही था। वस्तुतः लिंग्विस्टिक की पढ़ाई अंग्रेज़ी माध्यम से होती थी। अस्तु मुझे यहाँ भी दूसरे स्थान से सन्तोष करना पड़ा।

24

केन्द्रीय ग्रन्थालय में मैंने एक शोध–पत्रिका देखी–'विश्व भारती'। यह पत्रिका विश्वभारती विश्वविद्यालय, शान्तिनिकेतन से डॉ. रामसिंह तोमर के सम्पादकत्व में निकलती थी। मैंने अपना सद्यः लिखित एक आलेख–"पृथ्वीराज रासो की प्रामाणिकता का सन्दर्भ" इस पत्रिका में प्रकाशनार्थ भेजा। उस समय शोध–पत्रिकाओं में यह प्रतिष्ठित पत्रिका मानी जाती थी। आलेख भेजकर मैं भूल गया, वैसे भी मुझे उम्मीद नहीं थी कि ऐसी प्रतिष्ठित पत्रिका में एक शोध–छात्र का आलेख छपेगा। कुछ दिनों पश्चात आलेख छपा और पत्रिका की लेखकीय प्रति विभाग के पते पर आयी। मुझे यह पत्रिका मिलती, इसके पहले ही विभाग के अधिकांश अध्यापकों ने इस पत्रिका में छपा मेरा आलेख पढ़ा।

इस प्रकाशन पर विभाग में तहलका मचा। बात मेरे कानों में पहुँची। मैं विभाग पहुँचा–अपनी प्रति की ख़ोज में। अनेक अध्यापकों से मुझे बधाई मिली। इनमें डॉ. ज्ञानवतीजी भी शामिल थीं। सच यह था–'यह बधाई औपचारिकता थी, जिससे ईर्ष्या और द्वेष की बू आ रही थी।' मैं विभाग के वरिष्ठ और प्रतिष्ठित 'बरगदों' की नस–नस से परिचित था और अपने हश्र की भी मुझे कल्पना थी।

मेरे निर्देशक डॉ. विजयपाल सिंह के पास न तो समय था, और न ही निर्देशन में अभिरुचि। अन्ततः स्वयं मैंने अपनी सिनाप्सिस बनायीं। गद्य–विशेषज्ञ डॉ. विजयशंकर मल्ल की शरण ली। उन्हीं के निर्देशन में मेरा शोध कार्य चल पड़ा। सुबह सात बजे मैं विश्वविद्यालय स्थित गायकवाड़ ग्रन्थालय पहुँच जाता और रात में सात बजे डॉ. मल्ल के आवास पर पहुँचता।

डॉ. विजयपाल सिंह के पास कार तो थी, किन्तु वे सुबह चार बजे से ही टहलने निकलते–पैदल। और नौ–दस बजे तक विश्वविद्यालय के संप्रभु अध्यापकों से उनके घर जाकर या रास्ते में मिलकर विश्वविद्यालय की राजनीति साधते, अपनी जड़ें मज़बूत करते। मेरे यहाँ तो वे हर दूसरे–तीसरे दिन पहुँच जाते। मुझे जगाते, आग्रह करते टहलने के लिए चलने का। कभी मैं जाता, कभी इनकार कर देता। एक दिन उन्होंने चार बजे दरवाज़ा खटखटाया–मैं जग रहा था, जानता था–डॉ. विजयपाल सिंह होंगे। चुप रहा। अन्ततः पत्नी आयीं–गुस्साईं। इतनी देर से कोई दरवाज़ा खटखटा रहा है, और आप घोड़ा बेचकर सो रहे हैं, तब भी सोते रहने का मैंने अभिनय किया पर कितनी देर। उन्होंने दरवाज़ा खोला। डॉ. विजयपाल सिंह प्रकट हुए। जबर्दस्ती मुझे उठाया, अपने साथ टहलने चलने का आग्रह किया। मैं बेमन उनके साथ हो लिया। उन्होंने टहलते–टहलते सूचना दी–"विभाग के सात–आठ प्रवक्ताओं का पद विज्ञापित होने वाला है, साक्षात्कार पाँच–छह महीने में मैं कराऊँगा। इस बीच कोशिश करके कोई छोटी–मोटी पुस्तक तैयार कर लो, नियुक्ति में सहायता मिलेगी।" मैं उनकी बातें चुपचाप सुनता–गुनता रहा। मैं जानता था कि यह प्रलोभन उनकी राजनीति का एक हिस्सा है। नौकरी बिना वैशाखी के मिलनी नहीं थी। और! वैशाखी किसकी हो–न पिता प्रोफ़ेसर, न माँ, न भाई, न अधिकारी, न मन्त्री–सन्त्री, और न पढ़ी–लिखी पत्नी; हाँ! पत्नी सुन्दर तो थीं, किन्तु पुराने मूल्यों की; जिनके पति ही देवता हैं,

दूसरे पुरुष की ओर आँख भी नहीं उठाना है। अस्तु कोई भी तो मेरा सहायक नहीं था। यद्यपि डॉ. विजयपाल सिंह मेरे निर्देशक तो थे, किन्तु उनकी राजनीति कुछ और थी। इसलिए वहाँ से सहायता सम्भव नहीं थी। हाँ! मुझे पढ़वाने वाले आचार्यजी ही एकमात्र मेरी वैशाखी थे, नाव की पतवार थे–और थे खेवनहार। किन्तु काशी हिन्दू विश्वविद्यालय के तत्कालीन विभागाध्यक्ष और संकाय–प्रमुख डॉ. विजयपाल सिंह का, आचार्य द्विवेदी से विरोध जगत–प्रसिद्ध था। पुस्तक तो तैयार हो गयी। साक्षात्कार की तिथि भी नियत हो गयी। डॉ. विजयपाल सिंह के आश्वासन और क्रिया का घिनौना रूप सामने तब आया, जब 1974 के साक्षात्कार के पूर्व बिरला–रुइया छात्रावास के चौराहे पर रोककर धमकाते हुए उन्होंने मुझसे कहा–"क्या हजारीप्रसाद तुम्हें लेक्चरर बनवा देंगे। देखता हूँ कैसे बनते हो। हजारीप्रसाद तुम्हें कैसे लेक्चरर बनवाते हैं?" "एक्सपर्ट डॉ. हरवंश लाल शर्मा से तुम्हारी सिफ़ारिश की है। हरवंश लाल की हिम्मत है, मेरे सामने तुम्हें लेक्चरर बनाने की। दूसरा एक्सपर्ट भी मेरे ख़िलाफ़ नहीं जा सकता।...मैं सन्न। यह क्या हो गया?" मैं चुप कहाँ रहने वाला–मैंने इतना ज़रूर कहा–"आप विभागाध्यक्ष हैं, डीन हैं और एक्सपर्ट भी आपके, फिर द्विवेदीजी मुझे लेक्चरर कैसे बनवा देंगे? यह मैं जानता हूँ और रही बात द्विवेदीजी के सिफ़ारिश की तो उसका मुझे पता नहीं।" किन्तु उनकी वाणी बन्द होने के बदले क्या कुछ बोलती गयी, इसका वर्णन सम्भव नहीं। सुना था ऐसे क्षण में मनुष्य को मौन ही बचाता है। सो, मैंने उसे ही साधा। परन्तु क्या उस क्षण का मेरा मौन उनके अन्तस् में कोई कोमल भाव पैदा कर पाया? नहीं। कालान्तर में उन्होंने तो खड्गहस्त हो, विभाग की दूसरी आचार्या के साथ मिलकर मेरे विरुद्ध संयुक्त अभियान चलाया–काशी और उसके आसपास के क्षेत्रों से भी निष्कासन का। इन क्षेत्रों में, इनमें से ही कोई एक्सपर्ट होता (उस समय पूरे भारत के प्रोफ़ेसरों के नाम उँगलियों पर गिन लिए जाते थे, आज की तरह खँचिया भर प्रोफ़ेसर नहीं थे) जो एक–दूसरे की इच्छाओं तथा संकल्प को पूरा करता था।

25

इलाहाबाद विश्वविद्यालय के अवकाश प्राप्त एक प्रोफ़ेसर हिन्दी विभाग में विजिटिंग प्रोफ़ेसर बनकर आये–डॉ. विजयपाल सिंह की कृपा से।

अध्यापन से उनका मतलब नहीं था, वे तो विभाग की राजनीति के एक स्तम्भ बन गये थे। उनका लक्ष्य था अपने एक शिष्य का कल्याण। तत्कालीन कुलपति भी इस प्रोफ़ेसर से प्रभावित थे। फिर क्या था—अपने उस शिष्य की नियुक्ति कराने में सफल रहे। तथाकथित यह वह गोल्ड मेडलिस्ट शिष्य था—मुंशी मुंगेरी लाल। इसके कृत्यों से आज़िज़ आकर इलाहाबाद के तत्कालीन विभागाध्यक्ष और वहाँ उसके शोध—निर्देशक डॉ. लक्ष्मीसागर वार्ष्णेय ने चार—पाँच महीने पहले अपने यहाँ हुए साक्षात्कार में उसे अयोग्य घोषित किया था। इतना ही नहीं, उसे इलाहाबाद छोड़ने का आदेश भी मिला। रायबरेली के कालेज में भी रिजेक्ट हुआ जबकि उसी के विभाग के प्रोफ़ेसर विशेषज्ञ थे।

साक्षात्कार के दूसरे दिन प्रातःकाल चार बजे डॉ. विजयपाल सिंह मेरे आवास पर पहुँचे। मैं तैयार था—उनसे दो—दो हाथ करने के लिए। दरवाज़ा खोला। वे बैठे—"तुम्हारा नहीं हुआ।" मैं सुनता और अपने आक्रोश को दबाये बैठा रहा। किन्तु कितनी देर। सम्भव नहीं था अपने को रोकना। मैं फट पड़ा—"इंटरव्यू के दो दिन पहले ही बिरला—रुइया छात्रावास चौराहे पर मुझे रोककर धमकी भरे स्वर में आपने मेरी नियुक्ति न करने की घोषणा कर दी थी। क्या तब भी मैं अपनी नियुक्ति की आस सँजोता?" मैंने यह भी कहा—"आचार्य द्विवेदी का आपसे विरोध है तो मुझे आपके हाथों अपनी नियुक्ति भी नहीं करानी है।" मैं उठा—बाथरूम में जा घुसा। पत्नी से वे अपनी सफ़ाई देते रहे। इस नियुक्ति में उन्होंने विभागीय समीकरण साधते हुए मुंशी मुंगेरी लाल के अतिरिक्त, छह नियुक्तियाँ और कीं। कोई किसी का रिश्तेदार, चहेता या प्रिय था।

26

डॉ. विजयपाल सिंह के सामने विभाग के अध्यापकों की बोलती बन्द थी। अपने मुखर विरोधी डॉ. बच्चन सिंह को वे धमकाकर शिमला भेज चुके थे। सच यह है कि 1974 तक विश्वविद्यालय और हिन्दी क्षितिज पर विजयपाल सिंह एक सशक्त व्यक्तित्व बन चुके थे; फिर उनके विरोध में खड़े होने का विभाग के अध्यापकों में साहस कहाँ? और मेरी विसात क्या? मैं उनका शोध—छात्र था।

मेरा शोध–प्रबन्ध परीक्षण हेतु तैयार हो चुका था। प्रस्तुति हेतु उन्होंने रुकने का आदेश दिया। इस साक्षात्कार और नियुक्ति के दस–पन्द्रह दिन पश्चात उनका आदेश हुआ–"अपना शोध–प्रबन्ध कल सुबह लाकर दिखाओ।" इस आदेश से मैं भौचक। साक्षात्कार के पूर्व तो उन्होंने कहा था–"मुझे क्या देखना है, टाइप कराकर बाइंड करा लो।" मैंने इसी अनुरूप शोध–प्रबन्ध टाइप कर लिया था। अब, इस आदेश से किसी अप्रत्याशित घटना का संकेत मुझे मिला। किन्तु मरता क्या न करता, दूसरे दिन शोध–प्रबन्ध लेकर उनके घर पहुँचा। उन्होंने टंकित शोध–प्रबन्ध एक सरसरी निगाह से उलटा–पलटा। "यह सब गड़बड़ है। अमुक अंश यहाँ, अमुक अंश वहाँ करो। ठीक कराकर फिर दिखाओ" और मेरी तरफ़ बढ़ाया। मैंने उन्हें याद दिलाया कि "आपके पास जब मैं शोध–प्रबन्ध देखने के लिए लेकर आया था, तो, आपने देखने की बजाय यथावत टाइप कराकर जमा करने के लिए कहा था। अब तो न मेरे पास समय है, न पैसा।" वे आगबबूला हो उठे। उनका उत्तर था–"मैं कुछ नहीं जानता, इसे मेरे निर्देश के अनुसार आगे–पीछे करना होगा।" आप जाइए। मेरा धैर्य जवाब दे गया पूरा शोध–प्रबन्ध उनकी मेज़ पर फेंककर मैं चल पड़ा और कहता आया। "मुझे शोध–प्रबन्ध नहीं जमा करना है।" वे बुलाते रहे लेकिन मैंने पीछे मुड़कर नहीं देखा। लगभग पचीस मिनट पश्चात ही डॉ. सिंह मेरे घर पहुँचे, मेरे शोध–प्रबन्ध की टंकित प्रति के साथ। और फिर क्या बातें हुई होंगी–पाठक इसकी कल्पना कर सकते हैं। मुझे भी समझौता करना पड़ा। फ़िलहाल शोध–प्रबन्ध यथावत जमा हुआ। शोध–प्रबन्ध तो जमा हुआ किन्तु, मैं जानता था कि इसका हस्र क्या होगा? मुझे समय से डिग्री नहीं मिलनी थी नहीं मिली। एक परीक्षक की रिपोर्ट आने में ही डेढ़ वर्ष लगवा दिये डॉ. सिंह ने।

27

विश्वविद्यालय में नियुक्ति हुई नहीं, वाराणसी और आसपास के ज़िलों में मेरी नियुक्ति न होने देने का संकल्प लिए डॉ. विजयपाल सिंह और डॉ. ज्ञानवती त्रिवेदी बैठे ही थे। उस समय प्रोफ़ेसर कम थे, साक्षात्कार में इन्हीं की तूती बोलती थी। अस्तु मैं निराश बेरोज़गार अपने अच्छे समय की प्रतीक्षा में था। सन् 1975 के प्रारम्भिक दिनों में सतीश चन्द्र

कालेज बलिया के साक्षात्कार की सूचना आयी। रात 2 बजे पत्नी ने याद दिलायी। मैंने कहा–"मेरे पास तो कपड़े ही नहीं हैं।" उनका उत्तर था–"आप नहाइए, धोइए कपड़े की चिन्ता मत कीजिए।" सिल्क का एक कुर्ता और मर्सराइज्ड धोती सामने लाकर रख दी।

येन–केन प्रकारेण मैं बलिया पहुँचा। अन्तिम प्रत्याशी के रूप में शामिल हुआ। विशेषज्ञ डॉ. सत्यनारायण त्रिपाठी ने मेरे बायोडाटा का निरीक्षण करते हुए मुझसे पूछा–"मूँछ पुरुषों को होती है प्रयोग स्त्रीलिंग में क्यों?", "पुलिस चौराहे पर खड़ी है। पुलिस तो पुरुष ही हैं। इस शब्द का प्रयोग भी स्त्रीलिंग में होता है, क्यों?" जानता था, कि नियुक्ति तो होनी नहीं, इसलिए मैं इस साक्षात्कार के प्रति बहुत गम्भीर नहीं था। मैंने उत्तर दिया–"यहाँ तो जितने लोग बैठे हैं वे पुरुष हैं, पर सभी की मूँछ सफाचट है।" उन्होंने कहा–"सीरियसली उत्तर दीजिए। इस प्रश्न का उत्तर कोई छात्र नहीं दे पाया, आप भाषा विज्ञान के भी विद्यार्थी हैं यदि आप सटीक उत्तर दे पाये तो मैं आपकी नियुक्ति कर दूँगा।" फ़िलहाल मैं गम्भीर हुआ। मैंने संस्कृत–हिन्दी तक के भाषा–विकास क्रम को सामने रखते हुए अपभ्रंश के 'लिंगम् अन्तत्रम्' की व्याख्या की। मेरे उत्तर से वे प्रभावित हुए और मेरी नियुक्ति भी कर दी। किन्तु लौटते समय सिल्क का कुर्ता रात में ही ट्रेन में चोरी हो गया। धोती और बनियाइन पहनकर मैं घर पहुँचा। मेरा यह बाना देखकर पत्नी घबड़ाईं। उन्हें समझते देर नहीं लगी। स्वयं तो दुख और निराशा में गोते लगाती रहीं, किन्तु मुझे ढाढस बँधाती रहीं। नियति का यह खेल आज भी याद आने पर हम दोनों को हिलाकर रख देता है।

मैं नियुक्ति–पत्र की प्रतीक्षा में ही था कि इसी बीच आपात्काल लगा। जेल जाने से बचने के लिए प्राचार्य फरार हो गये। नियुक्ति–पत्र कैसे मिलता? शोध–वृत्ति बन्द हो चुकी थी। एक वर्ष से बेरोज़गार मैं इधर–उधर भटक रहा था, कहीं कोई आस नहीं थी। हाँ! एकमात्र आशा बची थी–तीन दिन पश्चात होने वाले प्रतापगढ़ स्नातकोत्तर महाविद्यालय के साक्षात्कार की; जहाँ की समूची भूमिका आचार्य–प्रवर हजारीप्रसाद द्विवेदी ने मेरे अनुकूल तैयार कर दी थी। मैं मगन था, अब संकट टल जायेगा, निश्चिन्त था कि पिता की दवा हो जायेगी, माँ, भाई, भयहु, पत्नी, बच्चों को पाल–पोस लूँगा।

किन्तु ईश्वर की भृकुटि अभी सीधी नहीं हुई थी, मुझे और परीक्षा देनी थी। आचार्यजी इन दिनों वाराणसी में ही थे। वे जब होते तो मैं उनकी शरण में पहुँच जाता। उस दिन जब पहुँचा तो उन्हें बरामदे में ही आरामकुर्सी पर निढाल पाया। वैसे वे प्रायः सुबह–शाम आरामकुर्सी पर अधलेटे पढ़ते–लिखते रहते थे। किन्तु उस दिन आँखों–से–आँखें मिलने पर मैंने पाया कि वे भीतर ही भीतर किसी असीम वेदना से ग्रस्त हैं। कुछ कहना चाहते हैं, कह नहीं पा रहे हैं। मैं चुपचाप थाह लेता रहा, तभी अत्यन्त कारुणिक पर आदेशात्मक स्वर सुनाई पड़ा–''प्रतापगढ़ का इंटरव्यू परसों है, किन्तु तुम्हें वहाँ नहीं जाना है।'' मैं सन्न! वे भीतर चले गये। मेरा प्रवेश भीतर भी था, किन्तु मैंने लौटना ही उचित समझा। हाँ! इस आदेश से मेरी स्थिति उस किसान जैसी हो गयी जो अपनी मेहनत–रूपी पकी फ़सल देख–देख कर मगन हो रहा हो, अलस्सुबह उसे काटने की सोच रहा हो, और उससे अपने सुखद भविष्य के सपने बुन रहा हो, किन्तु भाग्य विधाता को उसके सुख से ईर्ष्या हुई, उसकी आँखों से निकली ज्वालारूपी करका वृष्टि तथा आँधी–तूफ़ान ने उसके सपनों का महल राख में बदल दिया हो।

दो दिन लगे इस आघात से सँभलने में। साक्षात्कार के दिन ही मैं आचार्यजी के पास पुनः पहुँचा। शायद! मैं उन्हें बता देना चाहता था, कि उनके आदेश का पालन मैंने किया, और दुखी नहीं हूँ। इधर–उधर की तमाम बातों के पश्चात उन्होंने जो बताया उसका सार था–''राजमणि! परसों मैं तुमसे भी अधिक दुखी हुआ था किन्तु मेरे पास तुम्हें रोकने के सिवाय और कोई विकल्प बचा ही नहीं था। कभी–कभी ऐसा समय आता है जब व्यक्ति को अपने प्रियतम स्वार्थों की बलि देनी होती है। यह ऐसा ही समय था। उस दिन सुबह एक लड़का आया था जो प्रतापगढ़ का ही रहने वाला है, इस समय वह बम्बई में है। माता–पिता बूढ़े और अस्वस्थ हैं। उनका श्रवण कुमार उन्हें बम्बई ले नहीं जा सकता, बिना नौकरी यहाँ रह नहीं सकता। कालेज के अध्यक्ष.... ने उससे कह दिया कि मैंने तो द्विवेदीजी को वचन दे दिया है, मैं नहीं तोड़ सकता। हाँ! वे यदि राजमणि शर्मा को न भेजें तो मैं तुम्हारी नियुक्ति कर सकता हूँ। पर तुम्हें द्विवेदीजी से लिखवाकर ले आना पड़ेगा। उसकी स्थिति पर मुझे दया आयी, मैंने उपाध्यायजी को पत्र लिख दिया।'' यह कहानी मैं चुपचाप सुनता रहा, और उस अध्यक्ष के बारे में सोचता रहा। वे कांग्रेस के वरिष्ठ

तथा प्रभावशाली नेता थे, उत्तर प्रदेश सरकार में मन्त्री भी रह चुके थे। उनके सम्बन्ध में किस्सा प्रचलित था कि कई लाख का सरकारी अनुदान लेकर काग़ज़ पर एक तालाब खुदवाया–जनहित के लिए, जल–संरक्षण के लिए। विरोधियों ने जब असलियत उजागर की, जाँच की माँग की, तो उन्होंने तालाब को रोग फैलाने वाला जन–विरोधी कहलवाकर उसे पटवाने का अनुदान भी स्वीकृत करा लिया। तालाब काग़ज़ पर खुदा, और काग़ज़ पर ही पट भी गया। विरोधियों की माँग भी स्वीकृत हुई, किन्तु जाँच किसकी हो? विरोधी अपना माथा पीटते रह गये। मेरे भी सन्दर्भ में उन्होंने ऐसी चाल चली, जिससे साँप भी मर जाय लाठी भी न टूटे। पता नहीं यह विजय थी हृदय पर बुद्धि की अथवा साहित्य पर राजनीति की या राजनीति पर साहित्य की?

28

शोध–प्रबन्ध लगभग पूरा हो चुका था, लिंग्विस्टिक की पढ़ाई भी पूरी हो चुकी थी। 1974 के साक्षात्कार में अपनी नियुक्ति न होने पर मुझे गहरा झटका लगा। शोध–वृत्ति भी बन्द हो चुकी थी। वैसे तो आचार्यजी के गरिमामंडित परिवेश में मैं प्रोफ़ेसरों, अध्यापकों की कुदृष्टि और कोप का भाजन बनता रहा; पर कभी मैं डिगा नहीं। किन्तु इस बार ईश्वर ही मेरे प्रतिकूल थे, शायद उन्हें मेरी परीक्षा लेनी थी। और, इन झटकों को मैं बर्दाश्त नहीं कर पाया। मैं गम्भीर रूप से अस्वस्थ हुआ। यह अस्वस्थता लम्बी चली। कभी पराजय न मानने वाली, मुझे निरन्तर सम्बल प्रदान करने वाली प्रोत्साहित करती रहने वाली पत्नी भी मेरी इस अस्वस्थता से थकी–हारी निराश दिखने लगीं। और, मेरी चिन्ता थी मेरे पश्चात पत्नी कैसे अपना और अपने बच्चों का पालन–पोषण करेंगी? इस चिन्ता से एक दिन मैं अपने जीवन से निराश हो उठा। माता–पिता, घर–परिवार, नाते–रिश्तेदार, तो कोई आगे आया नहीं। हितमित्र एकाध बार देख जाने, दुख व्यक्त कर जाने की फ़र्ज़ अदायगी के बाद हमें भूल चुके थे। पत्नी के शरीर के गहने धीरे–धीरे उतर चुके थे। जब–जब आँखें खुलतीं तो उन्हें अपनी ओर ताकता पाता। शायद वे मेरी आँखों में जीवन की आस खोजती रहती थीं। बच्चे सहमे हुए कभी–कभार मेरे कमरे में झाँक जाते।

शिथिल तन, पराजित मन लिए मैं अर्द्ध–बेहोशी अवस्था में बिस्तर पर पड़ा था। एकाएक मस्तक पर शीतल स्पर्श अनुभव हुआ। क्षण भर के लिए मैं समस्त वेदना और चिन्ता से मुक्त हो उठा। आँखें खुलीं, मेरी आँखों से दो जोड़ी आँखें टकराईं। आँखें फिर बन्द हो गयीं। किन्तु थका–हारा मस्तिष्क एकाएक क्रियाशील हो उठा। आचार्यजी और माताजी (आचार्य हजारीप्रसाद द्विवेदी और श्रीमती द्विवेदी) मेरे बिस्तर के बगल खड़े थे। आँखें खोलने का पुनः प्रयास करता हूँ, परन्तु वे हैं कि खुल ही नहीं रहीं। अधखुली आँखें आचार्यजी और माताजी के चेहरे की चिन्ता और दुख से सुख अनुभव करती रहीं। यद्यपि आचार्यजी की बड़री आँखों में कातरता और पीड़ा अधिक समायी हुई थी। फिर भी उनका स्वर गूँजा–"घबड़ाओ नहीं, बहुत जल्दी ठीक हो जाओगे।" आचार्य प्रवर के ये शब्द कानों में पड़े। सान्त्वना भी मिली और थोड़ा बल भी। परन्तु जो पूरी तरह हार चुका हो, उसके स्वस्थ होने की सम्भावना कहाँ? पिछली रात की रुकी रुलाई अपना संयम तोड़कर बाहर निकल पड़ी। आँखों के कोरकों से निकलते मेरे आँसू पोंछते हुए आचार्यजी कमरे से बाहर निकल गये। आचार्यजी अपरिचित की पीड़ा–दुःख से दुखी हो उठते थे, मैं तो उनकी ही निर्मिति था, फिर मेरी वेदना से उनका संवेदित होना स्वाभाविक था। मुझमें उन्हें अपार सम्भावनाएँ दिखाई देती थीं। वे मुझे जीवन से हारता हुआ नहीं देखना चाहते थे।

शायद आधा–पौना घण्टा बैठकर वे चले गये थे। किन्तु पत्नी को पूरी तरह आश्वस्त कर गये थे। निराशा के गर्त में डूबी पत्नी के मुर्झाये चेहरे पर पहली बार कान्ति की रेखाएँ अठखेलियाँ कर रही थीं। आचार्यजी के जाने के पश्चात मैं उन्हीं के सूत्र स्मरण करता रहा–"संघर्षों से मनुष्य ने नयी शक्ति पायी है।.... जीना चाहते हो? कठोर पाषाण को भेदकर, पाताल की छाती चीरकर अपना भोग्य संग्रह करो, वायुमण्डल को चूसकर झंझा–तूफान को रगड़कर अपना प्राप्य वसूल लो, आकाश को चूमकर अवकाश की लहरी में झूमकर, उल्लास खींच लो।" चाहे सुख हो या दुःख, प्रिय हो या अप्रिय, जो मिल जाय उसे शान के साथ हृदय से बिल्कुल अपराजित होकर सोल्लास ग्रहण करो, हार मत मानो–

सुखं वा दुखं प्रियंवायदि चा प्रियम्।
प्राप्तं प्राप्तमुपासीतहृदयेना पराजितः।।

काशी से वनवास, वापसी और...

काशी से मेरे विस्थापन की भूमिका तो तैयार की–डॉ. विजयपाल सिंह और डॉ. ज्ञानवती त्रिवेदी ने। चारों तरफ़ से निराश, मैं नौकरी की खोज में था। कहीं जगह मिल नहीं रही थी। फ़िलहाल नवम्बर 1975 के अन्तिम दिनों में रणवीर रणंजय स्नातकोत्तर महाविद्यालय, अमेठी में साक्षात्कार हुआ। यहाँ मेरी नियुक्ति हो गयी। दिसम्बर 1975 के तीसरे सप्ताह में ज्वाइनिंग हेतु बलिया और अमेठी से 'तार' एक ही दिन, एक साथ मिला। नियति से दुखी मैंने और पत्नी ने निर्णय लिया कि यदि कालेज में ही नौकरी करनी है, तो घर के पास क्यों न की जाय? अमेठी घर के पास, बलिया घर से दूर। यह विचार मेरे अन्तस् को कुरेद रहा था और मनोमस्तिष्क उलझन में फँसा था। निर्णय लेना पड़ा, जिसमें अमेठी को प्राथमिकता मिली और जनवरी 1976 में मैंने यहाँ अध्यापक के रूप में कार्य प्रारम्भ कर दिया। दो–तीन दिन बीतते ही एक दिन राजा रणंजय सिंह के पुत्र श्री संजय सिंह (वर्तमान में कांग्रेस–नेता) ने राजा साहब का अभिनन्दन ग्रन्थ तैयार करने के लिए मुझसे बात की। इस बीच मेरे शुभ चिन्तक मित्र ख्यातिप्राप्त भाषावैज्ञानिक प्रो. रवीन्द्रनाथ श्रीवास्तव ने सतीशचन्द्र पी.जी. कालेज बलिया में ज्वाइन करने का आदेश दिया। वस्तुतः वे इस महाविद्यालय की सेवा कर चुके थे, उनके मन में आकर्षण था। उनका आदेश मानकर मैं एक सप्ताह बाद बलिया पहुँचा। किन्तु डॉ. श्रीवास्तव के ज़माने से 1976 की स्थितियाँ बदली महसूस हुईं। प्राचार्य अपना खेल–खेल चुके थे। वरीयताक्रम में दूसरे नम्बर पर संस्तुत उस समय के प्रभावशाली भाजपा नेता की पुत्री को उन्होंने मुझे टेलीग्राम भेजने के पूर्व ही ज्वाइन करा दिया था इससे क्षुब्ध होकर मैंने अमेठी में ही कार्य करने का निश्चय किया। और चुपचाप वापस चला आया।

कालान्तर में दूसरे की नियुक्ति के लिए इन प्राचार्य महोदय को मेरी चिरौरी करनी पड़ी। और जब मैंने अनिच्छा का पत्र दिया तभी वे इस पद पर नियुक्ति कर पाये जो आगे चलकर काशीनाथ सिंह की सिफ़ारिश और विशेषज्ञ डॉ. प्रेमशंकर के अड़ियल रुख के कारण काशी हिन्दू विश्वविद्यालय में नियुक्त हुए।

2

हिन्दी विभाग में एक पद आरक्षित था–भाषाविज्ञान के लिए। इसका विज्ञापन भी हुआ। मैंने भी आवेदन किया; किन्तु विलम्ब से आवेदन पत्र पर डॉ. विजयपाल सिंह ने टिप्पणी दी–'विलम्ब के कारण अस्वीकृत।' 1978 में इस पद का साक्षात्कार आयोजित हुआ। संयोग से दो दिन पूर्व मैं वाराणसी आया था। पता चला कि दो दिन पश्चात साक्षात्कार है। अपने साक्षात्कार पत्र के लिए मैं केन्द्रीय कार्यालय पहुँचा, वहाँ पता लगा कि वर्तमान अध्यक्ष डॉ. भोलाशंकर व्यास ने मुझे साक्षात्कार पत्र इश्यू करने की संस्तुति ही नहीं की है। वस्तुतः वे जानते थे कि इस पद पर मैं एकमात्र योग्य प्रत्याशी हूँ, फिर भी अपने प्रिय शिष्य डॉ. मोहनलाल तिवारी की राह आसान बनाने के लिए मुझे साक्षात्कार से वंचित करना ही एकमात्र रास्ता उन्हें सूझा। उन्होंने वही किया जो विजयपाल करते या किया था। इनके समर्थन में साम्यवादी खेमा भी था।

मरता क्या न करता? मैंने रिप्रजेंट करने का निश्चय किया। कुलपति और डीन से मिला। तत्कालीन कुलपति ने गम्भीर भूल समझी। मेरे आने और रिप्रजेंटेशन की भनक डॉ. विजयपाल सिंह को भी लगी। डॉ. व्यास के विरुद्ध उनके लिए यह सुनहरा मौक़ा था और मेरा दुरुपयोग करने का अच्छा अवसर भी। उनकी कार मेरी ख़ोज में विश्वविद्यालय की सड़कों पर दौड़ पड़ी। अन्ततः एक सड़क पर उन्होंने मुझे ख़ोज निकाला। कार पर बैठाया। और कहा–"रिप्रजेंट करो। परसों का इंटरव्यू स्थगित कराओ। व्यास के टर्म के पश्चात मैं अध्यक्ष बनूँगा तब इंटरव्यू कराऊँगा। आपको भाषाविज्ञान के पद पर निश्चय ही नियुक्त करूँगा।" अन्ततः डीन प्रो. अंजन कुमार बनर्जी के सख़्त विरोध के कारण कुलपति को यह साक्षात्कार स्थगित करना पड़ा। जबकि तीनों विशेषज्ञ विश्वविद्यालय पहुँच चुके थे। इस प्रक्रिया के बीच डॉ. भोलाशंकर व्यास भी मुझे केन्द्रीय कार्यालय में

मिल गये। उन्होंने सफाई दी—"डॉ. विजयपाल सिंह ने आपका आवेदन पत्र ही अस्वीकृत कर दिया था, मैंने तो कुछ नया नहीं किया।" मैं इस तथ्य—सत्य से थोड़ा बहुत परिचित था। डॉ. व्यास और डॉ. सिंह दोनों मेरे विरोधी थे। मेरे लिए 'एक साँपनाथ तो दूसरे नागनाथ थे।' मैं यह भी जानता था कि डॉ. विजयपाल सिंह, डॉ. व्यास की अध्यक्षता में साक्षात्कार होने नहीं देना चाहते हैं। कैसे वे अपना वर्चस्व समाप्त होने देते? किन्तु उनके पास साक्षात्कार स्थगित कराने का मेरे उपयोग के सिवाय दूसरा कोई उपाय ही नहीं था। स्थिति यह थी कि मुझे उनके हित और प्रतिष्ठा—सिद्धि का माध्यम बनना पड़ा; यह जानते हुए भी कि भविष्य में विजयपाल अपने असली रूप में आ जायेंगे।

अगस्त 80 के अन्तिम दिनों में पुनः साक्षात्कार आयोजित हुआ। मुझे साक्षात्कार—पत्र मिला भी। साक्षात्कार के एक दिन पूर्व मैं डॉ. विजयपाल सिंह से मिलने पहुँचा। उन्होंने स्पष्ट कह दिया कि—"आपको साक्षात्कार पत्र तो दे दिया है किन्तु मैं आपकी नियुक्ति नहीं कर पाऊँगा।" मैं वापस लौट आया। निराश होकर रात बिताई। दूसरे दिन साक्षात्कार के लिए नियत समय पर पहुँचा। इस बार चयन समिति का स्वरूप और दृश्य बदला हुआ था। विजयपाल सिंह डीन पद से अपदस्थ हो चुके थे। सुबह—सुबह प्रो. पी.एन. कौल ने अमेरिका से वापस लौटकर डीन—शिप ज्वाइन कर ली थी। बोर्ड के सामने पहुँचते ही डीन ने कुलपति से मेरी तारीफ़ के पुल बाँध दिये। विशेषज्ञों को अपने उत्तर से मैंने सन्तुष्ट ही नहीं किया अपितु उनकी प्रशंसा का पात्र भी बना। कुलपति भी मेरे उत्तर से प्रभावित हुए। अन्ततः मेरी नियुक्ति हो गयी। किन्तु यह विभाग की छठी पोस्ट थी, जिसमें भाषाविज्ञान की विशेषज्ञता अपेक्षित थी। शेष पाँच पदों पर डॉ. विजयपाल सिंह और विशेषज्ञों—विशेषकर प्रो. रमेश कुंतल मेघ में मतभेद के परिणामस्वरूप किसी का चयन नहीं हो पाया। यह एक ऐतिहासिक घटना थी—डॉ. विजयपाल सिंह के वर्चस्व टूटने की।

मैं निश्चिन्त तो था, फिर भी मन में उत्कंठा थी, अस्तु टोह लेने के लिए साक्षात्कार के दूसरे दिन मैं अलस्सुबह बी.एच.यू., एल.डी. गेस्ट हाउस पहुँचा। संयोग से नीचे ही डॉ. मेघ से भेंट हो गयी। उन्होंने जो बातें कीं, बताईं और जो उपदेश दिया उसका लब्बे—लुवाब यह था कि "मेरा इंटरव्यू बहुत अच्छा हुआ। डॉ. विजयपाल सिंह को छोड़कर आपका किसी ने विरोध नहीं किया और अब आपको किसी से विरोध नहीं पालना है।

सबका सम्मान करना है, अपना कार्य ईमानदारी से करना है। आप जाइए। ऊपर कुछ लोग बैठे हैं। वहाँ आपका चलना ठीक नहीं।'' वापस लौटने के लिए रिक्शे की तलाश में था कि देखता हूँ रुइया छात्रावास और एल.डी. गेस्ट हाउस के बीच की सड़क से डॉ. विजयपाल सिंह एवं श्रीनिवास पाण्डेय आ रहे हैं। मैं उन्हीं की ओर बढ़ चला। मिलते ही विजयपाल सिंह ने मुस्कराकर कहा–''आपका नहीं हुआ।'' मैं निश्चिन्त था, कह पड़ा–''कोई चिन्ता नहीं मैं सड़क पर नहीं हूँ।'' फिर उन्होंने बताया–''मैं आपकी नियुक्ति का विरोधी था, भई मैं तो इन्हें (श्रीनिवास को) चाहता था किन्तु कुलपति, डीन और डॉ. मेघ, सहित अन्य दोनों विशेषज्ञ आपके समर्थन में अड़ गये। विशेषज्ञों ने कहा–''इस पद पर राजमणि शर्मा को आप चाहें तो नियुक्त किया जा सकता है, अन्यथा अन्य पाँच पदों की भाँति इसे भी खाली छोड़ा जायेगा। मैंने सोचा पाँच पद तो खाली रह गये, कम–से–कम एक पद पर तो नियुक्ति हो जाय। इसलिए मैंने स्वीकार कर लिया।'' इस मौन स्वीकार के लिए भी मैं उनके प्रति हमेशा कृतज्ञ रहा।

निश्चय ही डॉ. विजयपाल सिंह की मौन सहमति मेरी नियुक्ति का आधार बनी। नियुक्ति की सूचना तो पक्की हो गयी। किन्तु रीडर पद के प्रत्याशी पूर्व में डॉ. विजयपाल सिंह के सलाहकार, शुभ चिन्तक, रह चुके ठाकुर साहब ने सभी नियुक्तियों पर कोर्ट से स्टे ले लिया। कालान्तर में उन्हें अपनी भूल महसूस हुई, और प्रवक्ता पद पर 'अर्ज़ी की वापसी' के बाद मेरी ज्वाइनिंग हुई। उनकी इस कृपा के लिए मैं उनके प्रति भी एहसान मंद रहा हूँ। 26 सितम्बर 1980 को मैंने हिन्दी विभाग के प्रवक्ता पद पर अपना कार्यभार सँभाला।

3

इस चयन समिति की एक घटना विशेष उल्लेख्य है–1974 में का.हि. विश्वविद्यालय के सान्ध्य महाविद्यालय (जहाँ केवल बी.ए. तक की पढ़ाई होती थी) के लिए अनेक सिफ़ारिशों के आधार पर चुने गये सुनहरे सपनों के धनी मुंशी मुंगेरी लाल विभाग में प्रवेश हेतु साक्षात्कार में सम्मिलित हुए और विशेषज्ञों द्वारा की गयी छीछालेदर से पसीने–पसीने होकर बाहर निकले। स्वयं विभागाध्यक्ष एवं इनके शोध निर्देशक

डॉ. विजयपाल सिंह तथा रसूख वाले अन्य वरिष्ठ प्राध्यापक इनके कृत्यों, कारनामों, चरित्र–हीनता, अध्ययन–अध्यापन से दूरी तथा गुटबाज़ी के लिए विख्यात अध्यापकीय चरित्र से शून्य व्यक्तित्व को विभाग में प्रवेश देने के घोर–विरोधी थे। यह तो सान्ध्य महाविद्यालय के विश्वविद्यालय के विभागों में विलय के नीतिगत निर्णय का परिणाम था कि ये हिन्दी विभाग के सदस्य बने। अन्यथा कालेज ही इनका भविष्य था। वस्तुतः विभाग में इनकी बैकडोर इंट्री हुई।

मेरे ज्वाइन करते ही विभागीय सदस्यों ने मेरा स्वागत किया। परम विरोधी डॉ. व्यास शायद मेरी प्रतीक्षा में ही विभाग के बाहर खड़े थे, मेरे पहुँचते ही उन्होंने सफ़ाई देते हुए कहा–"शर्माजी! मैं आपका विरोधी नहीं था, मैंने तो विजयपाल सिंह के आदेशों का पालन किया था, जिसमें आपको साक्षात्कार–पत्र न दिये जाने का आदेश था। आप ग़लत–फ़हमी के शिकार न हों। आप मेरे हैं, मैं आपका हूँ।" ठीक यही स्थिति डॉ. शुकदेवजी की भी थी, जिन्होंने डॉ. विजयपाल सिंह को भरमाकर मेरे विरुद्ध खड्गबद्ध किया था। इतना ही नहीं मेरे शोध–प्रबन्ध को जमा करने में और फिर रिपोर्ट को डेढ़ वर्ष विलम्बित कराने में भी उनका अवदान था। इन सबके चरित्रों और नस–नस से मैं परिचित था। फिलहाल मेरा लक्ष्य अलग था–जो मेरे पास आता यथासम्भव मैं सबकी मदद करता, सबका सम्मान करता, पढ़ने–लिखने में अपने को व्यस्त रखता। प्राक्टरी, वार्डेनशिप से मैंने अपने को दूर रखा।

4

विभाग में अध्यापक के रूप में मेरे प्रवेश के पूर्व डॉ. बच्चन सिंह शिमला जा चुके थे। डॉ. शिवप्रसाद सिंह राजपरिवार से जुड़े तो नहीं थे किन्तु राजसी व्यक्तित्व के धनी थे। कम बोलना, विभाग में कम–से–कम समय देना उनकी आदत थी। वे लेखन में निरत थे। 'अलग–अलग वैतरिणी' के लेखन और प्रकाशन से मैं परिचित था। 1965 के आसपास उन्होंने नवलेखन शिविर आयोजित किया था। मैं भी श्रोता रूप में उसमें उपस्थित हुआ था। उस समय काशी के साम्यवादियों ने उनका विरोध किया। आचार्य डॉ. नामवर सिंह भी इस संगोष्ठी में पहुँचते थे। पीछे की बेंच पर बैठे रहते–मौन। समापन–समारोह में डॉ. शिवप्रसाद सिंह ने साम्यवादियों

और काशी के अपने विरोधियों पर जमकर प्रहार किया। किन्तु डॉ. नामवर सिंह एकदम सहज–शान्त, निस्पृह भाव से सब कुछ सुनते रहे। मैं आश्चर्यचकित था–धैर्य के इस जीवन्त पुंज से।

5

डॉ. नामवर सिंह के सन्दर्भ में यह चर्चा प्रायः होती थी कि जब वे काशी हिन्दू विश्वविद्यालय में कक्षा लेते थे, तो कमरा ठसाठस भरा होता, छात्र खिड़की दरवाज़ों से भी उनका व्याख्यान सुनते थे। उनका व्याख्यान पहली बार मुझे 1968 में सुनने का सौभाग्य मिला। शिवप्रसाद सिंह ने आचार्य हजारीप्रसाद द्विवेदी की षष्ठिपूर्त्ति का आयोजन किया था। मुख्य वक्ता डॉ. नामवर सिंह ने कुर्रतुलऐन हैदर के उपन्यास 'आग का दरिया' के शिल्प की चर्चा की और उस तुला पर आचार्य हजारीप्रसाद द्विवेदी के उपन्यासों के शिल्प पर प्रहार भी किया। आर्ट्स–कालेज आडोटोरियम ख़चाखच भरा था, बाहर भी लोग थे। मैं भी था। सभी मन्त्र–मुग्ध। महादेवी वर्मा अध्यक्षता कर रही थीं। बैठा मैं सोच रहा था अब आचार्य द्विवेदीजी क्या बोलेंगे? बारी आयी द्विवेदीजी की। धीरे–धीरे उन्होंने शुरुआत की–अपने व्याख्यान की। फिर ओज बढ़ा। श्रोताओं के मानस पर छाया डॉ. नामवर सिंह का घटाटोप कुहरे की भाँति धीरे–धीरे रिस गया और अन्त तक पहुँचते–पहुँचते आचार्य द्विवेदी श्रोताओं के मानस पर छा गये। लोग नामवरजी को भूल गये। किन्तु द्विवेदीजी नामवरजी को नहीं भूले थे। बाहर निकलते ही उन्होंने मुझसे पूछा–'आग का दरिया' पढ़ा है। मैंने स्वीकृति में सिर हिलाया। "देना तो, मैं भी देखूँ–नामवर ने इसकी बहुत तारीफ़ की। ज़रूर अच्छा होगा।" द्विवेदीजी का स्वर गूँजा। फ़िलहाल गुरु–शिष्य की इस मुठभेड़ में कौन जीता कौन हारा कह पाना कठिन है।

6

काशी हिन्दू विश्वविद्यालय में अध्यापकों और कर्मचारियों के स्तर पर जाति, धर्म और क्षेत्र की राजनीति अपने चरम पर थी। क्षत्रियों के नेता थे–डॉ. रामलोचन सिंह और ब्राह्मणों के नेता थे–डॉ. गोपाल त्रिपाठी। बंगाली, भूमिहार, दक्षिण भारतीय तथा अन्य वर्ग समय–समय पर और

आवश्यकतानुसार इन्हीं दो वर्गों में से किसी एक के साथ हो लेते। फिलहाल मैं इन वर्गों और मठाधीशों से अलग अपने व्यक्तित्व के निर्माण में लीन था। डॉ. गोपाल त्रिपाठी मुझसे अत्यधिक आत्मीयता निभाते थे। रास्ते में देखकर अपनी गाड़ी रोककर आध–पौन घण्टा बतियाते और लोगों को दिखाते थे कि राजमणि शर्मा मेरे अत्यन्त घनिष्ठ हैं। और, मैं जान बचाता फिरता था। एक बार मेरे अत्यन्त घनिष्ठ विभागीय मित्र का एक काम पड़ा। उन्होंने त्रिपाठीजी के माध्यम से सिफ़ारिश के लिए कहा। मैं उनके साथ चल पड़ा। हम दोनों का ख़ूब सत्कार हुआ। मैंने अपना उद्देश्य बताया। हमारे सामने ही उन्होंने सहर्ष फ़ोन उठाकर सम्बद्ध व्यक्ति को आदेश दिया और कहा–"जाइए, आपका काम हो जायेगा।" मित्र महोदय तो उठ खड़े हुए किन्तु मैं बैठा रहा। उन्होंने पूछा–"क्या बात है? कुछ और कहना है?" "नहीं! कृपया यह बताइए कि इस फ़ोन का कनेक्शन कहाँ हैं? इसका तार तो साकेट से बाहर है।" मेरा उत्तर था। निर्लज्ज हँसी हँसते हुए उन्होंने कहा–"अरे! बहुत चतुर हो भाई। अच्छा अब कनेक्शन लगाकर बात करता हूँ।" यह स्थिति केवल यशस्वी ख्यातिप्राप्त वैज्ञानिक, इंजीनियर एवं अध्यापक डॉ. गोपाल त्रिपाठी की ही नहीं थी, अपितु विश्वविद्यालय के अन्य अनेक अध्यापकों की थी। और दूसरी तरफ़ ठाकुर बिरादरी के नेता 'सिंह' सरनेम से उसे अपनापन जोड़ लेते। मोह में ऐसे एक की नियुक्ति कर ली और अपनी लड़की के विवाह का प्रस्ताव भी कर दिया। वह भौचक। उसने उन्हें बताया–मैं तो कुर्मी हूँ। इस क्षत्रिय शीर्ष नेता की क्या स्थिति हुई होगी, इसकी कल्पना ही सम्भव है।

7

इस जातिवाद का नंगा रूप मेरे सामने आया–सन् 1984 के मार्च माह में। इस माह संगोष्ठियों की भरमार होती है। विभाग में भी एक संगोष्ठी आयोजित थी। मैं उसमें व्यस्त था। एकाएक ख़बर मिली–एक सप्ताह में रीडर (प्रमोशन) का साक्षात्कार है। कुलपति डॉ. इक़बाल नारायण और डीन–डॉ. लल्लनजी गोपाल–मुंशी मुंगेरी लाल के जाति–बिरादरी के थे। इसलिए परिस्थितियाँ उनके अनुकूल थीं। पद चार थे, प्रत्याशी भी चार ही थे। इसलिए सभी को प्रमोट करने में कोई दिक़्क़त नहीं थी। किन्तु सब

कुछ सुचारु रूप से सम्पन्न हो जाय तो 'मुनिजी' को कौन पूछेगा? उनके मन में कुलबुलाहट हुई। वे मुंशी मुंगेरी लाल के हसीन सपने–अर्थात् केवल वे ही रीडर बनें ताकि हम चारों में वे वरिष्ठ रहें–को सार्थक करने का बीड़ा उठाया। मुंशीजी सहित तीन प्रवक्ताओं को लेकर वे परिक्रमा करने लगे। इनकी आन्तरिक चाहत थी केवल मुंशी मुंगेरी लाल रीडर बने और शेष तीनों से वरिष्ठ हो जायें। दो तो इनके झाँसे में आ गये। बचा मैं। मैंने दौड़ना शुरु किया–एकाकी। डीन को मैंने बायोडाटा देना चाहा। उनका उत्तर था–"आपको मैं अच्छी तरह जानता हूँ। बायोडाटा क्या देखना है।" एक मिनट की इस मुलाक़ात से मैं निराश हुआ। कुलपति से मिलना चाहा; उनके पी.ए. ने बैरंग लौटाया। अन्ततः अध्यक्ष शिवप्रसाद सिंह की शरण में पहुँचा। अध्यक्ष का उत्तर था–"आपका नहीं होगा तो किसी का नहीं होने दूँगा। मुंशी मुंगेरी लाल को तो रीडर कतई नहीं बनने दूँगा। वह कुछ पढ़ा–लिखा तो है नहीं।" मैंने उत्तर दिया–"यह राह उचित नहीं; इस प्रयास में आप सफल नहीं होंगे।" इसलिए सभी को रीडर बनाइए। डॉ. शिवप्रसादजी की प्रकृति और प्रवृत्ति से मैं परिचित था–कब वे पलट जायें, कोई ठिकाना नहीं। किन्तु तत्कालीन परिस्थिति में एकमात्र वही बचे थे; मुझे उन पर विश्वास करना ही था, किया भी। परन्तु क्या वे दिये गये अपने वचन का पालन किये?

8

साक्षात्कार के पूर्व की रात्रि 9 बजे मेरा दरवाज़ा खटका। खोला! सामने जो सज्जन खड़े थे–वे शिवप्रसादजी घर के सदस्य जैसे थे। भीतर घुसते ही उन्होंने जो ख़बर दी, वह मेरे लिए अप्रत्याशित नहीं थी। उनके अनुसार –"डॉ. लल्लनजी गोपाल के साथ मुंशी मुंगेरी लाल शिवप्रसादजी के यहाँ अभी डेढ़ घण्टे पहले पहुँचे थे। बागडोर सँभाला–लल्लनजी ने–"डॉक्टर साहब ये (मुंशी मुंगेरी लाल) आपका एक साक्षात्कार लेना चाहते हैं जो जनसत्ता में छपेगा।" शिवप्रसादजी परम आह्लादित। डॉ. गोपाल ने यह भी सहेजा उन्हें "कल आप बोलिएगा नहीं, मैं सब सँभाल लूँगा।" यह मेरे लिए अप्रत्याशित ख़बर नहीं थी; किन्तु एक भरोसा जो था वह भी टूटा। साक्षात्कार लेने और छपाने की बात छलावा थी। साक्षात्कार न छपना था, न छपा। मैं दुखी, परास्त, हतप्रभ; अब क्या करूँ, क्या होगा?

पत्नी ने मुझे आश्वस्त किया–"आप निश्चिन्त होकर इंटरव्यू दें। ईश्वर आपका साथ देंगे।"

अगले दिन चमत्कार ही हुआ। इंटरव्यू बोर्ड में विशेषज्ञ के रूप में एक ऐसा व्यक्तित्व बैठा था जो अन्याय, जातिवाद का घोर विरोधी था। वह व्यक्तित्व थे–डॉ. नरसिंहाचारी–जो खुद ऐसा अन्याय झेल चुके थे। अपने ऊपर लादे गये अयोग्य को सह चुके थे। इन्हें देखकर मेरी चिन्ता कम हुई। इंटरव्यू अच्छा होना था, हुआ भी। संगोष्ठी का लंच ब्रेक हुआ। इंटरव्यू ख़त्म हो चुका था। मैं भी लंच के लिए पहुँचा ही था कि मेरे विरोधी एक रीडर मेरे पास दौड़े आये–"वाह भाई, वाह! चार साल में रीडर हो गये, अगले चार साल में प्रोफ़ेसर हो जायेंगे। बधाई।" मैं आश्चर्य में पड़ा; फिर भी उन्हें धन्यवाद देना अपना फ़र्ज़ समझा। दूसरे दिन मेरी प्रोन्नति के लिए किये गये डॉ. नरसिंहाचारी के संघर्ष का एक विशेषज्ञ ने अथ से इति तक बयान किया और उन्होंने स्पष्ट कहा–"अध्यक्ष मौन! डीन परम विरोधी कुलपति डीन के साथ। पर नरसिंहाचारी कहाँ मानने वाले थे, वे डटे रहे। आपको उनका कृतज्ञ होना चाहिए।"

9

आचार्य हजारीप्रसाद द्विवेदी, पं. राजमोहन उपाध्याय, डॉ. देवराज, डॉ. वासुदेवशरण अग्रवाल, डॉ. ब्रजमोहन, राय कृष्णदास और डॉ. आनन्द कृष्ण का कृपा–पात्र मैं अपनी राह की नींव ढ़ालने में लगा था, तभी मुझे यू.जी.सी. से एक दीर्घकालीन प्रोजेक्ट स्वीकृत हुई–"आचार्य हजारीप्रसाद द्विवेदी साहित्य कोश" और इसी के कुछ माह पश्चात "आचार्य हजारीप्रसाद द्विवेदी संगोष्ठी" के लिए भी अनुदान मिला। परिणामस्वरूप मैं विभाग के वरिष्ठ और कनिष्ठ अध्यापकों की ईर्ष्या का पात्र बना। अभी तक कुछ ख़ास अध्यापक ही संगोष्ठी करते–कराते थे, यह दूसरों के लिए एक चैलेंज था, और मैं विभाग में उस वक़्त तक कनिष्ठ ही था। विभाग का सहयोग तो लेना ही था। तीन आचार्य तीनों तीन सोच के। मैं इनके बीच सामंजस्य बिठाने के लिए प्रयासरत था।

एक मेरे शुभ चिन्तक भी थे–अलग ध्रुव के नेता डॉ. काशीनाथ सिंह। किन्तु मेरे सम्बन्ध में चारों के अपने–अपने मत थे। डॉ. शुकदेवजी भी इनमें शामिल थे।

आचार्य द्विवेदीजी मुझसे कहा करते थे–उनका कोई भी कार्य बिना व्यवधान के नहीं हो पाता; और प्रशंसात्मक कार्य मुझे पसन्द नहीं। संगोष्ठी! यह तो प्रशंसात्मक थी नहीं, यह तो उनके कार्यों, हिन्दी भाषा और साहित्य में अवदान का स्मरण–मात्र और मूल्यांकन भर था। फिर भी बाधा तो आनी ही थी। बाधाएँ आयीं भी। लेकिन मैं डिगा नहीं। सबको झेलता रहा, आगे बढ़ता रहा। यह अलग बात है कि उपर्युक्त चारों ध्रुवों को मैं एक साथ नहीं कर पाया, किन्तु मेरे इस कार्यक्रम से कोई भाग नहीं पाया। पूरा विभाग उपस्थित और सक्रिय। अन्तिम मौक़े पर महादेवी वर्मा का अस्वस्थता के कारण न आ पाना दुखदायी रहा। फिर भी डॉ. रामसिंह तोमर, डॉ. दशरथ ओझा, डॉ. नामवर सिंह, पं. लक्ष्मी नारायण मिश्र, डॉ. रमेश कुंतल मेघ, डॉ. त्रिलोचन पाण्डेय, डॉ. राजमल बोरा, डॉ. चन्द्रकान्त बान्दिवडेर, डॉ. केसरी कुमार, डॉ. नरसिंहाचारी, डॉ. रामन नायर, डॉ. पाण्डेय शशिभूषण शीतांशु, डॉ. पी. आदेश्वर राव, डॉ. प्रभाकर श्रोत्रिय, डॉ. महेन्द्रनाथ दूबे, डॉ. निर्मला जैन, डॉ. शिवकुमार मिश्र, डॉ. राममूर्ति त्रिपाठी, डॉ. रवीन्द्रनाथ श्रीवास्तव, डॉ. एस.टी. नरसिंहाचारी, डॉ. सतीश कुमार रोहरा आदि इस संगोष्ठी के सहभागी विद्वान बने, जिनमें एकाध को छोड़कर शेष विद्वान तीनों दिन रहकर पहली बार किसी संगोष्ठी को ऐतिहासिक स्वरूप प्रदान किया। और श्रोतागणों का तो कहना ही क्या? यह अलग बात है कि मैं अपनी योजना–''संगोष्ठी के अवसर पर उपस्थित आचार्य प्रवर के शिष्यों के सम्मान'' में सफल नहीं हो पाया। इनमें डॉ. नामवर सिंह का नाम सबसे ऊपर था। विभाग के वरिष्ठ दो रीडरों ने मेरी योजना का जमकर विरोध किया। इसका अफ़सोस मुझे आज तक है।

इस संगोष्ठी की सफलता से मैं हिन्दी जगत में चर्चित तो हो उठा किन्तु विभागीय सदस्यों की ईर्ष्या–द्वेष का पात्र भी बना और इसकी परिणति मेरे विरुद्ध हुई–मिथ्या आरोप लगाकर, षड्यन्त्र रचकर मेरी राह रोकने की। क्या राह रुकी? वह तो और गतिमान हुई। मेरी ईमानदारी, कर्तव्य–निष्ठा, विश्वविद्यालय और विभाग की गरिमा को बनाये रखने के प्रयास ने सबको पराभूत किया।

वस्तुतः इस संगोष्ठी में जाति, वाद और विचाराधारा को महत्त्व न देकर भारत के कोने–कोने से श्रेष्ठ चिन्तकों, विद्वानों और भाषाविदों को मैंने आमन्त्रित किया। और विद्वानों, चिन्तकों तथा भाषाविदों ने अपना श्रेष्ठतम अवदान देकर संगोष्ठी को सार्थक बनाया। इनमें वे भी थे जिन्हें

इस विश्वविद्यालय के अध्यापकों ने अपने खाँचे में फिट न पाकर पहले की संगोष्ठियों में न तो कभी आमन्त्रित किया और न ही महत्त्व दिया था।

10

'आचार्य हजारीप्रसाद द्विवेदी संगोष्ठी' के दौरान ही डॉ. नामवर सिंह ने मुझसे कहा था–''शर्माजी, असली श्रद्धांजलि और गोष्ठी की उपलब्धि तब होगी जब आचार्यजी द्वारा तैयार किया गया, हिन्दी भाषा का व्याकरण प्रकाशित हो।'' मेरे यह बताने पर कि इसका एक खण्ड ग़ायब है। उन्होंने कहा–''इसे ख़ोज कर प्रकाशित करवाइए। आवश्यकता हो तो संगोष्ठी के माध्यम से एक प्रस्ताव पारित करवा लीजिए।'' संगोष्ठी में प्रस्ताव तो पारित हुआ। मुझे जानकारी थी कि केवल तीन खण्डों के प्रकाशन की अनुमति मिली थी–तीसरा, चौथा और पाँचवाँ। प्रकाशन भी प्रारम्भ हो चुका था। उस समय अध्यक्ष थे–डॉ. भोलाशंकर व्यास। सम्पादक के रूप में इनका नाम न तो डॉ. शिवप्रसाद सिंह देना चाहते थे और न ही डॉ. शुकदेव सिंह। शायद मुनिजी को सूझा कि संशोधन के नाम पर इसका तीसरा खण्ड ग़ायब किया जाय ताकि प्रकाशन रुक जाय। यह प्रमाण फ़ाइलों में तो मिला कि संशोधन की प्रक्रिया से गुज़रता यह खण्ड डॉ. शुकदेव सिंह के पास पहुँचा, किन्तु वापसी का कोई ज़िक्र नहीं। अन्ततः यह खण्ड ग़ायब हो गया और प्रकाशन भी ठप हो गया। मेरा सौभाग्य था कि उस समय मैं विभाग से दूर अमेठी में कार्यरत था। लोग इसे भूल चुके थे। किन्तु संगोष्ठी के अवसर पर इसकी याद दिलाकर डॉ. नामवर सिंह ने कार्य तो प्रशंसनीय किया और उनके आदेश–निर्देश में छल–छद्म की गन्ध भी नहीं थी। किन्तु विभागीय–बन्धुओं की तो अलग ही योजना थी। मैं नहीं जानता था कि यह सब कुछ मेरे विरुद्ध एक औज़ार के रूप में प्रयोग कर मेरी प्रगति के रास्ते बन्द किये जायेंगे। सच तो यह रहा कि आचार्य प्रवर के 'उत्तर प्रदेश हिन्दी संस्थान' के कार्यकारी अध्यक्ष बनते ही मैंने शोध हेतु अवैतनिक अवकाश लिया और व्याकरण कार्यालय से दूर हो गया। डॉ. मुकुन्द द्विवेदी भी इस संगोष्ठी में आये थे, मुझे उन्होंने बताया था कि उनके पास व्याकरण के पाँचों खण्ड हैं। वस्तुतः वे उसे अपने नाम से छपाना चाहते थे, किन्तु मैंने उन्हें मना किया था। छपाने की शर्त पर

तीसरा खण्ड उन्होंने सौंपा। छपना–छपाना लक्ष्य था नहीं। अस्तु यह वैसे ही केन्द्रीय कार्यालय की शोभा बढ़ा रहा है।

11

इस संगोष्ठी के तीन–चार माह उपरान्त ही ''हिन्दी पाठ्यक्रम विकास केन्द्र'' के माध्यम से पूरे भारत के लिए बी.ए. और एम.ए. के पाठ्यक्रम को तैयार कराने का उत्तरदायित्व काशी हिन्दू विश्वविद्यालय को मिला। समन्वयक बने तत्कालीन हिन्दी विभागाध्यक्ष डॉ. शिवप्रसाद सिंह। इसकी पहली बैठक के अन्त में ही कतिपय अव्यवस्थाओं के चलते डॉ. नामवर सिंह के सुझाव पर संयोजक का दायित्व मेरे कन्धों पर आ पड़ा। डॉ. शिवप्रसाद सिंह की प्रवृत्ति से परिचित होने के कारण मैं यह स्वीकार नहीं करना चाहता था, वैसे उस समय मेरा स्वास्थ्य भी ठीक नहीं था। डॉ. सिंह रोज़ मेरे घर पहुँचते और मैं भागता रहता, पिंड छुड़ाता रहा। अन्ततः उन्होंने मेरी कमज़ोर नस पकड़ी। एक दिन उन्होंने बड़े आर्त्तभाव से कहा–''यह दायित्व आचार्य द्विवेदी के शिष्यों को मिला है और असफल हुआ तो आप भी ज़िम्मेदार होंगे। आप भी द्विवेदीजी के शिष्य ही हैं। इसलिए इसे सफल बनाने में मेरी सहायता कीजिए।'' मैं नतमस्तक हो गया–द्विवेदीजी तो मेरे उद्धारक थे। अब मेरे ना करने का प्रश्न नहीं रहा।

मेरी स्वीकृति पाते ही डॉ. शिवप्रसाद सिंह ने कोर कमेटी के सदस्यों की जो सूची मुझे सौंपी, वह मुझे हतप्रभ कर गयी। इसमें कई नाम ऐसे थे, जिन्हें मैंने न तो सुना था, न उनकी विद्वत्ता उपयोगिता से परिचित था और कुछेक ऐसे नाम थे जो नामवरजी के घोर विरोधी थे। यह रहस्य मेरी समझ में नहीं आया कि डॉ. शिवप्रसाद सिंह यह बदलाव क्यों कर रहे हैं? मैंने उनसे पूछा और नये नामों पर विरोध जताया; यह भी समझाया कि ये व्यक्ति डॉ. नामवर सिंह के स्तर के नहीं हैं। इससे डॉ. नामवर सिंह आहत होंगे। किन्तु शिवप्रसाद सिंह कहाँ सुनने वाले थे? परिणाम वही हुआ जिसकी मुझे आशंका थी। उन्होंने तिरुपति की बैठक के पश्चात इस समिति से अपना त्यागपत्र भेज दिया। शिवप्रसादजी ने बहुत चिरौरी–मिन्नत की किन्तु वे नहीं माने। मैं इस प्रसंग से आज तक दुखी हूँ कि 'पाठ्यक्रम' को हिन्दी के श्रेष्ठतम चिन्तक, विचारक तथा

आलोचक का करावलम्ब नहीं मिल पाया। वे भी तो द्विवेदीजी के योग्यतम शिष्यों में से एक थे।

संगोष्ठी की सफलता और हिन्दी पाठ्यक्रम विकास केन्द्र के संयोजक बनने से मेरी ख्याति और बढ़नी थी ही, बढ़ी भी। किन्तु मेरी बढ़ती ख्याति और प्रतिष्ठा विभाग के प्राध्यापकों, विशेषकर शिवप्रसाद सिंह की विरोधी लॉबी को स्वीकार्य नहीं हो पायी। फिर मेरे विरुद्ध कुचक्रों का क्रम रचा जाने लगा। कभी अख़बार–बाज़ी होती, कभी अपने पैसे ख़र्च कर लोग पूरे भारत के हिन्दी अध्यापकों को पैंफलेट पोस्ट कर मेरा उल्टा–सीधा, भ्रामक इतिहास बताते, उल्टे–सीधे लांछन लगाते, मुझसे लोगों को सावधान रहने को कहते–लिखते; मुझे न बुलाने का आग्रह करते। इससे भी मन नहीं भरा तो विश्वविद्यालय स्तर पर जाँच समितियों का गठन करा दिया। छात्रों को भड़काया जाता, उन्हें विभाग में नियुक्ति का प्रलोभन देकर मेरे विरुद्ध शिकायत करने के लिए प्रेरित किया जाता रहा। किन्तु छात्र मेरे मुरीद थे; वे सब समझते थे। अपने क्रिया–कलापों की असफलता और जाँच समितियों के निर्णय ने उन्हें पराभूत किया। मुझे विश्वास था–सत्य की जीत का। और, अन्ततः मैं बेदाग़ खरे सोने की तरह निर्दोष सिद्ध होकर बाहर आया। वैसे न तो बाहर के आमन्त्रण कम हुए न सम्पर्क बिगड़े। दृढ़ संकल्प के कारण मेरा अध्ययन और लेखन तो बाधित नहीं होने पाया किन्तु स्वास्थ्य तो प्रभावित हुआ ही। अपनी नियति मानकर मैं इसे झेलता रहा। सच यह है कि विरोध के इस झंझावात ने मुझे और शक्तिशाली तथा लोकप्रिय बनाया। हाँ! मेरी निर्मितियों की भी असलियत उजागर हो गयी जो कल तक मेरे साथ होने का दावा करते।

वैसे तो डॉ. शुकदेव सिंह प्रायः ही मेरे कक्ष में आसन जमाते किन्तु जाँच कमिटी की प्रक्रिया के दौरान उनकी यह क्रिया नियमित हो गयी। वे मुझे विश्वास दिलाते कि वे मेरे साथ हैं, अन्य सभी मेरे विरोधी। और, मेरे विरोधी क्या योजनाएँ बना रहे हैं? उसकी सच–झूठ जानकारी देते, मेरी टोह लेते। मैं उनकी प्रवृत्ति से परिचित था, वे कहाँ खड़े हैं–इसे भी जानता था। वैसे, उनकी बातों पर विश्वास का प्रश्न ही नहीं था, जब वे बड़े–बड़ों को धोखा दे चुके हों तो मेरी क्या बिसात? उन्हें चुपचाप सुनता–सहता। शैक्षणिक आवश्यकता पड़ने पर मैं उनसे सलाह अवश्य लेता। वस्तुतः डॉ. शुकदेवजी और डॉ. श्यामसुन्दर शुक्ल की अविश्वसनीयता उन्हें ले डूबी। वे सभी के हितचिन्तक बनते, जबकि सभी उनसे दूर भागते।

12

विभागीय पाठ्यक्रम में पुस्तकों के चयन में प्रायः राजनीति होती रही है। इस पाठ्यक्रम समिति का मैं भी सदस्य/संयोजक हुआ करता था। एक बार अध्यापकों के प्रभावी गुट ने तय किया–'हिन्दी विभाग के पुराने आचार्यों की पुस्तकें बदलकर इसके स्थान पर बाहरी व्यक्तियों के नये आये सम्पादन/संकलन को स्थान दिया जाय वह भी एम.ए. में। इस प्रक्रिया से आचार्य रामचन्द्र शुक्ल, आचार्य हजारीप्रसाद द्विवेदी, आचार्य विश्वनाथ प्रसाद मिश्र, डॉ. श्रीकृष्ण लाल आदि पूर्व विभागीय विद्वान प्रभावित हो रहे थे। यह प्रयास दो–तीन वर्ष पहले भी हुआ था, उस समय मेरे दाहिने हाथ–डॉ. बब्बन त्रिपाठी ने घोर विरोध करके इसे रुकवाया था। डॉ. त्रिपाठी की असमय मृत्यु के कारण इस बार मैं एकाकी था। शुकदेवजी दोनों तरफ़ थे। संयोजक डॉ. नागेन्द्रनाथ उपाध्याय की बात कोई सुनने वाला नहीं था, वैसे वे डरपोक भी थे। इस प्रक्रिया को कैसे रोका जाय? यह मेरे लिए चिन्ता का विषय था। विभागीय पाठ्यक्रम की तैयारी समिति में मैंने एक प्रस्ताव प्रस्तुत किया–"एम.ए. का पाठ्यक्रम कालक्रमानुसार तैयार किया जाय। अर्थात् प्रथम वर्ष में प्राचीन साहित्य और मध्यकालीन साहित्य के दो प्रश्नपत्रों के साथ एक प्रश्नपत्र भाषा–विज्ञान का तथा एक मूल भाषाओं का हो और द्वितीय वर्ष में आधुनिक साहित्य, समीक्षा सिद्धान्त, साहित्येतिहास तथा विशेषज्ञता के प्रश्नपत्र हों।" यह सामान्य सी बात थी। किन्तु प्रस्ताव राजमणि शर्मा का था, सो कैसे स्वीकृत हो। विरोध प्रारम्भ हुआ। पूरा गुट एक साथ। मेरा एक ही तर्क था–"यहाँ वे सदस्य विरोध कर रहे हैं, जिन्होंने पाठ्यक्रम तैयारी समिति में इसे स्वीकार किया था।"

यदि संशोधन अस्वीकृत किया जा रहा है तो समस्त परिवर्तन अस्वीकृत किये जायें। काफ़ी बहस–मुहाबसे के पश्चात यह तय हुआ कि "पहले से चला आ रहा पाठ्यक्रम अर्थात पुरानी पुस्तकें ही रहेंगी, कोई परिवर्तन स्वीकार्य नहीं है।" इस बहस में तर्क के साथ मैंने नोट ऑफ़ डिसेंट की भी धमकी दी थी। इससे तत्कालीन अध्यक्ष मर्माहत हुए और दूसरे दिन मुझसे उन्होंने अपनी नाराज़गी व्यक्त की; विशेषकर मेरे 'नोट ऑफ डिसेंट' मुद्दे पर। मैं चुपचाप उनकी बातें सुनता रहा। अन्ततः मैंने स्पष्ट शब्दों में कहा–"डॉक्टर साहब जो हो रहा था वह विभाग तथा विभागीय विद्वानों और इस प्राचीन पीठ के लिए पूर्णतया अपमानजनक था और था उसकी नींव की

ईंट को उखाड़ फेंकने का प्रयास। इसे मैं सह नहीं सकता था। इस अपयश से आप भी बच न पाते। इसे रोकने का मेरे पास और कोई कोई रास्ता नहीं था। और, आज भी मैं उस प्रस्तावित परिवर्तन का घोर विरोधी हूँ।''

इस घटना का उल्लेखनीय पक्ष दूसरा है। वस्तुतः संख्या–बल से मैं उन्हें परास्त नहीं कर सकता था। इसलिए बुद्धि का सहारा लिया। बैठक के पश्चात हम लोग जब बाहर आये–तो डॉ. शुकदेव सिंह निराशाजनक आवाज़ में बोले–''मैं सन्तुष्ट हूँ।'' मैंने हँसते हुए उन्हें उत्तर दिया–''मैं तो बहुत प्रसन्न हूँ।'' इसे विरोधी गुट देख सुन रहा था। दूसरे दिन सन्ध्या समय दुर्दिन के मेरे साथी डॉ. रामनारायण शुक्ल मेरे घर पहुँचे। उन्होंने बताया–अमुक–अमुक मिले थे, कह रहे थे कि शर्माजी का प्रस्ताव तो स्वीकृत हुआ नहीं फिर वे क्यों प्रसन्न हैं? शुक्लाजी पता लगाइए। शुक्लाजी इस रहस्य की ख़ोज पड़ताल में मेरे घर पहुँचे। मैंने उनसे कहा कि–''डॉक्टर साहब आप से भी मैंने अपनी योजना की चर्चा जान–बूझकर नहीं की; क्योंकि बात लीक हो जाती तो मैं सफल न हो पाता। विभाग के पुराने आचार्यों के संग्रह को बरकरार रखना ही मेरा लक्ष्य था। और बिना जाने समझे मेरे नाम के प्रस्ताव का विरोध इस गुट द्वारा होना ही था। यदि वे मेरे प्रस्ताव को मान लेते, तो मेरे लिए विकल्प न बचता।'' दूसरी शाम शुक्लाजी फिर पहुँचे। उन्होंने कहा कि ''जब मैंने उन्हें आपकी प्रसन्नता का रहस्य बताया तो सबने अपना सिर पीट लिया।'' यह एक उदाहरण है, विभाग की प्रतिष्ठा और अपनी आन–बान बचाने का और सब पर भारी पड़ने का।

13

कुलपति डॉ. रस्तोगी तथा विभागाध्यक्ष डॉ. नागेन्द्रनाथ उपाध्याय के कार्यकाल में प्रमोशन तथा रीडर पद पर चयन हुआ। वस्तुतः इस साक्षात्कार के तीनों एक्सपर्ट–डॉ. उदयभान सिंह, डॉ. निर्मला जैन तथा डॉ. रमेश कुंतल मेघ किसी–न–किसी के लिए कटिबद्ध थे। विभागीय रणनीतिकारों के व्यूह को समझने में असमर्थ अध्यक्ष डॉ. उपाध्याय की एक नहीं चली। वैसे वे डरपोक भी थे। एकाध की नियुक्ति होने देने के लिए पहले से ही उन्हें चुप रहने की धमकी भी मिली थी। और! वही हुआ जो एक्सपर्ट तथा शहर और विश्वविद्यालय के रणनीतिकार चाहते थे।

इतना ही नहीं, कुलपति की भी इसमें सहमति थी तभी तो कुछ ख़ास विशेषज्ञ आये। योग्यता और अयोग्यता का प्रश्न ही नहीं था। रातों–रात बात फैली, विरोध शुरू हो गया। एक ख़ास वाद–विचारधारा के लोगों ने इसके विरोध का झण्डा बुलन्द किया। इतिहास में पहली बार विभागीय समिति की बैठक बुलाने की माँग की गयी। विभागीय समिति में स्थानीय और विभागीय हितों की अनदेखी का आरोप मढ़ा गया–विभागाध्यक्ष डॉ. उपाध्याय पर। चयन प्रक्रिया को लेकर उन्हें जलील किया गया। हाँ! निन्दा–प्रस्ताव पेश न हो पाने से इन लोगों ने बैठक का बहिष्कार किया। और विरोध करने वाले लोगों ने यह प्रतिज्ञा भी की कि भविष्य में इन तीनों विशेषज्ञों को विभाग–विश्वविद्यालय में प्रवेश नहीं करने दिया जायेगा। किन्तु क्या इसका पालन हुआ? इन्हीं लोगों ने ससम्मान निर्मला जैन और उदयभानु सिंह को बुलाया। बचे 'मेघ' जो इन लोगों के खाँचे में फिट नहीं बैठते थे। मैंने इन सबकी कारस्तानी के प्रतिकार में डॉ. मेघ को बुलवाया। भले ही इसका श्रेय शुकदेव ने लिया हो। वस्तुतः यह विरोध प्रायोजित और सोद्देश्य था–एक सीधे–सादे सज्जन विद्वान अध्यापक को अपमानित करने का आयोजन था। कालान्तर में जब चयन समिति में इन्हीं निर्मला जैन द्वारा विभाग के योग्य प्रत्याशियों को दरकिनार किया गया, तब अन्याय के विरोध की अगुवाई करने वाले अध्यापकों को निर्मला जैन तथा अध्यक्ष के कृत्य पर आक्रोश नहीं आया। यह विभाग के अध्यापकों के चरित्र के दुहरापन का प्रमाण है। अन्य असंगठित और कर्तव्यनिष्ठ विद्वान अध्यापकों को आतंकित कर ऐसे कृत्य, कारनामे करना इन अध्यापकों के लिए आम बात रही है।

यह पहला अवसर नहीं था, जब डॉ. नागेन्द्रनाथ उपाध्याय को इस लॉबी ने लक्ष्य बनाया हो। इसके पहले भी वे लक्ष्य बन चुके थे–प्रोफ़ेसर की प्रोन्नति के अवसर पर निश्चित था कि डॉ. शिवप्रसाद सिंह, डॉ. रामनरेश वर्मा एवं डॉ. त्रिभुवन सिंह प्रोफ़ेसर होंगे। वस्तुतः मामला प्रोन्नति का था, एकाध की संख्या बढ़ सकती थी। डॉ. नागेन्द्रनाथ उपाध्याय सभी योग्यताएँ रखते थे। तीन के बदले चार की भी प्रोन्नति हो सकती है। यह सोचकर वे भी साक्षात्कार देने चले गये। फिर क्या था, एक ने समझा कि ये मुझे कटवाने आये हैं? वरीयताक्रम का उल्लंघन किया है! फिर तो वे एकाध सप्ताह तक सांड़ की तरह फुफकारते रहते। किन्तु मर्यादा उल्लंघन मानने वाले इन प्रोफ़ेसर साहब को तब मर्यादा भूल गयी जब उनका बेटा प्रोन्नति

का इंटरव्यू देने पहुँचा। प्रयास भी किया जबकि वरीयताक्रम में एक दो नहीं लगभग आठ लोगों के नीचे था—यह सुपुत्र।

14

डॉ. शिवप्रसाद सिंह, डॉ. राम नरेश वर्मा, डॉ. त्रिभुवन सिंह लम्बाई—चौड़ाई में बराबर थे। एक बार ये तीनों एक साथ विभाग से बाहर निकले—घर जाने के लिए। तीनों आस—पास ही रहते थे। रिक्शे की तलाश थी। एकाएक एक रिक्शा प्रकट हुआ। तीनों ने रोका। गन्तव्य स्थल बताया। रिक्शा वाला बोला—"साहब आप तीनों को आदमी तो नहीं खींच पायेगा। यदि आप लोग चाहें तो मैं एक को बैठाऊँ, किन्तु किराया दुगना होगा। मैंने पूछा—"दुगुना क्यों"? उसका उत्तर था—"क्योंकि इनमें से कोई भी दो सवारी से कम का नहीं है।"

15

इस साक्षात्कार और विभागीय बैठक के पश्चात एक और रोचक मामला सामने आया। नीचे कक्षाएँ चल रही थीं। कक्षा लेने के पश्चात जब मैं ऊपर अपने कमरे की ओर बढ़ा तो विभाग की महिलाओं की तू—तू मैं—मैं सुनाई दी। एक कह रही थी तू तो एक एक्सपर्ट को खिला—पिलाकर अपने घर सुलाई, तुम्हें तो सुबह रीडर होना ही था। और आरोपित महिला का उत्तर था, "तुम क्या बोलोगी? तुम्हारी दूसरी सन्तान हूबहू मुनिजी के चेहरे की है, जिन्होंने तुम्हारी पीएच.डी. लिखवाई, एक अध्याय अपना लिखा जोड़ दिया जिसका विषय से सम्बन्ध ही नहीं और तुम्हें यहाँ लेक्चरर बनवाया।" और तीसरी महिला कह रही थी—"बनती हो कम्युनिस्ट। बेटी की शादी में पैर में महावर लगवाया, पति के साथ गाँठ बाँधी, पूजा भी की।" चौथी से एक ने कहा—"तुम कहाँ कम हो आधी रात ज्योतिषी बनकर कुलपति का हाथ देखती थी तब भी नहीं हुई रीडर।" मैंने सबको डांटा। अपने—अपने कमरे में जाने का निर्देश दिया। किसी तरह मामला तो शान्त हुआ। किन्तु जिस यथार्थ को मैं भी नहीं जानता था वह इस तरह प्रचारित हो जायेगा और विभाग बे—आबरू हो जायेगा इसकी कल्पना नहीं थी। इसका मुझे आज तक दुख और क्षोभ है।

16

एक दिन! मैं रात के 8 बजे संकटमोचन से लौट रहा था, सोचा अमुक विद्वान आये हैं। गेस्ट हाउस में हैं। उनसे मिलता चलूँ, सुबह समय नहीं मिलेगा। गेस्ट हाउस की बाहरी पुलिया पर बैठे हुए डॉ. नागेन्द्रनाथ उपाध्याय मिले। मैं कुछ उनसे पूछूँ कि एक विभागीय सज्जन हाज़िर हुए। पूछा–"आप सब यहाँ क्यों?" मेरे बोलने का प्रश्न ही नहीं था। उपाध्यायजी ने कहा–"...से मिलने आया था। और कमरा बन्द है, खुला नहीं।" तब तक इन सज्जन ने अपनी पत्नी का नाम लेते हुए कहा–"वही तो भीतर हैं। चलिए, आइए मैं चलता हूँ। कमरा खुला होगा।" वैसे इनकी आदत थी–अपनी पत्नी को हर अध्यक्षों, आगन्तुक विद्वानों, अतिथियों के पास पहुँचाकर ख़ुद पान लेने चले जाना और एकाध घण्टे बाद लौटना। पत्नी–किसी अध्यक्ष की वीक पॉइंट, किसी की आह्लादिनी शक्ति, किसी की ज्योतिषी, किसी की प्रेमिका आदि अनेक रूपधारिणी थी–यह महामाया। फिर इस मायालोक में हम सबका क्या अस्तित्व?

17

डॉ. बच्चन सिंह वामपन्थ और दक्षिण पन्थ के बीच तैरते रहते थे। अध्यापक तो वे अच्छे नहीं थे, समीक्षाएँ अच्छी लिखते थे। निराला की समीक्षा उनके नये चिन्तन का प्रमाण है। उनके सम्पर्क सम्बन्ध डॉ. नगेन्द्र से भी थे, और काशी में रहने के कारण वे डॉ. नामवर सिंह से–बरास्ता डॉ. काशीनाथ सिंह–भी जुड़े थे। डॉ. केदार सिंह की बेटी से अपने बेटे का ब्याह रचाकर वे वामपन्थ खेमे में सेंधमारी कर चुके थे। डॉ. काशीनाथ सिंह उनके प्रिय थे, इसलिए कि शिमला से लौटने के बाद काशीनाथ सिंह के नेतृत्व में विचार धारा विशेष के लोग बच्चन सिंह के यहाँ जुटते; चर्चाएँ होतीं। काशीनाथजी अपनी रचनाएँ उन्हें सुनाते, उनकी प्रशस्ति, सुझाव लेते। काशीनाथजी डॉ. बच्चन सिंह का बहुत सम्मान करते थे। रचनाओं के अतिरिक्त भी वे उनकी सलाह का सम्मान करते थे। डॉ. बच्चन सिंह के सम्मान में काशीनाथजी ने एक समारोह का आयोजन किया। मुख्य वक्ता थे–डॉ. नामवर सिंह। यह क्या? डॉ. नामवर सिंहजी इस अवसर पर ऐसा वक्तव्य दे बैठे, जिसके आघात से डॉ. बच्चन सिंह महीनों बिस्तर पर

पड़े रहे। सच यह है कि डॉ. बच्चन सिंह सिद्धान्त के धरातल पर स्थिर नहीं थे और डॉ. नामवर सिंह ने सिद्धान्त के धरातल पर कभी पीछे या अगल–बगल नहीं देखा।

वस्तुतः वाराणसी आने के पश्चात मैं डॉ. बच्चन सिंह से भी परिचित हुआ। मैं भी प्रायः उनके यहाँ आता–जाता था। मेरे पहुँचते ही वे बताते, "कुछ लोग आये थे आपके ख़िलाफ़ बोल रहे थे। मैंने उनको डाँटा और आपकी उपलब्धियाँ बताईं।" वैसे मैं जानता था कि वे क्या बोले होंगे? वस्तुतः उनके यहाँ पहुँचने पर लोग निन्दा पुराण शुरू करते और वे भी कर्ण सुख प्राप्त करते। एक बार डॉ. विजयपाल सिंह ने मुझे बताया था–"इस विभाग में सबसे बड़े एवं ख़तरनाक राजनीतिज्ञ डॉ. बच्चन सिंह थे। आते ही मैंने उनसे कहा–चुपचाप शिमला चले जाओ, मैं तुम्हें यहाँ प्रोफ़ेसर नहीं होने दूँगा। और वे चले गये। मेरी राह का सबसे बड़ा काँटा दूर हुआ।"

डॉ. बच्चन सिंह के सामने मैं छद्म रूप धारण करता और कहता कि "आप ही तो मेरे हित चिन्तक हैं।" यद्यपि एम.ए. के प्रथम वर्ष की परीक्षा में मुझे अट्ठारह अंकों (साठ–मुझे, अठहत्तर मुनिजी के कालेज से आये मुजफ़्फ़रपुर के छात्र को) से पीछे ढकेलने वाले यही सज्जन थे।

इस परीक्षा का परिणाम आने के पश्चात मैं आहत था, मौन धारण करना ही एकमात्र विकल्प था। किन्तु दूसरे–तीसरे दिन ही विभाग में विस्फोट हुआ। एक छात्र गैलरी में पैंतरे भाँजते हुए चीख–चिल्ला रहा था–"दो हत्या और सही, हाथ–पैर तोड़ दूँगा। देखता हूँ विभाग में कैसे आते हैं। मैंने तो हूबहू वही उत्तर परीक्षा की कॉपी में उतार दिये थे, जिसे मुनिजी ने लिखकर दिया था। यहाँ तक कि बीच–बीच में उन्होंने लिखा था–उदाहरण पृ..... पर देखें, इसे भी मैंने यथावत लिख दिया, फिर मुझे चालीस नम्बर ही क्यों मिले।" दोनों का विभाग आना–जाना बन्द हो गया।

करीब एक सप्ताह पश्चात एक प्रभावशाली क्षत्रिय प्राध्यापक के आवास पर समझौता बैठक हुई। तब छात्र शान्त हुआ। हाँ, इसके एवज़ में "मुनिजी को उपस्थित पंजिका के साथ इस छात्र के बचाव में कोर्ट में उपस्थित होकर गवाही देनी पड़ी कि जिस दिन और समय हत्या में यह छात्र वांछित था। उस दिन, उस समय तो वह मेरी कक्षा में उपस्थित था।" और छात्र हत्या के आरोप से बरी हुआ।

18

कालान्तर में, एक दिन डॉ. बच्चन सिंह और डॉ. काशीनाथ सिंह लंका की एक मिठाई की दुकान के सामने खड़े मिले। उस समय काशीनाथजी विभागाध्यक्ष थे। किन्तु मेरे सम्बन्ध सहज नहीं थे। दोनों ने आग्रह करके मुझे भी दुकान में बिठाया। मैं परेशान। इस बीच काशीनाथजी कहीं खिसक लिए। बच्चन सिंह ने उस समय का उपयोग किया। मुझसे जो कुछ कहा उसका सार यह था कि–''काशीनाथ सिंह मेरे कार्य और सहयोग से बहुत प्रभावित हैं। उनको तो लोगों ने डरवाया था; किन्तु उनका तो मानना है कि विभागीय हित में सही सलाह देने वाले एकमात्र व्यक्ति आप हैं, उनके साथी तो अपने स्वार्थों के चलते उन्हें गर्त में ढकेलना चाहते हैं। मैं बहुत ख़ुश हूँ।'' मौन सुनता रहा–मैं। इस बीच काशीनाथजी प्रकट हुए। फिर तो रसगुल्ले चले। चाय–पानी हुआ। वस्तुतः डॉ. बच्चन सिंह जिसे चाहते थे उसके प्रति अच्छी लाविंग भी करते थे।

चंडीगढ़ में प्रोफ़ेसर का साक्षात्कार था। डॉ. बच्चन सिंह एक्सपर्ट थे। एक सज्जन की सिफ़ारिश आयी। उनकी प्रवृत्ति से पूर्णतया परिचित होने के कारण मेरी हिम्मत तो नहीं थी, फिर भी मैंने उनसे सिफ़ारिश की। उन्होंने मुझे आश्वस्त किया। किन्तु वहाँ पहुँचकर उल्टा कर आये और मुझसे कहा–''वह अयोग्य है, उसका कैसे किया जा सकता है?'' मैंने उत्तर दिया–''यह नियुक्ति स्वीकार्य नहीं होगी। सीनेट रद्द करेगी।'' अन्ततः यह नियुक्ति सीनेट से रद्द हो गयी। वे पुनः एक्सपर्ट हुए और वही अयोग्य दूसरी बार परम योग्य बन गया। और बच्चनजी उसकी तारीफ़ के पुल बाँधते नहीं अघाये और अपनी पिछली ग़लती के लिए पछतावा व्यक्त करते रहे। यह बदलाव कैसे हुआ यहाँ यह अकथ्य है?

19

डॉ. विजयशंकर मल्ल का मेरे ऊपर परम एहसान रहा। उन्होंने मेरे शोध–निर्देशक की भूमिका निभायी। मैं उनके यहाँ पहुँचता सायं सात बजे और रात दस बजे तक अपना ड्राफ्ट मैं सुनाता। कभी एकाध वाक्य पश्चात ही कभी एकाध पैराग्राफ़ के पश्चात वे कहते–''रुको! यह कैसे लिख दिया। फिर से पढ़ो।'' सुनते, विचार–विमर्श करते। कभी काटते,

कभी बदलने या फिर से लिखने का आदेश देते। इस प्रक्रिया में दो–तीन पृष्ठ से अधिक कभी फाइनल न होता। रिटायरमेंट के बाद डॉ. मल्ल डॉ. बच्चन सिंह के पड़ोसी बने। किन्तु दोनों में दूरी। एक के यहाँ पहुँचने पर दूसरे के यहाँ जाने पर ईर्ष्या–द्वेष, न जाने पर नाराज़गी। वहाँ पहुँचकर अपना धर्म निभाना कठिन था।

डॉ. मल्ल शायद ज़मींदार थे–स्वभाव से भी और रहन–सहन से भी। उनकी शान–बान, ठाठ देखने लायक था। पहुँचने पर मेरे स्वागत–सत्कार में पूरा परिवार लग जाता। कभी–कभार बहुत दिनों बाद जाने पर उलाहने भी मिलते। वे सम्पत्ति एकत्रीकरण में जुटे रहते। बच्चों की नियुक्ति ही उनका अपना लक्ष्य था। बेटी तो विश्वविद्यालय में आ गयी, कुछ मेरे सहयोग से कुछ और के सहयोग से। सर्वाधिक सहयोग किया डॉ. विजयपाल सिंह ने। डॉ. बच्चन सिंह के शब्दों में "विभाग के दो–तीन अध्यापक अपने गधे को घोड़ा बनाना चाहते हैं। विभाग में प्रवेश कराना चाहते हैं।" वैसे वे इसमें अपने को नहीं गिनते थे। फ़िलहाल, दो–तीन तो घोड़ा–घोड़ी बन गये पर अन्य घोड़ा नहीं बन पाये। यह पिता की शक्ति और प्रभाव का परिणाम था। अन्ततः मल्लजी का बेटा कालेज में ही रह गया। ईमानदारी से सम्बन्ध निर्वाह मेरा अपना एक गुण रहा। किन्तु मैं आश्चर्यचकित उस समय हुआ, जब विश्वभारती, शान्तिनिकेतन के स्वर्गीय प्रो. डॉ. शैलेन्द्र त्रिपाठी ने बताया कि "मैं मल्लजी से मिलने गया, उन्होंने जिन एकाध–दो व्यक्तियों से बचे रहने की नसीहत दी उसमें आपका नाम सर्वोपरि था। आपको वे बहुत ख़तरनाक आदमी मानते थे।" यद्यपि वे स्वयं भी कम ख़तरनाक नहीं थे। इसका बोध मुझे तब हुआ जब मेरे भतीजे को मेरे विरुद्ध भड़काया और मुझे उसके विरुद्ध। आज वे नहीं हैं, परम पिता उनकी आत्मा को शान्ति दे; यही प्रार्थना और कामना है।

20

डॉ. राजपति दीक्षित अध्यापक सामान्य थे किन्तु अपने वचन–नियम के पक्के थे। कहा जाता है–युवावस्था में ही उनकी पत्नी चल बसीं। बच्चों को पाला–पोसा बड़ा किया। दूसरी शादी की नहीं। डॉ. नागेद्रनाथ उपाध्याय एक अच्छे शोधकर्त्ता, विषय के मर्मज्ञ विद्वान थे। विभाग के पश्चात

दिन–रात का समय उनका अपने पुस्तकालय में बीतता था। शायद ही उतनी पुस्तकें विभाग के किसी अन्य अध्यापक के पास रही हों।

21

सन्त–साहित्य के विशेषज्ञ डॉ. श्यामसुन्दर शुक्ल की प्रतिस्पर्धा तो थी डॉ. नागेन्द्रनाथ उपाध्याय से। दोनों आनन्द (गुजरात) से काशी हिन्दू विश्वविद्यालय आये थे। किन्तु खुलकर शुक्लाजी कभी भी उपाध्यायजी के सामने नहीं आये। वे सबके थे, सब उनके। कोई भी अध्यक्ष उनसे दूर नहीं रह सकता था। सभी के वे राजदार थे। वैसे उनकी पैठ बड़े–बड़े मारवाड़ी घरानों में भी थी। जनसंघ, फिर भारतीय जनता पार्टी के प्रमुख पदाधिकारी भी थे वे। एक बार उन्हें मिर्ज़ापुर की किसी विधान सभा सीट से चुनाव का टिकट भी मिला। पर्चा तो भरा किन्तु प्रचार से दूर रहे। पार्टी और कांग्रेस के प्रत्याशी से पैसा लेकर चुपचाप बैठ जाने में ही इन्होंने अपनी भलाई समझी।

वैसे तो वे सभी की सहज भाव से आवभगत करते थे किन्तु एक दिन हम लोग एक योजना के तहत उनके यहाँ पहुँचे। उनसे कहा कि "हम लोग आपको बिहार के गवर्नर बनने पर बधाई देने आये हैं।" गम्भीर बनते हुए उन्होंने कहा कि "हाँ! फ़ोन से सूचना तो मुझे भी मिली है। किन्तु अभी तो पत्र आया नहीं।" और... हम लोगों की ख़ूब आवभगत हुई। सच यह था कि न तो ऐसी किसी नियुक्ति की चर्चा थी, न सम्भावना। उन्होंने अपने बच्चों के लिए कुछ नहीं किया। वैसे इस विभाग में गिने–चुने लोग ही रहे हैं जिन्हें पुत्र मोह न रहा हो। इसके विपरीत शुक्लाजी दूसरों के लिए मरते–जीते थे।

22

डॉ. उपाध्याय के पश्चात काशीनाथ सिंह को अध्यक्ष बनना था। सन्त्रास के समय मेरा साथ देने वाले डॉ. रामनारायण शुक्ल ने मुझसे पूछा भी था–क्या रणनीति बनायेंगे? काशीनाथ तो आपका नुक़सान अवश्य करेंगे। उस समय निश्चिन्त भाव से मैंने उत्तर दिया था–"समयानुसार निर्णय लूँगा।" यह सच है कि काशीनाथजी के अध्यक्ष बनने पर डरा मैं भी था।

वैसे तो कभी मैं काशीनाथजी के बहुत निकट था, और उन्हें अच्छी तरह जानता–समझता था। उसके आधार पर निश्चिन्त रहना स्वाभाविक भी था। किन्तु उनके निकटतम अध्यापकों ने मुझे सन्त्रस्त करना शुरू कर दिया, मैं चुप था। अपने कर्तव्य–निर्वाह में पहले से भी अधिक सजग था। समय से कक्षाएँ लेना, अपने कमरे में बैठकर अपना लेखन–अध्ययन करना या अपने तथा अन्य अध्यापकों के शोध–छात्रों–छात्राओं को सुझाव देना मेरा नियमित कार्य था। अध्यक्ष–कक्ष में बैठकर अध्यक्ष की जी–हुज़री से मैं पहले भी दूर था। इस समय तो और दूर–दूर रहता।

काशीनाथ सिंह के समय में उनके सामने सबसे बड़ी चुनौती थी–कक्षाओं में अध्यापकों की उपस्थिति की। अपनी प्रवृत्ति के अनुसार उन्होंने तरीक़ा ढूँढ़ा–सबेरे आठ बजे मुँह में दँतुवन दबाकर आर्ट्स कालेज में बी.ए. की कक्षाओं का निरीक्षण करते। दस बजे विभाग में पहुँच जाते, फिर साढ़े दस बजे से ही वे एम.ए. की कक्षाओं को झाँकते नज़र आते। यद्यपि इनके प्रारम्भ होने का समय था–पौने ग्यारह। कक्षाओं में विलम्ब से या न पहुँच पाने वाले अध्यापकों के कन्धे पर हाथ धरे उनकी कठिनाई और समस्या पूछते दिखाई दे जाते। इसमें अधिसंख्य संख्या उनके निकटतम लोगों की होती। मैं आश्चर्यचकित था जो वर्षों से अध्यक्षों की नोटिसों को नज़रअन्दाज़ करते रहे हैं, वे भी एक ही सप्ताह में समय से पूर्व कक्षा के दरवाज़े पर पहुँचकर भीतर के अध्यापक के निकलने की प्रतीक्षा करते नज़र आते। वस्तुतः यह काशीनाथजी की सबसे बड़ी सफलता थी–अध्यक्ष के रूप में।

कुछ ही दिनों में काशीनाथजी मेरी प्रतीक्षा करते से नज़र आते। जैसे ही मैं साढ़े दस तक विभाग पहुँचता एक कोने में ले जाकर किसी विषय पर चर्चा करते, सुझाव माँगते या किसी पत्र का उत्तर तैयार करने के लिए कहते। धीरे–धीरे वे स्वयं मेरे कक्ष में भी चले आने लगे। इनका मैं मुरीद भी हुआ और निःस्वार्थ भाव से विभागीय हित में उन्हें सलाह देने लगा।

23

एक दिन मैं विभाग पहुँचता हूँ तो वहाँ डॉ. ओमप्रकाश द्विवेदी, पूर्व अध्यक्ष एवं आचार्य, जम्मू विश्वविद्यालय को विभाग की लान में कुछ अध्यापकों के साथ बतियाते पाता हूँ। और, जब उनकी निगाहें मुझ पर पड़ीं तो वे

मेरी तरफ़ लपक पड़े। "वाह भाई, वाह! आप तो ग़ज़ब के आदमी हैं, आपका जवाब नहीं।" मैं भौचक; ऐसा क्या कर दिया मैंने। प्रश्न भरी मेरी निगाहें जब उन पर पड़ती हैं तो खिलन्दड़ी अन्दाज़ में हँसते हुए बोल पड़े–"काशीनाथ सिंह के अध्यक्ष बनने के पूर्व ही उनके निकटतम पड़ोसी–मुशी मुंगेरीलाल, विभाग तथा विभाग के बाहर के अध्यापकों, शिष्यों, शुभचिन्तकों, मित्रों ने एक बैठक की जिसमें मैं भी उपस्थित था। अन्य सीख और सुझाओं के साथ आपसे दूरी बनाये रखने के लिए उनसे प्रतिज्ञा भी करायी गयी। किन्तु आपने कौन–सी जड़ी सुँघा दी कि आज आप उनके सबसे निकटतम हैं और सबसे अधिक भरोसेमन्द हैं। निकटतम उतनी ही दूर हैं।" मैंने भी उसी अन्दाज़ में उत्तर दिया, "आप उन्हीं से पूछ लीजिए।"

इसका परिणाम सामने आया तब जब उन्होंने मुझे विभागीय पाठ्यक्रम समिति का संयोजक बनाया। विभागीय समितियों में इस समिति का एक खास महत्त्व था। एक बार मैं इन लोगों की योजनाओं को पलीता लगा चुका था। इस बार माहौल दूसरा था और मैं था–संयोजक। किन्तु इस समिति के चार सदस्यों में चारों उनके विश्वासपात्र या चहेते थे। उन सबको मेरा संयोजकत्व तो रास नहीं आया, किन्तु क्या करते? उनके आका का आदेश था, उसे मानना ही था। पाठ्यक्रम तैयार हुआ। यथावत स्वीकृत भी हुआ।

24

डॉ. काशीनाथ के ही कार्यकाल के प्रारम्भिक दिनों में प्रमोशन हेतु साक्षात्कार का आयोजन हुआ। लेकिन कतिपय अध्यापक इसे सम्पन्न नहीं होने देना चाहते थे। दो विशेषज्ञों को लोगों ने ट्रेन से उतारकर टी.ए. डी.ए. अपनी जेब से देकर उन्हें वापस भेज दिया। अकेला एक्सपर्ट क्या करता? अन्ततः डॉ. शिवकरण सिंह और डॉ. सूर्यनारायण द्विवेदी को रीडर के ही रूप में रिटायर होना पड़ा। ऐसे खिलवाड़ इस विभाग के कतिपय अध्यापकों के लिए बायें हाथ का खेल था।

इस आयोजन में सम्मिलित विद्वानों ने काशीनाथजी के ही कार्यकाल में ही प्रोफ़ेसर बन जाने की ठानी। बैठक हुई। काशीनाथजी तो तैयार थे; समस्या के रूप में सामने 'मैं' था। काशीनाथजी पर दबाव मुझे काटने

का जितना अधिक था उससे अधिक पड़ोसी रीडर, मुंशी मुंगेरी लाल को प्रमोट करने का था। काशीनाथजी ने अपने प्रिय अध्यापकों से स्पष्ट कह दिया–प्रमोशन में काम देखा जाता है, मुंशी का कोई प्रकाशन ही नहीं, वहीं राजमणि की दसियों पुस्तकें हैं। राजमणि को रोकना सम्भव नहीं, और इन्हें बनाना असम्भव। फिर तो; कल तक दासत्व भाव से सेवा कर रहे शिष्य उनके विरोधी बने और लिखा–पढ़ी, गाली–गलौज शुरू हो गयी। यह किस्सा सुनाया था–अस्सी के ठाकुर साहब ने। और यह भी बताया कि–काशीनाथजी के प्रिय शिष्य कल आकर फफककर रो रहे थे, और बता रहे थे कि काशीनाथ ने मुंशी मुंगेरी लाल को कैसे अयोग्य ठहरा दिया? वह भी आपकी तुलना में। उसे प्रोफ़ेसर बनाने के लिए वे तैयार नहीं। आपने काशीनाथ को कैसे मोह लिया? मेरा उत्तर था–"मेरे पास न तो सुन्दर और नौजवान बीवी है, और न ही मैं कमसिन लौंडा हूँ। फिर मैं उन्हें कैसे पटा सकता हूँ। अच्छा होगा कि आप काशीनाथ से पूछिये।"

कालान्तर में जब साक्षात्कार आयोजित हुआ तो उन्होंने मेरी सहायता की–ख़ासकर डीन पुरुषोत्तम सिंह को साधने में। किन्तु साक्षात्कार मण्डल में डॉ. मैनेजर पाण्डेय को उपस्थित पाकर मेरे विरोधी आश्वस्त हो गये कि मेरी नियुक्ति नहीं हो सकती। ये वही लोग थे जो मुंशी मुंगेरी लाल के पक्ष में ठाकुर साहब के सामने धारा–सार आँसू बहा चुके थे। प्रचार भी इन्हीं लोगों ने किया, घबड़ाई हुई एक महिला अध्यापिका, मेरे पास आयी। प्रचार और मैनेजर पाण्डेय के आगमन तथा विरोधियों की निश्चिन्तता का विवरण उन्होंने दिया। मैंने उनसे कहा–"इस बार यदि मैं प्रोफ़ेसर नहीं बना तो भविष्य में आवेदन भी नहीं करूँगा। यह मेरी प्रतिज्ञा है।" वैसे आप निश्चिन्त रहें। चयन के समय डॉ. पाण्डेय ने विरोध किया; किन्तु कुलपति डॉ. हरिगौतम ने उन्हें ऐसा उत्तर दिया कि उनका मुँह फिर खुला ही नहीं। आश्चर्य तो यह कि पहला नाम मेरा लिखा गया और अन्तिम नाम डॉ. महेन्द्रनाथ राय का। मुंगेरी लाल समयानुसार अपनी प्रतिबद्धता निश्चित करते रहे। इनके सन्दर्भ में कुलपति अड़ गये–"इसने प्राक्टर के रूप में मेरी जान बचायी है।" वस्तुतः साक्षात्कार के दो दिन पूर्व प्रायोजित ढंग से छात्र आन्दोलन कराया गया। दो–चार ईंट–पत्थर फेंकवाये गये। कुलपति की सुरक्षा में तैनात दस्ते के अगुवा मुंगेरी लाल को चोट तो नहीं आयी किन्तु उन्होंने सुअवसर जान अपने पैर के पंजे में पट्टी बँधवाई। लँगड़ाना शुरू किया और तब तक लँगड़ाते रहे जब

तक साक्षात्कार की प्रक्रिया पूरी नहीं हो गयी। साक्षात्कार के दूसरे दिन उनकी पट्टी भी खुली और लँगड़ापन भी नदारत। कुछ लोग कहते हैं कि वे साक्षात्कार में सम्मिलित ही नहीं हुए। एबसेंसिया में उनकी नियुक्ति हुई। कुछेक का कहना है कि उन्हें स्ट्रेचर पर लादकर साक्षात्कार बोर्ड के समक्ष पेश किया गया। कुलपति ने विशेषज्ञों को मुंगेरी लाल से प्रश्न भी पूछने नहीं दिया। सच क्या है, यह तो विशेषज्ञ कुलपति या मुँगेरी लाल ही जानते हैं। 'जब सैंया भये कोतवाल तो डर काहे का।' पढ़ने–लिखने, उत्तर देने का प्रश्न कहाँ उठता है? यह है हमारे हिन्दी के विशेषज्ञों और विश्वविद्यालय के कुलपतियों की स्थिति और नियति।

25

अपने प्रमोशन के प्रति मैं आश्वस्त और लापरवाह भी था। तभी तो मैंने काशीनाथजी के पूर्व–शिष्यों–सलाहकारों को साक्षात्कार के दो दिन पूर्व ललकारते हुए कहा था–"वैसे तो मेरी राह आप लोगों के रोकने से नहीं रुकेगी–मैं निश्चित रूप से प्राफ़ेसर बनूँगा। और ऐसे व्यक्ति को प्रमोट कराकर अध्यक्ष बनवाऊँगा जिन्हें आप प्रवक्ता के लिए भी अयोग्य मानते हैं, जिसकी निन्दा और विरोध करते रहे हैं। आप लोगों से उनका झोला ढुलवाऊँगा। हुआ भी यही। डॉ. श्रीनिवास पाण्डेय ओपेन पोस्ट पर प्रोफ़ेसर बने। और डॉ. शंभुनाथ पाण्डेय के रिटायर होते ही अध्यक्ष भी बन गये। इसकी भी कथा सुनिए।

26

यहाँ यह स्पष्ट करना आवश्यक है कि इस साक्षात्कार के पूर्व मैं कुरुक्षेत्र विश्वविद्यालय के रिफ्रेशर कोर्स में व्याख्यान देने गया था। मोबाइल का ज़माना तब था नहीं। वहाँ के अध्यक्ष डॉ. राजदेव सिंह के लैंडलाइन फ़ोन पर रात को पत्नी का फ़ोन पहुँचा। संयोग से उस समय मैं वहीं बैठा था। उन्होंने बताया कि श्रीनिवास पाण्डेय आये थे, बता रहे थे कि फ़ला तारीख़ को यहाँ प्रोफ़ेसर का इंटरव्यू पड़ा है। आप तुरन्त आइए। तत्काल लौटना आसान नहीं था। वैसे भी साक्षात्कार सात दिन बाद था। फ़िलहाल मैंने कहा, "चिन्ता मत करिए, मैं तीन दिन बाद पहुँच रहा हूँ।" जिस दिन मैं

पहुँचा श्रीनिवास मेरे यहाँ सुबह से ही लेटे हुए थे। हाथ–पैर धोकर चाय पीते हुए उनसे बात शुरू हुई। उन्होंने जो कहा उसका लब्बे–लुवाव यह था कि प्रयोजनमूलक हिन्दी की ओपेन पोस्ट पर मैं दावेदारी छोड़ दूँ, उन्हें इस पद पर होने दूँ। यदि इस बार वे नहीं हुए तो भविष्य में उन्हें लोग प्रोफ़ेसर नहीं होने देंगे। मैंने उनसे एक दिन का समय माँगा। इस प्रभाग को मैंने अतिरिक्त समय देकर पाला–पोसा था। इसके लिए पद स्वीकृत कराये थे। मोह तो मुझे था, किन्तु मेरा तो कोई मददगार नहीं दिख रहा था। दूसरे दिन वे फिर हाज़िर हुए। आज वे पूरी तैयारी से आये थे। उन्होंने कहा–'वचन दीजिए, तभी मैं यहाँ से जाऊँगा।' मैं धर्म–संकट में। फ़िलहाल उनकी स्थिति को देखते हुए मैंने उन्हें आश्वस्त किया। और इस पद की दावेदारी से मैंने अपने को अलग किया। इस पद की दावेदारी छोड़ने का मतलब था, अध्यक्षता की दौड़ से बाहर होना। वैसे तो अध्यक्षता या अन्य प्रशासनिक पद मेरी प्रवृत्ति और प्रकृति के ख़िलाफ़ था, मेरी इसमें कोई रुचि नहीं थी। अतीत में झाँकता हूँ। डेढ़ माह बाद ही मैंने आज़िज़ आकर एडमिनिस्ट्रेटिव वार्डेन का पद छोड़ा था, डिप्टी चीफ़ प्राक्टर का आफर ठुकराया था।

27

प्राचीन साहित्य के पद पर डॉ. शंभुनाथ पाण्डेय की दावेदारी मुझसे मज़बूत थी। यद्यपि इससे उनका नुक़सान था; किन्तु कल तक मेरे अपने कहलाने वाले डॉ. शंभुनाथ पाण्डेय को लोगों ने मेरे विरुद्ध भड़का रखा था। वे विरोधियों के जाल में फँस चुके थे। मेरा खेवनहार कोई नज़र नहीं आ रहा था; डीन मेरे विरोधी ही थे। एक्सपर्ट की जानकारी मुझे थी नहीं। भरोसा था तो अपने कार्य पर और व्यक्ति के रूप में एकमात्र कुलपति की न्यायप्रियता पर। यद्यपि परीक्षा के एक प्रसंग में पन्द्रह दिन पूर्व ही मेरी उनसे झड़प हो चुकी थी; मेरे विद्रोह के बाद अन्ततः मेरी बातें उन्होंने सुनीं। दूसरे दिन उन्होंने अपना निर्णय भी बदला और मुझे सूचना भी दी–"मैंने जाँच की तो आपका पक्ष सही था। मैंने अपना निर्णय बदल दिया है।" यह भी कहा–"आपने सही बात कहने का साहस दिखाया, मैं प्रसन्न हूँ कि अन्याय करने से आपने मुझे बचा लिया।" कुलपति से विवाद की जानकारी तो सभी को थी, किन्तु बाद की प्रक्रिया,

कुलपति की वार्त्ता की जानकारी किसी को नहीं थी। सब कुछ सोच–विचार कर अन्ततः श्रीनिवास को मैंने वचन दिया–"आप जाइए, निश्चिन्त रहिए, अपनी कोशिश कीजिए।"

हम लोगों को प्रोन्नति का पत्र मिला तो पाण्डेय–द्वय को क्रमशः 'प्राचीन साहित्य' तथा 'प्रयोजनमूलक हिन्दी' के प्रोफ़ेसर के पद पर नियुक्ति का पत्र मिला। विभागाध्यक्ष डॉ. शंभुनाथ पाण्डेय को उनकी आशा–आकांक्षा के विपरीत प्रोन्नति का पत्र नहीं मिला। दौड़े–दौड़े वे कुलपति कार्यालय पहुँचे, वहाँ उन्हें पता लगा कि प्रोन्नति में उनका चयन हुआ ही नहीं। वे निराश, दुखी और व्याकुल तो हुए ही लोगों के उपहास के पात्र भी बने। यद्यपि मैंने उन्हें समझाया था कि किसी एक पद पर ही आपकी नियुक्ति होगी। आप एक पद–प्रोन्नति का चयन कीजिए। प्राचीन साहित्य के पद पर मुझे होने दीजिए। किन्तु मेरे वे विभागीय एवं बाहरी विरोधी जो मुझे विभागाध्यक्ष पद पर नहीं देखना चाहते थे, वे चुप कैसे बैठते? उन्होंने शंभुनाथ पाण्डेय को भ्रमित किया। उन्हें बताया कि "उनके दोनों हाथों में लड्डू है, फिर मेरी सलाह क्यों मानते –शंभुनाथजी?" सच यह है कि उनके पश्चात मैं ही प्राचीन साहित्य के पद का दावेदार था, यद्यपि इसके लिए अगला अध्यक्ष बनने की लालसा लिए लक्कड़ बाबा भी दावेदार बने थे। यदि इस पद पर मेरा चयन होता तो अगला अध्यक्ष मैं होता, जो विरोधियों को सुहाया नहीं। डॉ. शंभुनाथजी ने इस बात को समझने की कोशिश नहीं की, मेरी राह रोकी। फलस्वरूप आजीवन उन्हें लाखों रुपये के एरियर का नुक़सान सालता रहा और उनके तथाकथित समर्थक सलाहकार नये–नये चुटकुले गढ़ते रहे। आजीवन उनकी टीस को और पीड़ादायक बनाते रहे। और मैं, निश्चिन्त, निरापद रहकर प्रोन्नति से मगन–प्रसन्न अपनी राह पर आगे बढ़ता रहा। पूरे भारत का भ्रमण करता रहा।

28

एक दिन मैं अपने कमरे में बैठा ही था कि मुंशी मुंगेरी लाल लक्कड़ बाबा के साथ मेरे कमरे में आये। बैठते हुए एक स्वर से दोनों ने कहा, "आप तो पूरे भारत के विश्वविद्यालयों का भ्रमण कर चुके हैं। हम लोगों को भी अवसर दिलाइए, कहीं भिजवाइए।" हँसते हुए मैंने मुंशीजी से कहा–

"आप परसों का कलकत्ता का टिकट ले लीजिए, कलकत्ता यूनिवर्सिटी में कापियाँ जाँच आइए, व्याख्यान आपके वश का नहीं, न आपकी रुचि है। और आप!" लक्कड़ बाबा की ओर मुखातिब होते हुए कहा–"आप फलाँ तारीख़ का टिकट लीजिए और चलिए मेरे साथ कुरुक्षेत्र।"

29

मेरे यहाँ हिन्दी विभाग के अतिरिक्त अन्य विभागों के अध्यापकों, छात्रों का आना–जाना बढ़ा। मैं कुछ का उद्देश्य भाँप पाया, कुछ का उद्देश्य भाँपना कठिन था। इनमें हर पक्ष, जाति–बिरादरी के लोग थे। मैं भी इन सबके यहाँ यदा–कदा आता–जाता था। इन्हीं में हिन्दी विभाग के एक अध्यापक के यहाँ एक सेवकनुमा व्यक्ति सुबह–शाम प्रायः दिख जाता। पता लगा–वे उन्हीं के गाँव के हैं। इनका हर काम करते हैं और इन्हीं के यहाँ पल–बढ़ रहे हैं। पहले ये डग्गामार बस के कंडक्टर थे। येन–केन प्रकारेण हाईस्कूल पास कर इन्हीं के कालेज में क्लर्क बने। अध्यापक महोदय ने इनके उद्धार का बीड़ा उठाया; इंटर कराया, बी.ए. कराया और अब इन्हें एम.ए. करा रहे हैं। पहले वर्ष में इन्हें ख़राब अंक मिल गये हैं। इस वर्ष वर्तमान अध्यक्ष शायद इन्हें फेल कर दें। क्योंकि इन अध्यापक महोदय के यहाँ के लोगों ने वर्तमान अध्यक्ष के सन्दर्भ में प्रवाद फैलाया कि–उनके यहाँ कॉपियों का बण्डल ऊपर से लोका (फेंक) दिया जाता है, जो कॉपियाँ मेज़ पर गिरती हैं उन्हें प्रथम श्रेणी, जो बगल में गिरती हैं उन्हें द्वितीय श्रेणी और जो दूर गिरती हैं उन्हें तृतीय श्रेणी के अंक दे दिये जाते हैं। वैसे यह प्रवाद कुछ वर्गों–अध्यापकों द्वारा एक सीधे–सादे, सरल–सहज ब्राह्मण अध्यापक को बदनाम करने के लिए सत्य से विपरीत प्रचारित और रचित था। फ़िलहाल इनके पालक अध्यापक को चिन्ता हुई। वे इन्हें हर हाल में प्रथम श्रेणी दिलाना चाहते थे, टॉप तो वे नहीं करा सकते थे। वाइवा बचा था। बाह्य–परीक्षक पकड़ से दूर थे और अध्यक्ष के नाते प्रवाद–ग्रस्त उसी ब्राह्मण अध्यापक को वाइवा में बैठना था। अस्तु! एक ही विकल्प बचा था–विभागाध्यक्ष वाइवा में न बैठें। उनके स्थान पर दूसरे नम्बर के वे रीडर बैठें जिनकी सेवा भी उपर्युक्त पालित–पोषित छात्र प्रायः किया करता था। यह कार्य बिना मेरी सहायता के सम्भव नहीं था, और मैं, इस पाप–कर्म से दूर ही रहना चाहता था; चुपचाप विभाग के

अध्यापकों की लीला देखता रहा। अध्यक्ष को भयभीत किया गया, वे बेचारे अपने से जूनियर का नाम प्रस्तावित कर अस्वस्थता का बहाना बनाकर दूर जा बैठे। परीक्षार्थी को गिरते–पड़ते प्रथम श्रेणी मिल गयी। किन्तु क्या मैं दोषी नहीं हूँ, पाप का भागी नहीं हूँ? सच यह है कि अध्यक्ष को यदि मेरा सम्बल मिलता तो वे वाइवा में अवश्य बैठते। किन्तु इस प्रसंग में मैंने मौन रहना ही उचित समझा–अपने भविष्य के समीकरण को ध्यान में रखकर। यह अलग बात है कि भविष्य में तो यह समीकरण ही उलट–पलट गया।

इन महाशय ने अपने पोषक के निर्देशन में पीएच.डी. भी कर ली। अब बारी थी–नियुक्ति की। साकेत महाविद्यालय, फ़ैज़ाबाद में ये साक्षात्कार के लिए पहुँचे। विशेषज्ञ इसी विभाग के एक रीडर थे। किन्तु रिजेक्ट हुए। हल्ला मचा–"विशेषज्ञ ने रामचरितमानस की किसी चौपाई की व्याख्या पूछी, ये विद्वान बता नहीं पाये।" वैसे भी ये विशेषज्ञ महोदय डरपोक नहीं, निडर थे, डंके की चोट पर काम करने वाले थे। एकाध जगह और असफलता मिलने पर इनके पालक सक्रिय हुए और येन–केन प्रकारेण इन्हें गाजीपुर डिग्री कालेज में स्थापित कराने में सफल रहे।

डॉ. विजयपाल सिंह के आते ही बी.एच.यू. के सान्ध्य महाविद्यालय में अस्थायी नियुक्तियों का विज्ञापन निकला। इन्होंने आवेदन किया। पेनल में ये आ गये। किन्तु इनके पालक नहीं चाहते थे कि ये काशी हिन्दू विश्वविद्यालय में ज्वाइन करें। शायद इस बीच इनके पालक को इनके धोखा देने की प्रवृत्ति का एहसास हो गया था। दोपहर को ये मेरी देहरी पर पहुँचे। पत्नी ने इन्हें बता दिया था कि तीन बजे उठेंगे, तभी मिलेंगे। सामने के बगीचे में बैठे ये मेरे जगने की प्रतीक्षा करते रहे। इनकी बातें सुनकर मैंने इन्हें ज्वाइन करने की सलाह दी। ग़रीबी के कारण घूस देने में तो ये सक्षम नहीं थे, किन्तु तत्कालीन अध्यक्ष के नाम से दो काव्य–संग्रह तैयार कर ये स्थायी हुए। स्थायी होते ही इन्होंने अपना भविष्य साम्यवादी बनने में देखा और रातों–रात ये विभाग के साम्यवादी खेमे के अगुवा के पिछलग्गू बन गये। और, अपने पोषक के विरुद्ध विद्रोह का झण्डा बुलन्द कर दिया। अवकाश प्राप्ति के पश्चात वे साम्यवाद की मौत देखकर सपरिवार समाजवादी पार्टी में शामिल हो गये। कतिपय लाभ पाकर आज वे दलित–उद्धारक और भाजपा आर.एस.एस. के विरोधी बन गये हैं। इन्हें विचारक–चिन्तक की पदवी से नवाजने वाले आज मायूस हैं। समाजवादी और दलित–समर्थक बन, क्रीमीलेयर में आने के बावजूद

भी आरक्षण कोटि से अपने परिवार के चार–पाँच बहू–बेटों को प्रवक्ता, रीडर, प्रोफ़ेसर बनवाया।

कभी ये विभागाध्यक्ष भी बने, डीन तो बन नहीं पाये। विभागाध्यक्ष बनते ही इन्होंने प्रोस्टेट का ऑपरेशन कराया–अस्पताल में भर्ती हुए। फिर क्या था–विभाग के अध्यापकों, छात्रों की भीड़, इनकी सेवा के लिए उमड़ पड़ी। कोई पैर दबा रहा है, तो कोई सिर की मालिश में व्यस्त। कारण अध्यापकों का प्रमोशन होना था, नयी नियुक्तियाँ होनी थीं। फिर इस अवसर को कैसे चूकते हमारे अयोग्य अध्यापक एवं छात्र।

अध्यापक–अध्यापिकाओं, छात्रों द्वारा की गयी इनकी सेवा से इनकी पत्नी को ईर्ष्या हुई। उन्होंने भी यह लाभ लेने की ठानी। अस्पताल में भर्ती हुईं। और, विभाग के अध्यापिकाओं, छात्राओं का हुजूम इनकी सेवा में भी संलग्न हो गया। कक्षा लेने या विभाग में उपस्थिति से कोई मतलब नहीं। मैं विश्वास नहीं कर पा रहा था कि विश्वविद्यालय के अध्यापक–अध्यापिकाएँ इस स्तर तक गिर सकते हैं। फ़िलहाल यह अद्भुत दृश्य था। होड़ लगी थी कोई सिर में मालिश कर रहा है, कोई हाथ, कोई पैर, कोई तलवे में और कोई पीठ में। कोई फल लिए जा रहा है, कोई मिठाई, नयी नियुक्तियाँ तो नहीं हुईं। प्रमोशन हुए। प्रमोशन की चयन–समिति के समय ये मेरे पास दौड़े आये। ''शर्माजी! बहुत से अध्यापकों ने मुझसे मिलने की भी औपचारिकता नहीं निभाई, मैं उनका प्रमोशन कैसे करूँ।'' मैं मुस्कराया; मैं उन स्वाभिमानी अध्यापकों को जानता था, और अपने प्रति विरोध भाव के बावजूद उनके इस कृत्य से मैं प्रसन्न था। अस्तु मैंने उन्हें सलाह दी–''पिक एंड चूज की पॉलिसी मत अपनाइएगा। अन्यथा आप परास्त होंगे और पछताएँगे।'' उन्होंने मन दबाकर मेरी सलाह मानी। उन्हीं के कहने पर उनका साथ देने के लिए मैंने विशेषज्ञों को सहमत किया।

सच यह है कि ये न कभी साम्यवादी रहे, न समाजवादी या दलित उद्धारक। यह तो प्रारम्भ से ही जातिवादी रहे, और भविष्य में भी जातिवादी ही रहेंगे। एक प्रसंग मेरे इस मत का प्रमाण है। बसन्त कन्या महाविद्यालय, कमच्छा में प्रवक्ता पद का साक्षात्कार था। एक्सपर्ट इनके परिचित लँगोटिया यार। एक बालिका मेरे यहाँ दौड़ी आयी। सर मेरी नियुक्ति किसी प्रकार कराइए। मैंने एक सूत्र दिया–''मेरा नाम कहीं डिस्क्लोज न हो, मैं जैसा–जैसा कहूँ वैसा–वैसा करना। साथ ही अपनी

जाति गोपनीय रखना, इस तरह का व्यवहार करना कि उन्हीं की जाति की हो।" इसमें वह सफल रही और अध्यापक महोदय उसे अपनी जाति का मानकर उसके उद्धार में लगे रहे। इस बालिका ने जब स्थायी रूप से ज्वाइन कर लिया तब उसने अपनी जाति को रोशन किया। जब इन्हें पता चला तो बेहद उदास–परेशान हुए। "तब पछताए होत क्या, जब चिड़िया चुग गयी खेत।" वस्तुतः वे अपने लड़के के लिए एक अदद कमासुत बीवी की खोज में थे। एम.ए. में परिचय हुआ तो टॉप कराकर नौकरी लगवाकर शादी की। एम.ए. के पश्चात परिचय हुआ तो केवल नौकरी लगवाना ही इनकी ज़िम्मेदारी रहती।

पुरस्कार प्राप्ति हेतु रातों–रात अपनी प्रशंसा में पत्रिका का विशेषांक अपने ख़र्चे से निकलवाना इनके बायें हाथ का खेल रहा है। फलस्वरूप जो पुरस्कार मिला, वैसा या वह सम्मान तो उनके साम्यवादी बॉस को भी नहीं मिला, जिन्होंने इनके प्रोफ़ेसर बनने में जी–तोड़ मेहनत की।

अपनी शिष्या के बदौलत पिछले दिनों बरेली के एक कालेज की संगोष्ठी में मुख्य अतिथि बने। विषय था–हिन्दी भाषा : तकनीकी विशेषताएँ। विषय पर क्या बोलते? भाषा, भाषा विज्ञान से तो इनका दूर का रिश्ता नहीं। दलितों का ध्यान आया। उसी पर शुरू हो गये। दलित उद्धार का नारा देते–देते मोहन भागवत को गाली देने लगे; उनकी हत्या के लिए श्रोताओं को उकसाने लगे। मंचस्थ–विद्वान, श्रोता–समूह भड़क उठा। सभी ने संगोष्ठी का बहिष्कार कर दिया। पुलिस इन्हें पकड़कर थाने ले गयी। रात वहाँ गुज़ारनी पड़ी। माफ़ी माँग कर छूटे। किन्तु जायें कहाँ? कैसे? उग्र समूह चारों तरफ़ इन्हें ख़ोजता फिर रहा था। अन्ततः रातों–रात अपने पुलिस अधिकारी पति की सहायता से इनकी शिष्या ने येन–केन–प्रकारेण इन्हें वाराणसी पहुँचवाया। अब प्रतीक्षा है इनके राष्ट्रीय स्वयं सेवक संघ के ज्वाइन करने और उसका प्रचारक बन अगला पुरस्कार हड़पने की।

30

हरि अनन्त हरि कथा अनन्ता–मुंशी मुंगेरी लाल पर यह जुमला सटीक बैठता है। वे अपने मन में हसीन सपने पालने वाले व्यक्तित्व रहे हैं। पढ़ाई–लिखाई से दूर अख़बारों में छपने वाले दूसरों के लेखों की कटिंग

इकट्ठा करते। कभी–कभार इन्हीं लेखों के आधार पर उसकी खिल्लियाँ उड़ाते। कुछ पत्रिकाओं को मँगाकर लोगों को बेचा करते; इस आस में कि उनके कुछ लेख छप जायें। किन्तु किसी ने इन्हें घास नहीं डाली। एक सम्पादक फँसा। उसमें बी.ए., एम.ए. के कुछ नोट्स छपवाये। प्रतिष्ठा गिरती देख उसने भी इनसे पिंड छुड़ाया। फिर अध्यक्ष होने पर एक स्थानीय प्रकाशक को पकड़ा। प्रेमचन्द के 'गोदान' का सम्पादन सँभाला। वाह भाई! गोदान के बारे में एक भूमिका लिखी। भूमिका में क्या नया लिखते बेचारे? जब सैकड़ों विद्वान लिख चुके हों? फ़िलहाल गोदान 'पुस्तक' से 'किताब' बन गया। सात–आठ पृष्ठ की इस भूमिका में 'किताब' शब्द का प्रयोग लगभग पाँच सौ बार हुआ होगा। यही इनका नया मूल्यांकन था। 'किताब' कौन ख़रीदता? प्रकाशक बेचारा ठगा रह गया। किसी तरह अपनी जान बचाई। पठन–पाठन लेखन से दूर वे अपने भाई (ए.डी.एम.) की तरह प्रशासनिक अधिकारी बनना चाहते थे। बी.एच.यू. के रजिस्ट्रार पद के लिए अप्लाई किया। पूरी लॉबी इनके साथ, किन्तु वहाँ भी वे अयोग्य घोषित हुए। यद्यपि ये दिन के रंग के अनुसार कपड़े और दसों अँगुलियों में ग्रहों के अनुसार रत्न पहनते। किन्तु क्या इन्हें सफलता मिली? गुनाह बेलज्जत होकर ये एकेडमिक स्टाफ कालेज से निकाले गये। पत्रकारिता विभाग के कार्यकारी अध्यक्ष पद से भी एक अध्यापिका की शिकायत पर इन्हें हटना पड़ा। जाँच में दोषी सिद्ध हुए, किन्तु मठाधीशों की महिमा अपरम्पार। आज तक इस जाँच की रिपोर्ट न सार्वजनिक हुई न ये दण्डित हुए–"सैंया भये कोतवाल तो डर काहे का"। हसीन सपनों के धनी मुंगेरी लाल को सान्ध्य महाविद्यालय के लोगों ने अपनी चहेती और बारह वर्ष उम्र में बड़ी महिला से बिना बैंड बाजा, साइत–सुदिन और पण्डित के बिना ही विवाह करा दिया। रात–बिरात इन्हें विश्वविद्यालय परिसर में इन भाई लोगों के दरवाज़े पर स्कूटर लिए पत्नी के बाहर निकलने की प्रतीक्षा में बेसब्र खड़ा देखा जा सकता था। पूछने पर अपनी विवशता बखानते। फलस्वरूप कुण्ठा आजीवन इनके गले का हार बनी। विभाग की अविवाहित छात्राओं की ओर लपकते, कभी जाति–बिरादरी की छात्राओं के ख़र्चे पर एक्सपर्ट बन यात्रा करते, यह कहकर कि तुम्हारा चयन करवा दूँगा। किन्तु उसमें भी निष्फल होते। एक बार ये लपक पड़े अपनी शोध–छात्रा पर, फिर क्या था? उसने इनको ऐसा पाठ पढ़ाया कि बेचारे दिन–दिन भर विभागाध्यक्ष के घर के बाहर दो

दिन प्रतीक्षा करते रहे और विभागाध्यक्ष को न मिलना था न मिले। अन्ततः लक्कड़ बाबा के साथ मेरी शरण में आये। जेल जाने से बचे, नौकरी बची। पर क्या सुधर पाये? आज भी एक जाँच रिपोर्ट इनकी जान की बला बनी है। ये तो मेरे यहाँ के जयशंकर लाल जैसे अविश्वसनीय और कृतघ्न थे। जयशंकर, अंग्रेज़ों के ज़माने के लेखपाल थे। बाबा के अनुसार कभी किसी का खेत किसी और के नाम कर देते, उसका दूसरे के नाम। दोनों पक्ष अपना–अपना समझ कटते–मरते। कभी खेत को बोने का काम कोई करता और काटने का काम कोई और। जयशंकर बाबा की लाठियों से डरता था। एक बार बगल के गाँव के ठाकुर साहब बिलखते हुए आये–"साधू (बाबा) जयशंकर ने मेरा पाँच बीघा खेत मेरे पट्टीदार द्वारिका के नाम कर दिया। खेत में गये तो द्वारिका ने मेरे हर बैल भगा दिये।" बाबा ने कहा–"कल दस बजे दोपहर अमुक जगह पहुँचिए, वह मुँह की बात नहीं लाठी की बात मानता है।"... रास्ते में सुरेन्द्र सिंह के साथ लाठी लिए बाबा को देख उसे समझते देर नहीं लगी। वह तुरन्त अपने बस्ते सहित बाबा के पैरों में पड़ गया। बाबा क्या करते? चुप! खतौनी खोल तुरन्त द्वारिका का नाम काटकर सुरेन्द्र सिंह का नाम करके नयी खतौनी पकड़ा दी। किन्तु बाबा का कहना था कि जयशंकर विश्वसनीय नहीं। हमेशा उलट–पलट करता रहता है। मेरे सामने तो आपका नाम कर दिया, लेकिन कल क्या करेगा? कहना कठिन। यही हालत हमारे मुंशी की रही है। कब किसके साथ रहेंगे, कुछ कह पाना कठिन है। बेचारे कभी छेड़खानी में फँसे, कभी छात्रों से मार खायी। बचाने वाला कोई नहीं। खुद लेखन में असमर्थ दूसरे के कल्पित दोष ख़ोजना इनकी प्रवृत्ति रही। यद्यपि ज़िन्दगी भर बोलने में ये श, स का भेद कर पाने में असमर्थ दोनों के लिए हमेशा 'श' का प्रयोग करते रहे। हाँ! आजीवन यह अध्यक्षों, मठाधीशों के घर के आस–पास उनकी प्रसन्नता/कृपा तथा संगति प्राप्ति के लिए आवास लेते रहे।

31

यह बात सन् 1985–86 की है। उस समय अध्यक्ष थे–डॉ. शिवप्रसाद सिंह। मैं सुबह नित्य क्रिया में लगा था कि दरवाज़ा खटका। पत्नी ने खोला देखा डॉ. विजयपाल सिंह हैं। वे और पत्नी दोनों कुछ देर बात

किये होंगे कि मैं पहुँचा। यह क्या? डॉ. विजयपाल सिंह पत्नी को कुछ बताते हुए धाराप्रवाह रो रहे थे। मैं समझ गया कि डॉ. शिवप्रसाद सिंह ने कुछ कहा होगा। मेरे मुख से निकला—"क्या बात है डॉक्टर साहब?" चुप होते हुए उन्होंने कहा—"आपके कहने से अपनी फ़ाइल लेकर फारवर्ड कराने के लिए कल शाम मैं डॉ. शिवप्रसाद सिंह के पास घर गया था। खड़े—खड़े फ़ाइल रख ली और कहा कि कल सुबह ले लेना। न बैठने को कहा न कोई बात की और आज जब उनके यहाँ गया तो उन्होंने नौकरानी से मेरी फ़ाइल बिना हस्ताक्षर के वापस करवा दी। मैंने मिलना चाहा लेकिन उन्होंने मना कर दिया। मेरा ऐसा अपमान कभी नहीं हुआ।"

वस्तुतः रिटायर होने के पश्चात विजयपालजी ने 'रीतिकालीन साहित्य कोश' नामक एक दीर्घकालीन शोध योजना विश्वविद्यालय अनुदान आयोग में स्वीकृति हेतु भेजी थी। उस समय तो शिवप्रसादजी ने उसे फारवर्ड कर दिया था। किन्तु क्षेत्रीय लाबी को भनक लगी। उन लोगों ने पहले तो शिवप्रसादजी को लताड़ा और बाद में अनेकों आरोपों तथा फ़र्ज़ी हस्ताक्षर युक्त एक पत्र यू.जी.सी. को भेज कर इस योजना को अस्वीकृत करने तथा विजयपाल के कार्यों की जाँच करने की माँग की। विजयपालजी यू.जी.सी. के चप्पे—चप्पे से परिचित। उन्हें पता लगा, उसकी प्रति ली, काशी में सम्बद्ध नाम पते को खोज डाला, उसे न मिलना था, नहीं मिला। उन्होंने यह तथ्य सम्बद्ध अधिकारी से प्रमाणित करवा लिया। विश्वविद्यालय के स्तर पर पेश किया। विश्वविद्यालय के अधिकारियों ने उसे अध्यक्ष से अग्रसारित कराकर देने के लिए कहा। वे मेरे पास आये। मैंने उन्हें शिवप्रसाद सिंह से मिलने की सलाह दी थी। यह एक सामान्य प्रक्रिया थी, किन्तु शिवप्रसादजी दबाव में थे, और उनमें बदले की भावना भी थी।

विजयपालजी के पास समय भी नहीं था—बनारस में रुकने का। उन्हें तीसरे दिन सुबह तक जम्मू पहुँचना था। यद्यपि मैं विजयपालजी के छल—छद्मों का शिकार होकर बेरोज़गार हुआ था, किन्तु मेरे मन में बदले की भावना कभी आयी नहीं। न उनके ख़िलाफ़ न दूसरों के ख़िलाफ़। जो आता मैं उसकी मदद करता। मैं विजयपालजी के बिलखने से द्रवित हुआ। मैंने कहा—"फाइल छोड़ दीजिए। आप जाइए, मैं प्रयास करूँगा।" दूसरे दिन क्लास लेकर लौटा तो देखा कि शिवप्रसादजी अध्यक्ष कक्ष में अकेले बैठे हैं। मैं जा बैठा। मेरे शुरुआत के पूर्व ही उन्होंने अथ से इति तक—विजयपाल प्रकरण ओज और गर्व से सुना डाला।

मैंने कहा–"आपने अच्छा नहीं किया। फारवर्डिंग सामान्य प्रक्रिया है। कल आप अवकाश प्राप्त करें और अगला अध्यक्ष आपके साथ इसी तरह का वर्ताव करे तो कैसा लगेगा–आपको।" उन्होंने कहा–"यह आप कह रहे हैं।" मेरा उत्तर था–'हाँ'। "ठीक है मैं अग्रसारित कर दूँगा।" "फाइल मेरे पास है, यदि आप करें तो लाऊँ।" उनके मुँह से निकला–'लाइए'। फ़ाइल पर हस्ताक्षर कराकर मैंने विजयपालजी को जम्मू भेज दिया। उनका काम तो हो गया। शिवप्रसादजी इसे पचा नहीं पाये। षड्यन्त्रकारियों का कोपभाजन मैं बना।

32

01 जुलाई 2003 को मैं अवकाश मुक्त हुआ। अनेक आग्रहों के बावजूद भी मैं आज तक विभाग में नहीं गया। वस्तुतः अपने पूर्व के उन अवकाश प्राप्त अध्यापकों की दशा–दुर्दशा देख चुका था, जो किस तरह दो–चार सौ रुपये की प्रतिदिन की मज़दूरी के लिए अपमानित होते थे। फ़िलहाल मेरे सामने अरुणाचल प्रदेश, ईटानगर विश्वविद्यालय, केन्द्रीय विश्वविद्यालय, हैदराबाद तथा कुमायूँ विश्वविद्यालय का आकर्षक आफर था। किन्तु पत्नी का कहना था–"सोलह वर्ष की उम्र से आप नौकरी कर रहे हैं, जब अब तक पूरा नहीं हुआ तो क्या दूसरी जगह जाकर आप पूरा कर लेंगे? चुपचाप घर रहिए। जो लिखना–पढ़ना हो, पूरा करिए।" मैं चुप। भले ही मैंने सबको इनकार कर दिया हो, उनकी नाराज़गी झेली हो, किन्तु क्या मैं घर बैठ पाया। लगातार किसी–न–किसी शैक्षणिक प्रयोजन से महीने में पन्द्रह दिन बाहर रहना पड़ता। बचा समय मैं अपने अध्ययन, चिन्तन–मनन–लेखन को समर्पित हूँ। दूसरे के बारे में मुझे सोचने का अवकाश नहीं रहा। किन्तु, दो वर्ष पूर्व पत्नी फिर आड़े आयीं–"आप दस–दस दिन के लिए बाहर चले जाते हैं, मैं अकेली रह जाती हूँ। अपना दुखड़ा मैं किससे रोऊँ। मुझे कुछ हो जाय तो...।" मैं स्तब्ध। और, मैंने उसी दिन से अपनी यात्राएँ पूर्णतया बन्द कर दीं।

प्रेयसी, प्रियतमा और माँ

पत्नी गाँव में रहती थीं–सास–ससुर की सेवा के लिए। और मैं बम्बई से बनारस। बम्बई रहते हुए साल में एक माह के लिए घर आना होता और बनारस आने पर महीना–दो महीना में एक–दो दिन की छुट्टियों में घर जाना और श्रीमती से मिलना होता था। बनारस आने के कुछ दिनों के बाद ही मैं गाँव पहुँचा। रात को भोजन करने के लिए पिताजी मेरे साथ बैठे। पत्नी के स्थान पर माँ खाना परस कर लायीं। मैं आश्चर्यचकित। थोड़ी ही देर में रहस्य खोला–पिताजी ने। उन्होंने मुझे सम्बोधित करते हुए कहा–"चार–पाँच साल बीत गये बहू को बच्चे नहीं हो रहे हैं। होने की सम्भावना भी नहीं। एक लड़की हम लोगों ने पसन्द की है, तुम भी चाहो तो देख लो और शादी कर लो, नहीं तो वंश–परम्परा डूब जायेगी।" मुझे, काटो तो ख़ून नहीं, हतप्रभ। भोजन से अरुचि हुई। मैं उठ पड़ा। मुझे डाँटते हुए माता–पिता दोनों ने एक साथ कहा–"बैठो! यह शादी करनी है तुम्हें।" खड़े–खड़े दोनों की ओर घूरते हुए कहा–"और उस लड़की से भी बच्चे नहीं हुए तो तीसरी–चौथी शादी करनी होगी। इन शादियों का अन्त कहाँ होगा? यदि मेरे भाग्य में सन्तान प्राप्ति योग होगा तो वह टलेगा नहीं, और इसी औरत से होगा। अन्यथा किसी से नहीं होगा। मुझे आप दोनों से इस तरह के प्रस्ताव की उम्मीद नहीं थी। मुझे बहुत गहरा घाव दिया है–आप दोनों ने। अभी हम दोनों की उम्र ही क्या है? दूसरा बेटा भी तो आपके पास है। वंश–परम्परा क्यों डूबेगी?" भोजन छोड़कर चल दिया। आवाज़ थोड़ी तेज़ थी, पत्नी के कानों तक भी पहुँची। लेटते ही पत्नी ने भी दबे मन से कहा–"माता–पिता जो कह रहे हैं, उसे मानना चाहिए।" उनकी आँखों में घूरते और डाँटते हुए कहा–"तुम!... चुपचाप सो जाओ।" वे सोयीं कि नहीं, पता नहीं। किन्तु मैं

रातभर जगता रहा। क्रोध में ही दूसरे दिन सुबह बनारस लौटा। चार–पाँच दिन पश्चात ही साइकिल से भिड़कर हाथ–पैर तोड़ बैठा। प्लास्टर चढ़ा। गाँव ख़बर पहुँची। तीन–चार दिन बाद इन्हें लेकर पिताजी वाराणसी पहुँचे। और, पहली बार इन्होंने शहर का मुँह देखा। सड़कें, रहन–सहन, परिवेश सब तो इनके लिए अनजाना था। किन्तु किसी भी क्षण या कार्य में यह अनजानापन इनकी राह का अवरोधक नहीं बना, जैसे सब कुछ जाना–पहचाना हो। पहले ही दिन मैंने इन्हें समझाया–"यहाँ घूँघट नहीं चलेगा। घर परिवार के लोग आयें तो बात अलग है। दूसरी बात–हम दोनों को एक–दूसरे के प्रति अटूट विश्वास–भाव बनाये रखना होगा। मेरी अनुपस्थिति में हर आगन्तुक का तुम्हें स्वागत–सत्कार करना है। और, मेरे तथा अपने चरित्र की रक्षा करना तुम्हारा दायित्व है।" आगे चलकर छात्र इनके पुत्र बने, छात्राएँ पुत्री या ननद। इनकी दृढ़ता और कर्मठता ने मेरी राह आसान की। मैं थोड़ा मुक्त हुआ–ज़िम्मेदारियों से।

अभाव था–इनका पढ़ा–लिखा न होना। कढ़ी तो ज़रूर थीं। मैंने बहुत कोशिश की ये पढ़–लिख लें। ट्यूटर की व्यवस्था भी की। किन्तु इनका एक ही उत्तर था–"मेरी अपेक्षा आपकी पढ़ाई ज़्यादा ज़रूरी है। इसलिए आप पढ़ने का प्रयास कीजिए।" सम्भवतः उनके मन में इंटर की परीक्षा में बाधक बने पिता के प्रति प्रतिकार–भाव था, या पैदल इलाहाबाद पहुँचकर परीक्षा देने के मेरे दृढ़ निश्चय और पढ़ाई के प्रति ललक का परिणाम था जब उन्होंने छब्बीस रुपये देकर इलाहाबाद पहुँचने और परीक्षा देने में मेरी सहायता की थी। शायद उसी दिन इन्होंने संकल्प लिया हो मुझे पढ़ाने का। मैंने उन्हें यह भी बताया कि विश्वविद्यालय अनुमति नहीं दे रहा है, किन्तु यह चुप मानने वाली नहीं थीं। कहतीं–"प्रयास करते रहिए भगवान सहायता करेंगे।" कुछ दिनों पश्चात इनकी बात सच साबित हुई। आचार्य द्विवेदी के आते ही पढ़ाई की मेरी राह खुल गयी।

मेरी आदत थी, शाम को संकट मोचन के दर्शन की और मठाधीशों से मिलकर विश्वविद्यालय तथा विभाग की राजनीति समझने की। वैसे तो ये कभी कोई सामान मुझसे मँगवाती नहीं थीं, खुद बच्चों को लेकर वे बाज़ार करतीं। लाद–फाँदकर आतीं। कभी कुछ कहती भी तो विकल्प तैयार रखतीं। कुछ दिनों में ही मेरी आदत, व्यस्तता से ये परिचित हो चुकी थीं। जानती थीं–लौटेंगे तो दो ही बहाने करेंगे–या तो भूलने का या दुकान बन्द होने का। ऐसी स्थिति में मैं अपराधी की भाँति दरवाज़े पर

खड़ा होता। वैसे भी सुबह 6 बजे का निकला आदमी (मैं) दोपहर और रात को भोजन एवं सोने के लिए घर आता। रात–दिन वे खटती रहतीं। दरवाज़ा खोलती खाली हाथ देखती कह उठतीं कोई चिन्ता नहीं आज का है, कल मैं लाँऊगी।

बच्चों की संख्या बढ़ती रही। किन्तु इनके चेहरे पर शिकन नहीं आती। आमदनी सीमित थी। बहुत दिनों तक बच्चों के स्कूल ड्रेस एक सेट ही थे। कपड़े रोज़ गन्दे होते थे, किन्तु इन्हें परवाह नहीं थी। लौटते ही बच्चों के कपड़े धोती। भट्ठी जलाकर उस पर सुखातीं। लोटे में अंगारे भरकर रात को उनके कपड़े प्रेस करतीं। सुबह चमकते कपड़ों के साथ बच्चों को स्कूल भेजकर सन्तुष्ट होतीं। ठीक इसी तरह से वे मेरा भी ख़्याल रखती रही हैं। अभाव में भी वे पैसे बचाकर मेरे लिए सिल्क के कुर्ते और खादी की धोती ख़रीदकर रखतीं। रहस्य तभी खुलता जब मेरे कपड़े, पहनने लायक या कहीं आने–जाने लायक न रहते। मैंने इन्हें दिन या रात में कभी सोते या लेटे नहीं पाया। नौकरी के अलावा रात को मैं डेढ़ बजे से पढ़ने बैठता था। अपने जगने के पूर्व इन्हें जगा पाता। देर होने पर ये ठीक डेढ़ बजे मेरा हाथ पकड़कर उठाकर बैठा देतीं और जब मैं मुँह–हाथ धोकर पढ़ने बैठता तो मुस्कराती हुई चाय लेकर मेरे सामने हाज़िर होतीं, फिर बच्चों का काम लेकर वहीं बैठ जातीं–कभी बटन ठीक करतीं, कभी स्वेटर बुनतीं।

2

एक दिन मैंने देखा कि ये अपनी साड़ी सिल रही हैं। समझते देर नहीं लगी–साड़ी फटी है। दो के अलावा तीसरी है नहीं। मुझे पीड़ा तो बहुत हुई किन्तु विकल्प कोई नहीं था। दो–तीन दिन बाद–दुर्भाग्य से मैं अपने एक परिचित के यहाँ पहुँचा। वहाँ एक फेरी वाला साड़ी फैलाये सबको दिखा रहा था। वे लोग ख़रीदे भी, और ज़बर्दस्ती दो साड़ियाँ पैक कराकर मुझे दे दीं। और, कहा कि इसे भाभीजी के लिए ले लीजिए। मन में तो था, किन्तु खाली जेब, अर्थाभाव से मैं इनकार कर बैठा। उन्होंने कहा कि अभी पैसा नहीं देना है, जब होगा तो दे दीजिएगा। मैं घर पहुँचा–कुछ ख़ुशी, कुछ दुख के साथ। एक और क़र्ज़ के बोझ की पीड़ा अलग थी। इन्होंने मुझे पानी दिया, पूछा, इसमें क्या है? मेरे यह कहने पर कि–साड़ी।

"कहाँ से लाये। कल तो आपके पास पैसा नहीं था, आज कहाँ से आ गया?" आक्रोश भरा प्रश्न उछला? सच यह है कि मेरी हिम्मत नहीं हो रही थी कि पूरी कथा बताऊँ। फिर भी साहस किया। सब कुछ उगल दिया। उस समय तो चुपचाप वे चली गयीं। चाय लेकर लौटीं। आदेश हुआ–"चाय पी लीजिए। इसे तुरन्त जाकर लौटा आइए। मेरे साड़ी के लिए क़र्ज़दार नहीं बनना है।" यह सामान्य आवाज़ नहीं बल्कि मेरे पुरुषार्थ पर करारा चाँटा था। आदेश का पालन करना मेरी विवशता थी।

3

एक घटना और! 1975 की मेरी बीमारी के समय सब के मुँह मोड़ लेने के पश्चात मुझे बचाने के लिए इन्होंने कितना त्याग किया, यह तब पता चला जब एक दिन इनकी अनुपस्थिति में सन्ध्या समय खेद्दन (बी.एच. यू. विश्वनाथ मन्दिर का एक दुकानदार) ने एक पोटली मुझे देते हुए बताया कि "यह माताजी के गहनों की पोटली है। इसे उन्हें सौंप दीजिए। इसे उन्होंने मुझे बेचने के लिए दी थी। उन्होंने कहा था इससे जो पैसा मिलेगा उससे मैं बाबूजी को कुछ और दिनों के लिए बचा लूँगी। आगे भगवान मालिक। मैंने अपने पास से आपकी दवा के ख़र्च का प्रस्ताव रखा लेकिन वे नहीं मानीं। मैंने उन्हें चार हज़ार रुपये दिये थे। और माताजी के स्वाभिमान की रक्षा के लिए उनसे कहा था–मैंने गहने बेच दिये हैं किन्तु वह झूठ था। अब आप स्वस्थ हो गये हैं, जब होगा तब पैसे दे दीजिएगा।" गहने तो उनके शरीर से उतर रहे थे, यह मैं महसूस कर रहा था किन्तु सीमा इतनी बढ़ गयी–मुझे कल्पना नहीं थी। आज खेद्दन नहीं हैं लेकिन उस छोटे से दुकानदार का यह कृत्य स्मरण आते ही मेरी काया को आज भी झकझोर कर रख देता है।

4

ये महारानी दृढ़ निश्चयी रही हैं। स्वाभिमान कूट–कूट कर भरा था इनमें। एक घटना इसका उदाहरण है–डॉ. विजयपाल सिंह के बेटे, हिन्दी विभाग के प्रवक्ता, डॉ. अशोक सिंह एक दिन मेरे घर पहुँचे। मैं तो था नहीं, पत्नी ने उनकी आवभगत की। उनसे सहज भाव से बतिया ही रही थीं

कि इसी बीच उन्होंने कहा कि "शर्माजी से कहिए कि विभागाध्यक्ष वर्माजी से वे माफ़ी माँग लें, अन्यथा वे विश्वविद्यालय से निकाल दिये जायेंगे।" (जाँच कमेटियों के समय का यह प्रसंग है।) पत्नी भड़क उठीं। "शर्माजी क्यों माफ़ी माँगें। वर्माजी को माफ़ी माँगनी चाहिए। उनकी चिन्ता छोड़िए, उन्हें भीख नहीं माँगनी पड़ेगी। घर की जायदाद सँभालेंगे। और, ध्यान रखिए ऐसी बातें यहाँ आकर मेरे सामने कभी न कीजिएगा।" उनके और कुछ कहने पर इन्होंने डाँटकर कहा–"चुपचाप तुरन्त इस घर से बाहर निकलिए।" बच्चे भी इस दृश्य के साक्षी थे।

5

परिवार के झमेलों से मैं आज़िज़ आ चुका था। एक दिन इनके साथ माँ, भाई की फ़िज़ूलख़र्ची पर चर्चा हुई। इन्होंने उत्तर दिया–"पिताजी हैं नहीं, माँ, भाई, भयहु की ग़लत–सही ज़रूरतों को हमीं लोगों को पूरा करना होगा, चाहे रोकर करें, चाहे हँसकर।" और उठ गयीं। मैं व्यग्र। कहाँ से लाऊँ पैसे? उस दिन जीवन से कैसे मैं हारा, नहीं जानता, नींद की दस गोलियाँ गटकने का प्रयास किया। चार–पाँच तो चली गयीं, शेष नीचे गिर गयीं। इन्हीं के शब्दों में जब डेढ़ बजे ये बाथरूम के लिए उठीं, बत्ती जलाई तो कुछ गोलियाँ अगल–बगल गिरी देखकर ये भौचक्की हुईं। मुझे झिंझोड़ा/निश्चेष्ट पाकर सारा काण्ड समझते इन्हें देर नहीं लगी। भागी–भागी डॉक्टर गुप्ता को घर से जगाकर लायीं। डॉक्टर के उपचार से एकाध घण्टे पश्चात मेरी आँखें खुलीं। सामने कुर्सी पर चिन्तित मुद्रा में मैंने डॉ. गुप्ता तथा इन्हें बैठा पाया। मुझे पूरी तरह स्वस्थ होने में पन्द्रह दिन लग गये। इन्होंने मेरे कृत्य के सन्दर्भ में मुझसे कभी कोई बात नहीं की। हाँ, सब कुछ इनकी आँखें बयाँ करती रहीं। जिनमें उलाहना था, और थी मेरी कायरता को ललकार। अन्ततः मैंने इनकी भावना के साथ समझौता किया। क़र्ज़ ले–लेकर सन् 81 की इस घटना के पश्चात। माता, भाई, भयहु, उनके बच्चों को येन–केन प्रकारेण पालता–पोषता रहा, जब तक वे समर्थ नहीं हुए। रात–दिन इनकी सेवा, दवा से मैं स्वस्थ हुआ। और तब भाई को उनके उत्तरदायित्व का बोध कराते हुए एक पत्र लिखा जिसे वे आज भी मेरे विरुद्ध शस्त्र के रूप में प्रयुक्त करते हैं। और यह सिद्ध करते हैं कि मैंने उनके लिए कुछ नहीं किया। जब बहन और भाई

कुंडली में शत्रु के रूप में बैठे हों तब उनसे कलंक, अपमान, शोषण के अलावा और क्या अपेक्षा की जा सकती है?

6

अपनी सन्तानों को मैं यह बता देना चाहता हूँ कि मेरे तथा तुम लोगों के विकास का श्रेय अगर किसी एक को है तो सबसे पहले और सबसे बाद में यह श्रेय एकमात्र तुम्हारी माँ या सासु का है। जो नीड़ है, वह भी इन्हीं का अवदान–वरदान है। हर प्रकार के कष्ट, अपमान के बावजूद भी ये सभी से जुड़ी रहती हैं–क्षमा करके या भूल करके नहीं; अपितु अपनी संवेदनशीलता के कारण। यह उनकी कमज़ोरी नहीं, सबसे बड़ी ताक़त है। इनके साहस, कर्मठता, दृढ़ निश्चय एवं स्वाभिमान के अनेक उदाहरण हैं किन्तु सबकी चर्चा का यहाँ अवकाश नहीं। यह ज़रूर है कि मैं और तुम सब (बच्चे) जिस ऊँचाई पर पहुँचे हो उसमें इनका सर्वाधिक अवदान है। अस्तु इस सफलता का अर्घ्य उन्हें समर्पित।

पुण्य स्मरण

महामना आज भी उपस्थित हैं

काशी हिन्दू विश्वविद्यालय के हिन्दी विभाग के आचार्य पद से सेवानिवृत्त हुए उन्नीस वर्ष बीत रहे हैं। आज अपनी इस उपलब्धि के बारे में सोचता हूँ—क्या यह मेरी कल्पना थी? चाहत थी। निश्चय ही नहीं? और, जो दो जून की रोज़ी–रोटी की जुगाड़ में छोटी–मोटी नौकरी की आस में काशी हिन्दू विश्वविद्यालय पहुँचा हो, वह ऐसी कल्पना और आकांक्षा कैसे पाल सकता है?

नवम्बर 1963 का वह दिन मुझे नहीं भूलता जब मैं पहली बार काशी हिन्दू विश्वविद्यालय के प्रांगण में पहुँचा। उस समय तीन स्थान से मेरा साक्षात्कार हुआ। पहला था--संस्कृत महाविद्यालय, दूसरा–निर्माण की प्रक्रिया से गुज़रता विश्वविद्यालय स्थित विश्वनाथ मन्दिर और तीसरा था--मालवीय भवन। इस रास्ते की बड़ी–बड़ी इमारतें, विस्तृत खेल के मैदानों ने भी मेरा ध्यान खींचा। मालवीय भवन के श्याम–पट्ट पर अगले दिन गीता–प्रवचन की सूचना थी, वह भी प्रातः 8 बजे की। सुबह मै उठकर मालवीय भवन जब पुनः पहुँचा तब तक मालवीय भवन का हाल भर चुका था, एक कोने में जगह मिली। मन्त्रमुग्ध मैं एक घण्टे गीता पर हो रहा प्रवचन और वक्ता के उपदेश सुनता–गुनता रहा। कर्म की ओर उन्मुखता तो मेरी थी ही, सुना था कि कर्मवीर अपने भाग्य को बदल डालते हैं; कर्म के माध्यम से अपने भाग्य को बदल डालने के लिए मैं भी दृढ़–प्रतिज्ञ था। किन्तु कभी–कभी आत्मबल गिरता–टूटता था, परिस्थितियाँ पूर्णतया विपरीत हो उठतीं। गीता के इस प्रवचन/उपदेश में कुछ ऐसी शक्ति थी, जिसने भविष्य में आत्मबल के टूटने–गिरने की परवाह नहीं की। इस बेपरवाही को तब और ताक़त मिली जब मई 1964 में टंकक के रूप में विश्वविद्यालय का एक सदस्य बनने का सौभाग्य मिला।

काशी हिन्दू विश्वविद्यालय में रहते हुए मेरी दिनचर्या का पहला अंग बना–मालवीय भवन में आयोजित गीता प्रवचन। कुछेक अन्य कार्यक्रमों में मूक उपस्थिति। दूसरा अंग था–सायंकाल संकट मोचन का सान्निध्य। तीसरा था–सत्संगति। मैं जानता हूँ–सत्संगति मनुष्य को मनुष्य बनाती है। सफलता की ऊँचाई भी प्रदान करती है। यह मेरा सौभाग्य था कि काशी हिन्दू विश्वविद्यालय पहुँचने के एकाध माह बाद ही मेरा प्रथम सम्पर्क महामना के अनन्य भक्त प्रख्यात् ज्योतिषी पं. राजमोहन उपाध्याय से हुआ। उन्होंने मालवीयजी के उपदेशों और सिद्धान्तों से मुझे समृद्ध किया। विश्वविद्यालय की अनेक अन्तकथाओं का ज्ञान और बोध कराया। दूसरी सत्संगति, जिसने मुझे पढ़ाया–बढ़ाया वे थे–विश्वविश्रुत साहित्यकार, समीक्षक–वक्ता आचार्य हजारीप्रसाद द्विवेदी। सौभाग्य से अगली कड़ी जुड़ी आठ वर्षों तक विश्वनाथ मन्दिर के परिपार्श्व/चरण–तल में आवास। सामने ही स्थित केन्द्रीय ग्रन्थालय मेरा शिक्षक बना। उस समय प्रातः 7 बजे खुलता था और रात 10 बजे बन्द होता था।

मैं देखता और गुनता था–गणितज्ञ पं. बाबूलाल त्रिपाठी और राजनीति–विशारद पं. त्रिलोचन पन्त की मालवीयजी के प्रति भक्ति, उनकी कृति के प्रति प्रेम और लगन। चाहे वसन्त पंचमी हो, चाहे गणतन्त्र दिवस या स्वतन्त्रता दिवस अथवा मालवीय जयन्ती, गीता–प्रवचन या विश्वविद्यालय के अन्य कार्यक्रम। ये दोनों जी–जान से कर्मचारियों, अध्यापकों को क़तारबद्ध कराते, उनसे नारे बोलवाते, 'मालवीयजी की जय' के उद्‌घोष से गगन प्रकम्पित कराते। उनकी लगन, रंग–बिरंगी झाँकियाँ, छात्रों का समर्पण भाव, उल्लास अब कहाँ देखने को मिलेगा?

लगभग तीस वर्ष के आवास के दौरान अनेक़ विख्यात, अपने–अपने क्षेत्रों में विश्रुत लोगों के निकट मैं पहुँचा, जिनकी प्रशंसा और स्नेह मेरी पूँजी बनी। कुछेक की ईर्ष्यालु द्वेषपूर्ण भावना और स्वार्थपरता, राजनीतिक छलछद्म से भी मेरा सामना हुआ। झेला भी। अच्छाई को ग्रहण किया बुराई को छोड़ा। जिनके राजनीति का हथकण्डा या स्वार्थ सिद्धि का मैं साधक नहीं बना, वे मेरी उपस्थिति में तो नहीं, हाँ पीठ–पीछे अपनी निन्दा तथा कुण्ठाओं का शिकार मुझे बनाते रहे।

संघर्ष तो मुझे करना पड़ा, किन्तु मेरा अपना विश्वास है कि यदि मैं इन कुदृष्टियों से बचा, कुछ हासिल कर सका, सबकी उपेक्षा कर आगे बढ़ता रहा तो इस शक्ति का स्रोत महामना का वह आशीर्वाद था जो

मुझे नवम्बर 1963 में प्राप्त हआ था। भले ही उसके फलीभूत होने में लगभग छह माह लगे हों। मेरी यह अशेष पूँजी उसी सन्ध्या को मिली थी जब वहाँ पहुँचकर अपनी स्थितियों पर करुणा–विगलित मैं उनसे आशीर्वाद तथा दिशा–निर्देश माँगता रहा। कर्त्तव्यपरायणता और निडरता तथा निष्ठा–ईमानदारी रास्ते की हर कठिनाइयों–बाधाओं को दूर करते हैं, यह बोध मुझे दूसरे दिन गीता–प्रवचन/उपदेश में मिला जो मेरी गाँठ की पूँजी बनी, जो कभी नहीं खुली।

जो महान आत्मा काशी क्षेत्र में आकर मोक्ष–प्राप्ति के सुझाव को अस्वीकार कर विश्वविद्यालय को अपने महाप्रयाण का स्थल चुनती है, (विश्वविद्यालय क्षेत्र, काशी क्षेत्र, काशीखण्ड के बाहर माना जाता रहा है।) क्या वह सचमुच महाप्रयाण कर गयी है? कबीर ने मगहर की राह पकड़ी थी। किन्तु महाभारत के नियमित पाठक महामनाजी भीष्म पितामह को कैसे भूल सकते हैं, जो शरशैया पर पड़े, युद्ध क्षेत्र में ही अपनी मृत्यु की प्रतीक्षा करते हैं।

क्या पितामह महाप्रयाण कर गये हैं, मुझे तो नहीं लगता जब तक यह धरती है, हिन्दू संस्कृति है–भीष्म पितामह को हम विगत मान पायेंगे? यही प्रश्न महामना के सन्दर्भ में भी मेरे मन में उठता है। मेरी आस्था, विश्वास यह स्वीकार करने के लिए तैयार नहीं। मैं तो यह मानता हूँ कि परम सत्ता की भाँति ही वे भी विश्वविद्यालय ही नहीं स्वतन्त्र भारत, हिन्दू समाज, हिन्दी जगत, हिन्दी भाषा–साहित्य में तथा यत्र–तत्र–सर्वत्र विद्यमान हैं। वे अजर हैं, अमर हैं। वे हर क्षण अपनी निर्मिति को लख रहे हैं। हर आर्त्त की वाणी वे सुनकर उसके दुख दूर कर रहे हैं। दूर क्यों जाऊँ–अपना ही अतीत याद करूँ। उनकी करुणा दृष्टि और स्नेह से मैं आप्लावित हूँ–भले ही उनका सान्निध्य मुझे न मिला हो।

2

आज की तरह चमचमाती सड़कें 1964 में नहीं थीं, धूल भरी या कंकड़ युक्त। ऐसे कंकड़ जो क़दम–क़दम पर चलने वाले को सावधान करने के लिए अपना सिर ऊपर उठाए खड़े थे, ग़लत क़दम पड़ा नहीं कि ठोकर खाकर गिरे नहीं। आज की सड़कों में अपने यात्रियों का उद्‌बोधन कहाँ? पेट्रोल वाहनों की भरमार नहीं थी। खेल के मैदान, ब्रोचा छात्रावास

के सामने स्थित व्यायामशाला–छात्रों–अध्यापकों से भरे दिखाई देते थे। हर जगह कोई–न–कोई प्रतियोगिता या प्रशिक्षण होता ही रहता था। छात्रों–अध्यापकों में प्रतियोगिता का भाव था, ईर्ष्या का नहीं। हर एक विद्यार्थी दूसरे से आगे बढ़ने की भावना से ग्रस्त था, लँगड़ी मारकर नहीं, दूसरों को उत्साहित करके। समूचा वातावरण गुरुकुल सा था। वृक्षों, लता, पादपों से समूचा विश्वविद्यालय हराभरा था। विभिन्न प्रकार के वृक्षों की क़तारें क्षेत्र की पहचान थीं–जमुनिया लाइन, इमलिया लाइन। गोशाला समृद्ध थी। फार्म में उत्पन्न अनाज से विश्वविद्यालय का हर सदस्य अपनी क्षुधा पूरी कर सकता था। बीमारों की चिकित्सा के समस्त आयुर्वेदिक औषधियों के पादपों से विश्वविद्यालय के उपवन भरे पड़े थे।

3

समय बदला, मानवीय परिस्थितियाँ बदलीं, सुरसा के मुँह की तरह मानवीय आवश्यकताएँ बढ़ीं, विदेशों से बहिष्कृत संस्कृति को आत्मसात कर हम आधुनिक बने। फलस्वरूप विश्वविद्यालय का बाह्य स्वरूप भी बदला। किन्तु इस बदलाव में विश्वविद्यालय की आत्मा नहीं बदली। राजनीति की विद्रूपता, आधुनिकता और उत्तर–आधुनिकता तथा वैश्वीकरण के दौर में हम अपना सर्वोत्तम–मालवीयजी की दिखाई राह–सुरक्षित नहीं रख पाये। मूल्य ध्वस्त हुए, नैतिक पतन अपने चरम पर पहुँचा। आज फिर हमें एक आस है–'महामना द्वारा दिखाये गये रास्ते'। उस रास्ते पर चलकर हम वैतरणी पार कर सकते हैं।

ऐसे ही सांस्कृतिक संकट के समय महामना ने जन–जागृति हेतु संगम तट पर कुम्भ मेले में 'हिन्दू सभा' मंच से एक अभियान चलाया था। धर्म–जाति विहीन समाज की निर्मिति का। सामाजिक विकृतियों के विरुद्ध था यह आन्दोलन, और यह था–चारित्रिक गठन, सांस्कृतिक उत्थान, स्व–भाषा–विकास का आन्दोलन। आज कम ही लोग जानते होंगे कि अंग्रेज़ों की शिक्षानीति के विरुद्ध एक तरफ़ महामना विश्वविद्यालय की स्थापना का संकल्प साकार करते हैं तो दूसरी तरफ़ देवनागरी लिपि तथा हिन्दी को प्रशासनिक भाषा–पद की स्वीकृति दिलाने के आन्दोलन के अगुआ बनते हैं। नागरी प्रचारिणी सभा, साहित्य–सम्मेलन प्रयाग की स्थापना में भी उनका अभूतपूर्व अवदान था। वे इस प्रयास में भारतेन्दु

बाबू हरिश्चन्द्र के नारों से प्रभावित और उसके सत्य से परिचित थे–"निज भाषा उन्नति अहै, सब उन्नति को मूल, बिन निज भाषा ज्ञान के मिटत न हिय को शूल" और "जिसे न निज देश, जाति का अभिमान है, वह नर नहीं निरा पशु मृतक समान है।" वे इस सत्य से भी परिचित थे कि किसी संस्कृति का विनाश उसकी भाषा के विनाश से ही सम्भव है। किन्तु आज विश्वविद्यालय के अधिकारियों द्वारा महामना के हिन्दी प्रेम पर ही प्रश्न चिह्न लगा दिया गया है।

अन्तिम बात! विश्वनाथ मन्दिर की निर्मिति मालवीयजी के स्वप्न का एक पक्ष है, इसका दूसरा पक्ष था–तीनों ओर खुदी नहरें जो गंगा नदी के जल की प्रतीक्षा करती–करती उपवन में बदल गयीं। महामना का संकल्प और स्वप्न "प्रसादाद्विश्वनाथस्य काश्यां भागीरथी तटे" क्या अब भी पूरा होगा?

एकला चलो

मनुष्य के स्मृति गर्भ की कथा अकथ और अनन्त है। वस्तुतः स्मृति जीवन का पुरस्कार है, तभी तो वह उसकी सबसे समृद्ध थाती सिद्ध हुई। मानव जीवन के हर राग–विराग इसमें संकलित रहते हैं। काल के थपेड़े में ये स्मृतियाँ मनुष्य को सचेत ही नहीं करतीं अपितु जीवन्त भी बनाती हैं, उसे संघर्ष की ओर उन्मुख कर उसका भविष्य सँवारती हैं। हाँ! इस कोश में कुछ तिक्त–कटु स्मृतियाँ भी होती हैं, इन्हें मनुष्य भूलना चाहता है, किन्तु क्या वह भूल पाता है? मेरी अपनी दृष्टि में ये स्मृतियाँ मनुष्य को हमेशा सतर्क और सचेत करती रहती हैं, उससे बचने का सन्देश देती हैं, हर क्षण सावधान रहने का निर्देश देती हैं। किन्तु मनुष्य... वह इन सन्देशों–निर्देशों को समय पर भूल जाता है शायद, इसीलिए कि वह मनुष्य है।

मुझे याद आ रही है कक्षा नौ की वह व्याख्यान प्रतियोगिता जिसमें '' 'भाग्य' और 'कर्म' में किसकी प्रधानता है,'' हम छात्रों को पक्ष–प्रतिपक्ष में व्याख्यान देना था। मैंने 'कर्म' की प्रधानता सिद्ध की, जो जीवन के ब्रह्मलेख अर्थात् 'भाग्य' को बदल देता है। 'कर्म' की पक्षधरता ने मुझे उस समय भी पुरस्कृत किया था और कालान्तर में भी इसका पुरस्कार मुझे निरन्तर मिलता रहा। किन्तु यह भी सच है कि 'कर्म' पथ पर चलना तलवार की धार पर चलना है। सत्य, ईमानदारी तथा कर्तव्यनिष्ठता इस राह के पाथेय हैं, यद्यपि इनका अनुपालन आज के समाज की सबसे बड़ी बेवकूफी है। और, यदि साहस भी किया तो आज का मानव–समाज क्या इसमें सहयोगी बनता है? वह तो लँगड़ी मार कर गिराने में ही अपना हित समझता है। 'काल' और 'भाग्य' भी तो इसी की सहायता करते हैं। लगभग सतहत्तर वर्ष के समृद्ध अनुभव ने गोस्वामी तुलसीदास को भी इस समुदाय की वन्दना के लिए विवश किया–'बहुरि बंदि खल गन सति भाएँ।

जे बिनु काज दाहिने बाएँ।'... 'जे पर दोष लखहिं सहसाखी। पर हित घृत जिनके मन माखी।'... 'बन्दउ खल जस सेस सरोषा। सहस वदन बरनइ पर दोषा।'

'कर्म' पथ पर चलना, कठिन को सहज बनाना माता–पिता से प्राप्त संस्कार के कारण मेरे रक्त अणुओं में पहले से ही विद्यमान था। मेरी स्थिति–परिस्थिति और शुभेच्छुओं ने इसे और सबल बनाया। और, 'भाग्य–लेख' को धता बताने की प्रवृत्ति तो विकसित हुई अपनी उस कुण्डली को देखकर जिसमें एक भी शुभ–ग्रह नहीं थे और हर ग्रह विपरीत स्थिति में बैठकर मेरा बंटाधार कर रहे थे। इन्हें प्रसन्न करने के लिए दसों अँगुलियों में महँगे रत्न पहनने की पूँजी वंश–परम्परा से प्राप्त नहीं हुई थी। पिताजी तो समय आने से पहले ही, मेरी किशोरावस्था बीतते वर्षों रोगग्रस्त रहकर मुझे छोड़कर चले गये। माँ ने अवश्य बहुत दिन साथ दिया। उनका आशीर्वाद–मात्र ही मेरे पथ का साथी बना। पिताजी ने साथ तो छोड़ा, किन्तु अपनी अन्तिम नसीहत के साथ–"किसी के अहित की बात सोचना भी पाप है और अहित करना तो महापाप। सत्य, निष्ठा–विश्वास, ईमानदारी, कर्तव्य–निष्ठता तथा कर्म के प्रति प्रतिबद्धता तुम्हारे पथ को प्रशस्त करेंगे। छोटों को इज़्ज़त दोगे और बड़ों की सत्संगति करोगे तो ईश्वर हर क्षण तुम्हारी रक्षा करेंगे।" पता नहीं, ईश्वर कहीं हैं भी या नहीं किन्तु मेरे सामने पिताजी द्वारा खींची गयी लक्ष्मण रेखा ईश्वर के अस्तित्व को स्वीकार करने के लिए मुझे हमेशा विवश करती रहती है।

2

स्वर्गीय पिता के निर्देशों/उपदेशों के साथ मैंने अपने स्वाभिमान की रक्षा को सर्वोपरि माना, कभी डिगा तो पत्नी ने सँभाला, ढाढस बँधाया, विजय का स्वप्न दिखाया। सन् 1964 मुझे नहीं भूलता जब अनेक भटकावों से गुज़र कर मैं काशी पहुँचा। यहाँ तथाकथित बड़ों की सत्संगति का प्रयास किया। किन्तु इनमें तो अधिकांश दरबार थे, और यहाँ महत्त्व था–दरबारी प्रवृत्ति के लोगों का, हाँ! इन दरबारों में कभी–कभी ऐसी ज्ञानपरक शिक्षाएँ भी मिल जातीं जिन्हें मैं अपने जीवन–यज्ञ की समिधा बनाता। दुख तो यह रहा है कि इन तथाकथित बड़ों में अनेक 'मुख में राम बगल में छुरी' वाले थे।

इनके प्रतिवाद भी थे। पं. राजमोहन उपाध्याय सबसे पहले व्यक्ति थे, जिनसे काशी में आने के महीने भर बाद ही भेंट हुई। उन्होंने दुखती रगों पर हाथ रख मेरे जीवन की धारा मोड़ी। आचार्य हजारीप्रसाद द्विवेदी से लगभग चार वर्षों बाद भेंट हुई। उन्होंने मुझे वाणी दी, शिक्षा दिलायी और दिया साहित्यिक संस्कार। उपाध्यायजी द्वारा बदली धारा द्विवेदी के सान्निध्य से वेगवान बनी। आज जिस ऊँचाई तक मैं पहुँच पाया हूँ, वह उनके बिना सम्भव नहीं था। कारण–काशी तो ईर्ष्या–द्वेष की खान है। विश्वभारती शान्तिनिकेतन के प्रो. रामसिंह तोमर से भेट हुई आचार्य द्विवेदी के अवसान के बाद। वस्तुतः वे ऐसे तीसरे व्यक्ति थे जिन्होंने सादगी, मानवता का पाठ तो मुझे पढ़ाया ही और बिना किसी की भी परवाह किये 'कर्म पथ' पर निडर चलने और स्वाभिमान के रक्षा की ताक़त भी दी।

3

डॉ. तोमरजी से प्रथम मुलाक़ात संयोग–मात्र थी। अस्सी की अड़ी (तब बालदेव की चाय की दुकान, अब उन्हीं के बेटे पप्पू की भाँग और चाय की दुकान) प्रतिदिन सन्ध्या समय हमारी बैठकी का स्थान थी। इसी बहाने चाय पी जाती और देश–दुनिया की ख़बरों की जानकारी भी मिलती। यहीं आस–पास सड़क पर कभी धूमिल का काव्यपाठ और गाली–गलौज सुनने को मिलता। और सामने दूसरी दुकान में बैठे डॉ. नामवर सिंह को देखने का सौभाग्य मिलता, कभी–कभी डॉ. शिवप्रसाद सिंह की 'धजा' निगाहों में ईर्ष्या का कारण बनती और प्रायः डॉ. काशीनाथ सिंह को सब्ज़ी का भाव–ताव करते, जेब टटोलते एक दुकान से दूसरी दुकान पर इसी प्रक्रिया को दुहराते देखता–गुनता था। वे कम बोलते, किसी के पास बहुत कम खड़े होते थे, हाँ चिन्तन में वे हमेशा लीन रहते।

4

तो! भाई। एक दिन मैं भी अपनी जेब में महीने के ख़र्च के लिए सुरक्षित रखे एक आने को बार–बार उसकी सुरक्षा हेतु टटोलते हुए उधारी की चाय पीने की जुगाड़ में गुमसुम बैठा था। यहाँ यह बता देना ज़रूरी है कि चाय पीकर निकलते हुए किसी व्यक्ति को बालदेव कभी भी पैसे के लिए

टोकते नहीं थे, और इस अड़ी के सदस्यों की आदत थी कि जब उनके पास पैसा आता वे ईमानदारी से पूरा बकाया चुकता करते थे। शायद यह काशी और उसमें भी अस्सी की, विशेषकर इस दुकान की महान परम्परा थी। चाय की दुकान बालदेव के लिए बहाना था, वे तो निठल्लों की सेवा में अपना जीवन बिता दिये, हानि–लाभ के चिन्ता बिना। वैसे आज भी यह परम्परा पप्पू ने कायम कर रखी है। चाय की गिलास हाथ में आते ही आवाज़ आयी–'शर्माजी मैं भी चाय पिऊँगा।' यह विभाग के एक रईस शोध–छात्र की आवाज़ थी। जो चाय पीने और पान खाने वाले को लखते रहते, उसकी बारी आते ही कहीं–न–कहीं से टपक पड़ते। इनकार शब्द मेरे शब्दकोश में कभी रहा नहीं, स्वीकार का फल मैं जानता था, अर्जित संस्कार ने उनका स्वागत करने के लिए विवश किया। उधारी बढ़ने की टीस ने चाय का मज़ा किरकिरा कर दिया।

5

बाहर निकालते ही मेरे स्वभाव और शौक़ की रग पर उन्होंने अँगली रखी। हिन्दी के एक प्रतिष्ठित आचार्य और लौह–पुरुष से मेरी बात कराने और भेंट कराने का उन्होंने प्रस्ताव रखा। शर्त थी–रिक्शा का किराया मुझे देना है, और तुरन्त चलना है। पहली शर्त सम्भव नहीं थी, मेरे इनकार पर पैदल परेड का आदेश दिया। वे तो पूरी काशी पैदल घूम सकते थे, किन्तु मेरे लिए कठिन था। फिर भी मरता क्या न करता? उनके पीछे–पीछे हो लिया। लालच तो हिन्दी के उस आचार्य को देखने और उससे मिलने की थी जो सरदार पटेल के पश्चात लौह–पुरुष की संज्ञा से विभूषित था।

क़रीब डेढ़ घण्टे की पदयात्रा के पश्चात हम दोनों छोटी पियरी स्थित एक सामान्य से मकान के सामने पहुँचे। लगभग एक दर्जन दिग्गजों से घिरा सामान्य क़द–काठी का व्यक्ति जो कहीं से भी मुझे लौह–पुरुष नहीं लग रहा था, खादी की आधी बाँह की बनियाइन और खादी की ही मोटी धोती पहने बैठा था। बाद में पता लगा कि यह खादी भी विश्वभारती, शान्तिनिकेतन के ही एक अंग श्रीनिकेतन की निर्मिति थी। और गुरुदेव रवीन्द्रनाथ टैगोर ही इसके प्रेरणा स्रोत थे। हम दोनों अभिवादन के पश्चात वहीं बैठ गये। डॉ. तोमरजी धीर–गम्भीर वाणी में बोल रहे थे। शेष लोग श्रोता बने बैठे उनकी ओर टुकुर–टुकुर ताक रहे थे। वे उनकी बातों का

मर्म समझ रहे थे कि नहीं यह कह पाना कठिन है। काफ़ी देर बाद हम सब एक साथ उठे तब वे हम दोनों की ओर मुखातिब होते हुए परिचय और पता पूछा। दो–तीन दिन पश्चात हल्ला मचा "तोमरजी के सामने दूसरे विशेषज्ञ धराशायी।" अर्थात तोमरजी को घेरने वाले गुट के हिन्दी–मठाधीशों की जीत हुई। कौन नियुक्त हुआ यह प्रश्न नहीं था, प्रश्न था काशी के दो गुटों में जीत किसकी हुई। और जीता वही, जिसे तोमरजी का वरदान मिला। यह गुटबन्दी, विशेषज्ञों को साधने, घेरने की कला, हिन्दी विभाग की नियुक्तियों का स्थायी हिस्सा रही है। योग्यता, लेखन प्रकाशन, वक्तृत्व कला हमेशा उपेक्षित हुई। फ़िलहाल इस साक्षात्कार के सन्दर्भ में ढेर सारी कथाएँ चल पड़ीं। कुछ कल्पनीय और अधिकांश अकल्पनीय।

6

सच यह है कि इस मुलाक़ात में मैं तोमरजी से प्रभावित नहीं हो पाया। लगभग 6–7 वर्ष बीत गये। मैं एम.ए. का विद्यार्थी था। यहाँ के केन्द्रीय पुस्तकालय में दो–चार पत्रिकाएँ ही आती थीं उनमें एकमात्र शोध–पत्रिका 'विश्वभारती' थी। इसकी अपनी प्रतिष्ठा थी। पता नहीं मुझे क्या सूझा–मैंने सद्यः तैयार आलेख : 'पृथ्वीराज रासो : प्रामाणिकता का सन्दर्भ' इसमें प्रकाशनार्थ भेज दिया। और, इस दुर्घटना को भूल भी गया। किन्तु 2–3 माह बाद ही प्रकाशित आलेख के साथ पत्रिका हिन्दी विभाग में पहुँची। इस उपलब्धि के लिए तब अनेकों अध्यापकों तथा छात्रों ने मुझे बधाई दी। मेरे जीवन का यह पहला आलेख था जो एक प्रतिष्ठित, स्थापित पत्रिका में छपा था, (मैं न तो पत्रिका को घर–घर पहुँचाने, पैसा वसूल कर सम्पादक को भेजने वाला 'डाकिया' था और न ही पत्रिका–बेचू लेखक। बाद में, विभाग के तथाकथित विद्वान सहकर्मियों को अपने आलेख छपवाने हेतु डाकिया की भूमिका में देखकर तरस आती रही। यथा–मुंशी मुंगेरी लाल) और, छपा भी उस पत्रिका में जिसके सम्पादक हिन्दी जगत में लौह पुरुष के नाम से विख्यात थे। फलस्वरूप मेरा उत्साहित और गौरवान्वित होना स्वाभाविक था।

बात तोमरजी की चल रही है इसलिए उन अन्य आलेखों के प्रकाशन की चर्चा उचित नहीं जो ऐसे ही प्रतिष्ठित पत्रिकाओं यथा–धर्मयुग, साप्ताहिक हिन्दुस्तान, दिनमान, सारिका, नया ज्ञानोदय तथा गगनांचल

आदि में छपते रहे। क़रीब एक वर्ष और बीते होंगे कि हड़बड़ाई हुई पत्नी ने दोपहर की नींद से झकझोरते हुए बताया कि कोई तोमरजी आये हैं। धड़फड़ाकर मैं उठा। उन्हें देखकर मैं चकित। मैंने तो अपने परिवर्तित आवास का पता भी नहीं बताया था, वे कैसे पहुँचे, वह भी अकेले। मेरे लिए उनकी उपस्थिति कल्पनातीत थी। उन्होंने मुझे सहज बनाया। अपने अन्दाज़ में ही वे धीरे–धीरे मद्धिम आवाज़ में मेरी हाल–चाल लेते रहे। घर–परिवार के बारे में पूछते रहे। मेरे प्रगति का खाका खींचते रहे। इस अवसर पर वे बहुत कुछ अपनी कथा–गाथा के साथ अपने सिद्धान्तों की चर्चा कर गये। जो मेरे लिए प्रेरक भी थे और आतंक–ग्रस्त करने वाले भी। दो–ढाई घण्टे की उनकी बैठकी और वार्ता को प्रायः मैं मौन–भाव से ही सुनता–गुनता रहा और पूर्णतया एक अपरिचित शोध–कर्त्ता पर उनकी अहैतुकी कृपा के कारण की ख़ोज में मन–मस्तिष्क उलझा रहा। इस उलझन को और गहराई मिली जब वे एकाएक चलने के लिए उठ खड़े हुए। मैंने उनके आने–जाने की चर्चा किसी से नहीं की, किन्तु तोमरजी तो कोई बात छिपाते नहीं थे वे हर बात, घटना–दुर्घटना का सहज आख्यान कर जाते थे–पात्र से भी और कुपात्र से भी। वही हुआ। जिसकी मुझे आशंका थी। चर्चा फैली। स्वनामधन्य आचार्यों, उपाचार्यों, प्रवक्ताओं और काशी के मठाधीशों में मेरे प्रति ईर्ष्या–द्वेष का भाव उत्पन्न होना स्वाभाविक था। मैं इससे आतंकित भी हुआ और कालान्तर में इसका कुफल भी भोगा। बाजवूद इसके, आदरणीय तोमरजी की इस कृपा से मैं उनके निकट आया, उन्हें जाना–पहचाना और मेरा आत्मबल बढ़ा। मैं निडर हुआ, कर्मपथ पर बढ़ चला–क्योंकि एक लौह पुरुष का वरदहस्त अनायास मिला था।

किन्तु हाय रे भाग्य! या दुर्भाग्य। उनके उस आशीर्वाद के कुछ माह ही बीते होंगे कि विभाग के एक अत्यन्त प्रभावशाली उपाचार्य अध्यक्ष के निकटस्थ व्यक्ति मेरे घर पहुँचे। आसन्न साक्षात्कार में अपनी बेटी की नियुक्ति के लिए तोमर जी को एक सिफ़ारिशी पत्र लिखने का मुझे आदेश दिया। मैं हैरान। कहाँ राजा भोज और कहाँ गँगुआ तेली। वैसे भी एकाध वर्ष बीत गये थे, उस दोपहरी के बाद न तो तोमरजी से कहीं भेंट–मुलाक़ात हुई न कोई ख़तो–किताबत। मैंने अपनी असमर्थता जतायी। उस समय तो वे नाराज़ होकर चले गये, किन्तु वे तो ऐसी जोंक थे, जो जल्दी किसी का पिण्ड न छोड़ते थे। देखता हूँ–सन्ध्या समय बेटी और पूरे परिवार सहित पुनः हाज़िर। अपने लक्ष्य में वे सफल हुए।

प्रसन्न भी हुए। उनकी यह प्रसन्नता दिखावटी थी। कालान्तर में तो उन्होंने मेरी राह रोकने के हर सम्भव–असम्भव प्रयास किये। पहली या कहें दूसरी भेंट में तोमरजी को जितना समझा था, उससे मैं यह जानता था कि इस दुस्साहस के लिए तोमरजी मुझे कभी माफ़ नहीं करेंगे। यद्यपि उन्होंने मेरी सिफ़ारिश मान ली थी, तथापि लगभग पाँच वर्षों तक वे सीधे मुँह बात नहीं किये। कभी कहीं मिले भी तो व्यंग्य से मेरा स्वागत किया। मुझे भरोसा था तो केवल सदाशयता और मानवीयता से ओत–प्रोत उनके व्यक्तित्व का। वे अपनों के हर क्षण की ख़बर रखते थे। भारत और काशी में मैं अकेला उनका स्नेह पात्र नहीं था।

7

नौवें दशक के अर्धांश में ही मैं गम्भीर रूप से अस्वस्थ हुआ। चिकित्सा असफल सिद्ध हो रही थी। चारों तरफ़ हल्ला था, "विभाग के ही एक आचार्य और उनके सहयोगी ने मेरे ऊपर तन्त्र–मन्त्र का प्रयोग कराकर मुझे धराशायी कर दिया है।" मुझे इस पर विश्वास नहीं था, किन्तु परिस्थिति और उपचारों ने कालान्तर में इसे प्रमाणित भी किया। बहन और पत्नी अपने–अपने ढंग से तन्त्र–मन्त्र की काट में प्रयासरत थीं। इसी मनःस्थिति में एक दिन सुबह–सुबह दरवाज़ा खटकने पर पत्नी ने झल्लाहट से दरवाज़ा खोला तो सामने तोमरजी को होल्डाल–अटैची के साथ खड़ा पाया। पत्नी की स्मरण–शक्ति बहुत अच्छी रही है, तभी तो पहचाना उन्होंने। तत्काल अपने मनोभावों को दबाया और उन्हें सादर भीतर लिवा लायीं। मुझे बुख़ार उस समय भी तेज था, लगभग बेहोशी की सी स्थिति में मैं था। मस्तक पर शीतल स्पर्श की अनुभूति से मैं कुछ चैतन्य हुआ, पत्नी की आवाज़ आयी–तोमरजी हैं। मैंने उठने का प्रयास किया, असफल रहा। चाय पीते हुए तोमरजी ने बताया कि "दिल्ली में आपकी बीमारी की सूचना मिली। टिकट तो सीधा शान्तिनिकेतन का था, किन्तु उसे छोड़कर मैं आपको देखने और चिकित्सा–व्यवस्था के लिए यहाँ उतर पड़ा। कब वे नहा–धोकर तैयार हुए पता नहीं, रिक्शा भी आ गया। मुझे उसमें बैठाकर वे सीधे अस्पताल लाये। भर्ती की प्रक्रिया भी पूरी करायी और डॉक्टर के पर्चे के अनुरूप दवा भी ख़रीद कर पत्नी को सौंप गये। इस बार वे मेरे घर तीन दिन रुके। अस्पताल से घर एक किये रहते। घर में जो मिला वे

खाये, जैसे रहने को मिला वे रहे। शायद चौथे दिन मेरे कुछ स्वस्थ होने पर वे वापस चले गये, किन्तु प्रति सप्ताह फ़ोन से वे मेरा समाचार लेते रहे।

8

लगभग दो महीने बाद ही मैंने विश्वविद्यालय अनुदान आयोग द्वारा पूर्व स्वीकृत आचार्य हजारीप्रसाद द्विवेदी संगोष्ठी का अनुष्ठान ठाना। विजयपाल सिंह कृतकार्य हो चुके थे। बचे तीनों आचार्यों ने इस संगोष्ठी में अपने–अपने प्रकृति के अनुरूप अवरोध खड़े किये। मेरे सामने संकट का पहाड़ खड़ा था। भरोसा था तो तोमरजी के सत् परामर्श और सहभागिता का। मैं प्रतिदिन उनसे परामर्श तो लेता ही था, कुछ का पालन मैं कर पाया, कुछ का नहीं। और (आत्म प्रशंसा न मानें) अपनी चाणक्य बुद्धि से इस संगोष्ठी के सारे अवरोधक तत्त्वों को मैंने सहयोगी बनाया फिर तो इस संगोष्ठी का डंका पिटा। तीनों दिन आर्ट्स कालेज के प्रेक्षागृह में तिल रखने की जगह नहीं थी। वस्तुतः इस संगोष्ठी से मैं तोमरजी के गहन अध्ययन, उनकी भाषण कला से प्रभावित हुए बिना नहीं रहा।

तोमरजी ऐसे गाँधीवादी थे, जिन्हें अपने छोटे या बड़े काम के लिए किसी को कष्ट देना कत्तई पसन्द न था। कहीं मैंने पढ़ा था कि गाँधीजी बात करते समय सामने के व्यक्ति की आँखों से आँखें नहीं मिलाते थे। ठीक यही स्थिति तोमरजी की थी। वार्ता में उनकी भी आँखें प्रायः धरती को ही ताकती रहती थीं, सुनने वाले पर उनकी बातों की क्या प्रतिक्रिया हो रही है, इसकी उन्हें परवाह नहीं थी। शायद, तभी वे बेलाग, कटु से कटु बात कह लेते थे।

तोमरजी यदि किसी के घर रुकते भी तो वे भार नहीं बनते थे, अपितु उसके सहायक ही सिद्ध होते। घर के लोगों के जगने के पहले वे अपनी दैनिक क्रिया से निवृत्त हो चुके होते। या तो कुछ पढ़ते मिलते या बाहर टहलते। वे बहुत संकोची स्वभाव के भी थे। यह संकोच इसलिए कि किसी को कोई कष्ट न हो। यात्रा में उनके साथी थे–एक होल्डाल और एक अटैची। उनके इस संकोच की एक मज़ेदार कथा कणिकाजी ने मुझे बताई थी "एक बार तोमरजी देर रात अपनी ससुराल पहुँचे। गहरी निद्रा में सोये लोगों तक उनके द्वारा खटखटायी गयी कुंडी की आवाज़ नहीं पहुँची। दुबारा प्रयास के बदले उन्होंने अपना होल्डाल खोला और दरवाज़े पर सो गये। सुबह उनके ससुर ने दरवाज़ा खोला। इस तरह बिस्तर बिछाये

गहरी नींद में सोये जामाता की प्रकृति के साक्षात्कार से वे अपना आपा खो बैठे। उन्हें जगाया, भीतर ले जाकर खरी–खोटी सुनाई। तेज़ बुखार में तोमरजी चुपचाप सब कुछ सुनते रहे। किन्तु इस डाँट ने भी उनकी संकोची प्रकृति को नहीं बदला। यह संकोच वे आजीवन ढोते रहे।

9

एक बार गोमती गेस्ट हाउस, दिल्ली में, मैं उनके सामने पड़ गया। तोमरजी के साथ तीन–चार लोग और थे। मैं कहीं जाने की जल्दबाज़ी में था, किन्तु तोमरजी के सामने से हटना सम्भव नहीं था। उन्होंने सीधे सम्बोधित करते हुए कहा–इनसे मिलिए। ये लक्ष्मण प्रसादजी (कल्पित नाम) हैं। इन्होंने रामचरितमानस पर शोध कार्य किया है। दिल्ली के केन्द्रीय विश्वविद्यालय में कल मैंने इन्हें प्रवक्ता बनाया है। इनसे एक ही प्रश्न किया था–मानस में लक्ष्मण किसके पुत्र हैं। इनका उत्तर था–कौशल्या के। अब ये विद्वान हिन्दी वालों को यही पढ़ाएँगे, और इनकी समीक्षाएँ....। कल ये रीडर होंगे, प्रोफ़ेसर होंगे, विभागाध्यक्ष भी होंगे, समितियों के सदस्य भी आदि आदि....। मैं स्तब्ध। दुखी। यह क्या कह और कर रहे हैं तोमरजी? किन्तु वे तो किसी को छोड़ने वाले नहीं थे।

10

फलस्वरूप वे अपने पथ के अकेले पथिक रह गये। इसका आभास मुझे उनकी बेटी इन्द्राणी की शादी में भी मिला। जहाँ बाहर से उनके शिष्य और मित्र तो पहुँचे, किन्तु विभाग में उन्हीं के सहयोग से नियुक्ति प्राप्त अनेक अध्यापक नदारद थे।

वे गाँव की माटी की उपज थे। उस गाँव की स्मृतियाँ, उसके उत्थान की भावना उन्हें अन्त तक उत्प्रेरित करती रहीं। जन्मना क्षत्री तोमरजी अपनी आन–बान और वचन पर मर मिटने वाले व्यक्ति थे। क्षत्री–वर्ग अपने स्वार्थ के लिए तो उन्हें क्षत्री मानता था, किन्तु स्वार्थ–सिद्धि के पश्चात वह उन्हें भूलने में ही अपनी भलाई समझता था। मेरी दृष्टि में तो तोमरजी जाँति–पाँति, धर्म के परे रहकर जीवन भर एक सामासिक संस्कृति, धर्म और मानव–जाति के निर्माण तथा विकास के लिए अपने पथ के एकाकी पथिक थे।

परम्परा एक अदद द्रोणाचार्यों की...

'नवहिं नीच कर अति दुखदायी' तुलसीदास की यह उक्ति आज भी मुझे याद आती है, हर क्षण याद आती है। पर क्या याद रख पाता हूँ? नमन के समय, जानते हुए भी, किसी की नीचता का स्मरण रह पाता है? अपनी आदत ही ख़राब है। ऐसी उक्तियाँ याद कहाँ रहने वाली हैं। कोई प्रेम से बोला नहीं कि अपने राम उसके सामने दिल खोल बैठे। क्या हर एक के सामने आज दिल खोलना उचित है? वह ज़माना दूसरा था जब हनुमानजी ने राम के सामने अपना हृदय खोलकर दिखा दिया था, जिसमें राम और सीता ही प्रतिष्ठित थे। आज तो हनुमान भी ऐसा नहीं कर सकेंगे और करें भी तो क्या आज के राम उन पर विश्वास करेंगे? कदापि नहीं। न आज राम हैं? और न हनुमान। वह विश्वास की चरमावस्था हमारे बीच कहीं भी तो नहीं। मानवता का पहला गुण ही एक–दूसरे पर विश्वास, एक–दूसरे के प्रति श्रद्धा, आस्था का भाव, सब कुछ अप्रासंगिक हो गया है आज। हम एक–दूसरे को जितना धोखा दे सकें, छल–प्रपंच द्वारा जितना दूसरों को ठग सकें, दूसरों के ख़िलाफ़ जितना जाल फरेब कर सकें, विरोध का वातावरण पैदा करने में जितने सफल हो सकें, उतनी ही, हमारे जीवन की सफलता और सार्थकता है। मुखौटे के इस युग में मुखौटाविहीन कब तक रहोगे मेरे यार। बदलो.... बदलो अपने को।

कहा जाता है अध्यापक का सबसे बड़ा आदर्श है–उसका अजातशत्रु होना। जो मिले खा ले, जैसा–तैसा रह ले और अपना सब कुछ शिष्य को दे दे। शिष्यों के प्रति समभाव रखे। सहयोगियों के समक्ष त्याग और तपस्या का आदर्श बने। प्रतिस्पर्द्धा केवल शिक्षा ज्ञान में हो। वशिष्ठ, वाल्मीकि, विश्वामित्र, द्रोण, परशुराम इसी कारण तो हमारे आदर्श बने। ठीक भी है। परशुराम सब गुण सम्पन्न होते हुए एक जाति विशेष के

द्रोही माने जाते हैं? क्यों? शायद उनके मन की असह्य पीड़ा का कारण क्षत्रिय ही थे। परन्तु उनका ब्रह्मत्व क्या दे पाया? जाति विनाश क्या कुछ दे पाता है? और अन्ततः राम से परशुराम पराजित होते हैं। जय पराजय की यह धुरी निरन्तर चक्रित होती रहती है, कब, कौन ऊपर होगा कौन नीचे, कहना कठिन।

2

परन्तु आज मन उदास है। सोचता हूँ, ख़ोजता हूँ, वशिष्ठ, वाल्मीकि, विश्वामित्र आदि की गुरु–परम्परा इस देश में कहाँ हैं? क्या हो गया उस परम्परा को? अतीत की स्मृति मन में वेदना की टीस बनकर ही रह जाती है। पता नहीं इन गुरु–ऋषियों को बेटे–बेटियाँ थे या नहीं? और थे तो उन्होंने अपने बेटे–बेटियों को क्यों नहीं प्रथम श्रेणी दिलवा दी? क्यों नहीं उन्हें टॉप करवा दिया और इस सबके बाद भी क्यों नहीं उन्हें उच्च पद पर नियुक्त करा दिया। ये इतिहास गुरु क्यों और कैसे इन सबसे चूके, समझ नहीं पा रहा हूँ। शायद आज होते तो आज के गुरुओं की प्रतिस्पर्द्धा में ये पीछे छूट जाते। पता नहीं इन गुरुओं ने अपनी जाति को ही क्यों योग्य नहीं माना? अपनी जाति बिरादरी, सगे–सम्बन्धियों को क्यों नहीं श्रेष्ठतम सिद्ध किया? क्यों नहीं उन्हें सेनापति बनवा दिया, उन्हें राजा बनवा दिया? शायद इसलिए नहीं बनवाया कि सेनापति या राजा के रूप में हर क्षण, हर मौक़े पर उन्हें सामने रहना पड़ता और अयोग्यता के नाते उन्हें असफ़लता मिलती; बेइज़्ज़ती अलग और अधिकार अलग छिन जाता। पर आज इस सबका डर कहाँ? आज वैसी प्रतिस्पर्द्धा कहाँ? कक्षा में उपस्थित होने से कोई लाभ नहीं। परीक्षा के पूर्व प्रश्नों और परीक्षकों का पता लग ही जायेगा। और "परीक्षक भी तो मेरे अपने ही होंगे।"

आज के एक द्रोणाचार्य की कथा याद आ गयी। शिष्य... शिष्य की बात न कीजिए, न सोचिए, आज तो सबसे पहले पत्नी, बेटे, बेटी ही योग्य शिष्य हैं, दूसरों का नम्बर बाद में आयेगा।... द्रोणाचार्य ने तो एकलव्य से माँगकर अँगूठा ही लिया था।... सावधान! आज के गुरु तुम्हारा हाथ ही कटवा सकते हैं। तो इन आचार्य स्वरूपी आधुनिक द्रोणाचार्य ने एक विश्वविद्यालय से कई लोगों को डी.लिट्. की उपाधि दिला दी। और अपनी पत्नी को एम.ए. की परीक्षा में बैठा दिया और परीक्षक बनवा दिया

डी.लिट्. उपाधिकारी इन शिष्यों को। फिर क्या था? कठिनाई से पास होने वाली पत्नी प्रथम श्रेणी पाकर टॉप कर गयी। द्वितीय श्रेणी और दूसरा स्थान पाने वाला छात्र कुछ स्वाभिमानी निकला। पुनःपरीक्षण हुआ, और किसी तरह गिरते–पड़ते अध्यापक पति महोदय की पत्नी द्वितीय श्रेणी पा सकीं और यह छात्र प्रथम श्रेणी प्रथम स्थान का अधिकारी बना। अपने विश्वविद्यालय से उन्हें भागना पड़ा। पर इससे क्या वे एक दूसरे बड़े विश्वविद्यालय में आचार्य और अध्यक्ष का पद सुशोभित करते रहे। और यह छात्र... निश्चय ही परम्परा को भूल बैठा, उससे दूर हट गया, कह सकते हैं दिग्भ्रमित हो गया। नहीं तो, उसका आदर्श तो था–एकलव्य होना। सुभाष बोस कैसे बन गया? कहीं कोई खोट ज़रूर आयी। शायद उसे मार्क्स की याद आ गयी, शोषण के विरुद्ध विद्रोह की भावना भर गयी। पर वह नहीं जानता। मार्क्स भी उसके नहीं, उन पर जिनका क़ब्ज़ा है; वह तो इन अध्यक्ष आचार्य से भी आगे। अरे भाई... बचनेन किम् दरिद्रता। कर्म का आदर्श मत रखो। इतिहास के पन्नों में ख़ोज शुरू करता हूँ, कहीं कुछ भी तो नहीं मिलता।

हमारे आदर्श गुरु अतीतकालीन गुरु अपने बच्चों को कहाँ शिक्षित करते थे? कैसे करते थे? पता नहीं। पर आज तो हम अपने बच्चों को दूसरे विषय न दिलाकर अपने विषय में ही प्रवेश दिलाएँगे। और चूँकि वे एक विषय के अध्यापक की सन्तान हैं, इसलिए विषय सम्बन्धी सभी योग्यताएँ उनमें भरी ही होंगी। और उपाधि प्राप्ति के पूर्व ही कनिष्ठ सहयोगियों में वरिष्ठ सहयोगियों की सन्तानों को विद्वान की उपाधि से विभूषित कर देने की होड़ सी लग ही जायेगी। ज़रूरत हो तो नोट्स तैयार करने के लिए, अंक बढ़वाने, परीक्षक के पास तक की दौड़ और अवसर मिले तो नकल करवा देने के लिए प्रतिस्पर्द्धा या कॉपी स्वयं ही लिख डालने की प्रतिबद्धता की कमी कहाँ? कहा भी तो गया है कि यदि कुछ करोगे तभी कुछ मिलेगा। सेवा का फल मीठा होता है। अन्यथा उनकी सूची से तुम्हारा पत्ता साफ़। तुम्हें अगर बड़ा पद पाना है, पैसा कमाना है तो तुरन्त ऐसे समर्थ गुरु की शरण प्राप्त करो। प्राप्त करो! दौड़ो... चूको मत!

पता नहीं मैं भी कौन–सा पचड़ा ले बैठा। अरे भाई दूर मत जाओ, स्वतन्त्रता के पूर्व और स्दतन्त्रता के पश्वात के भारत को देखो। पहले के राजा के स्थान पर उन्हीं की सन्तान राजा बनता था। वह सर्वगुण सम्पन्न

होता था, उसकी किससे प्रतिस्पर्द्धा। और स्वतन्त्रता के पश्चात के 70 वर्षों का इतिहास भी वही गाथा दुहराता है। यदि नेता का बेटा–बेटी सर्वगुण सम्पन्न राजनीतिक नेता बन सकता है उसकी प्रशंसा में समूचा समुदाय उमड़ पड़ सकता है तो भाई अध्यापक ने ही क्या बिगाड़ा है? हम अपने किसी स्वार्थवश यदि अध्यापक के बेटे–बेटी में गुण ही गुण देखते हैं तो कौन–सा हर्ज? पर याद रखिए। इस दौड़ में पिछड़िए नहीं। अब चार वर्णों की मान्यता अप्रासंगिक हो गयी। ब्राह्मण का पुत्र ब्राह्मण होगा, इसकी आवश्यकता नहीं। अब तो ज़रूरत है–नेता वर्ण, आई.ए.एस. (अधिकारी), अध्यापक वर्ण, अन्य कर्मचारी वर्ण। नेता की सन्तान नेता होगी। अधिकारी की सन्तान अधिकारी, अध्यापक की सन्तान अध्यापक और तदनुसार अन्य कर्मचारियों की सन्तान।

वर्तमान युगीन गुरु! तुम्हें शत् शत् प्रणाम! यदि बेटे–बेटी नहीं तो अपनी जाति–बिरादरी तो है, उसे टॉप कराओ। जाति–बिरादरी भी न मिले तो चरण–वन्दन, स्तुति, गान करने वाले तो मिल ही जायेंगे, भले ही बाद में विरोध करें। परन्तु बात आज की है। आज तो प्रशंसक हैं न, आज तो झण्डा ऊँचा उठाकर चलने वाले हैं न, आज तो सब कुछ दे देने वाले हैं न। लेकिन कल...कल की कोई आवश्यकता नहीं। कल किसने देखा है। यदि आज ठीक तो कल अपने आप ठीक होगा।

कुछ आचार्य प्रवर ऐसे हैं जो ऐसे कार्य बड़ी कुशलता से सम्पन्न करा लेते हैं। परीक्षा विभाग के क्लर्क से लेकर परीक्षक, कुलपति तक सब उनके अपने। और ऐसे लोग शक्ति परीक्षा में भी सशक्त। समाचार–पत्र, पत्र–पत्रिकाओं से भी उनके सम्बन्ध। मजाल है जो कुछ भी उनके विरुद्ध कहीं छप जाये, कहीं शिकायत पहुँच जाये? अपनी चिल्लाते रहिए।... और फिर चिल्लाने का फल जानते हैं? आप मार भी खा सकते हैं, आप पर भ्रष्टाचार के आरोप भी लग सकते हैं, छात्रों का हुजूम भी आपके विरुद्ध खड़ा हो सकता है, आप पर थूका भी जा सकता है, आपके विरुद्ध आपके परिवार के विरुद्ध नारेबाज़ी भी हो सकती है, और आपकी प्रोन्नति भी रुक सकती है। आपके विरुद्ध जाँच समितियों के गठन की अटूट शृंखला खड़ी की जा सकती है। और...फिर... आप विश्वविद्यालय से निकाले भी जा सकते हैं। आपके हर कामों में अवरोध ही अवरोध।

हम तो... वादी हैं... वाद का सही अर्थ समझने का प्रयास करो। हमारा... वाद तो केवल अपने लिए, अपने परिवार के लिए है, ज़रूरी नहीं

कि समस्त परिवार के लिए हो, यह सीमा घटती–बढ़ती है।... पता नहीं स्वयं...वाद के नियामकों ने अपने सिद्धान्तों की यह नियति सोची थी या नहीं? बेटे! व्याख्या कहीं... मूल कथ्य से मेल खाती है? अब तो डर लगने लगा... डर क्यों?... डरना नहीं चाहिए?... अब और आसान।... पढ़ने की ज़रूरत नहीं रोल नम्बर पहुँचा देना ही काफ़ी है। किसी एक का चमचा बन जाना। बस! देखो कमाल।

भई ऐसे भी गुरु हैं जो शिष्यों के बलिदान से ही बड़े होते हैं, पुरस्कारों के ढेर से वे महान बन जाते हैं। उस महानता में वे किसी भी शिष्य को, साथी को फँसा सकते हैं, उसका प्राण ले सकते हैं, और तब जब, पहले उसके ख़िलाफ़ प्रचार कर चुके हों, कोई उनके ख़िलाफ़ कैसे बोलेगा? और शिष्य या साथी, उससे उनको क्या लेना–देना, जब तक वह मरेगा नहीं, खपेगा नहीं तब तक वे महान बनेंगे कैसे? वे सब पाप पचा सकते हैं हर पाप के बाद भी वे धार्मिक ही बने रहेंगे।

बुद्धिमान शिष्यो! समय के अनुरूप बनो। और कुछ नहीं तो पढ़ो–लिखो, सुन्दर बीवी ख़ोजो, वह अपना भी उद्धार करेगी और उसकी वैसाखी के सहारे तुम भी वैतरणी पार कर लोगे। सुन्दर बीवी हो तो पचास पार कर रहे आचार्य नारद मोह से कैसे बच पायेंगे? और वे बच भी गये तो उनके लड़के–बच्चे तो नहीं बचेंगे। वह तो अपने बच्चों की आँखों से देखते हैं उन्हीं के कानों से सुनते हैं, और उन्हीं की बुद्धि से गुनते हैं। अतः तुममें उन्हें सब योग्यता दिखेगी। तुम्हारी बीवी के सब कथन सही सिद्ध होंगे जिसके ख़िलाफ़ चाहो उसके ख़िलाफ़ कान भर सकते हो। षड्यन्त्र के चक्र नारी का सहारा लो, उस नारी का जो बड़े–बड़े ऋषियों–मुनियों को मोहित करती रही है, उन्हें अपने इंगित पर नाना नाच नचाती रही। ऐसी नारी का जो बड़े–बड़े राजाओं को अपने मोह जाल में फँसाकर उनका राज्य ही चौपट करती रही है। जब जिसे चाहती बिठाती, जिसे चाहती उतारती। सिंहासन उसका अपना। ऐसी नारी के सामने आज के आचार्यों की क्या बिसात? अगर ऐसी नारी तुम्हारे पास है तो सब दुख दूर। सभी सफलताएँ तुम्हारे चरण चूमेंगी। निश्चिन्त रहो। बेटे... तुम केवल... षड्यन्त्र करते रहो, अपने नाम को चरितार्थ करते रहो, शेष छोड़ दो अपनी बीवी के ज़िम्मे। शाबाश! आज तक तुम सफल रहे। तीन–तीन पीढ़ी को मोहित किये रहे। पर मेरे पास तो पढ़ी–लिखी नौजवान बीवी नहीं। क्या करूँ, सोच रहा हूँ तलाक दे दूँ... उस खूसट बुढ़िया को।

जो बैलों के गले की घण्टी जैसी मेरे गले, समझ आने के पहले, नारी–पुरुष का भेद कर पाने के पहले ही; मढ़ दी गयी है।... दूसरा विवाह करूँ। पर वह तो इस अवस्था में केवल दूसरे की ही हो जायेगी।... अरे मूर्ख मन! इसी की तो ज़रूरत है, इससे कोई फ़र्क़ नहीं पड़ता। "हाथी घूमें गाँव–गाँव, जिसकी हाथी उसी का नाव।" नहीं, यही उचित होगा। एक अदद ऐसी बीवी की सख़्त ज़रूरत है।

क्यों कोस रहे हो आज के गुरु समूह को। कल द्रोणाचार्य ने भी तो यही किया था। और... आज हम कर रहे हैं। कौन–सी परेशानी...। यही न कि ऐतिहासिक अर्जुन एवं एकलव्य में बहुत कम असमानता थी किन्तु आज के अर्जुन एकलव्य में ज़मीन–आसमान का अन्तर है। अरे भाई... यही तो परम्परा एवं आधुनिकता का अन्तर है। यदि तिल को ताड़ और ताड़ को तिल बना देने में हम समर्थ नहीं तो हमें धिक्कार हैं... हमारी आधुनिकता को धिक्कार है। अपने को बदलो। अपने स्वार्थ को ध्यान में रखकर बरताव–व्यवहार करो।

आचार्य हजारीप्रसाद द्विवेदी : मेरे कायाकल्प के सूत्रधार

आचार्यजी से मेरा सम्पर्क सन् 1967 के अन्तिम दिनों में तब हुआ, जब वे काशी हिन्दू विश्वविद्यालय के हिन्दी विभाग में आचार्य और अध्यक्ष के रूप में कार्य सँभालने आये। चण्डीगढ़ के अपने सखा तथा काशी हिन्दू विश्वविद्यालय के तत्कालीन कुलपति डॉ. अमरचन्द जोशी के आग्रह को स्वीकार कर वे काशी आये थे। काशी वालों को आचार्यजी कब सुहाते? फलस्वरूप उनका विरोध प्रारम्भ हुआ। नियम–क़ानून को दरकिनार करने वाले जोशीजी को झुकना पड़ा। दो माह में ही द्विवेदीजी को हिन्दी विभाग से हटाकर रेक्टर बनाना उनकी मज़बूरी बनी। जोशीजी और आचार्यजी की जोड़ी विश्वविद्यालय में राम–लक्ष्मण के रूप में विख्यात हुई। एक कुशल प्रशासक और दूसरा भावुक, छात्रों को सही दिशा देने वाला। पहली बार छात्र और प्रशासन विश्वविद्यालय की प्रगति में एक साथ सक्रिय हुए। किन्तु यहाँ के राजनीतिज्ञ आचार्यों को न तो यह जोड़ी भायी और न ही विश्वविद्यालय की प्रगति। उनका हित तो तभी सम्भव था जब दोनों अलग–थलग हों। जोशीजी को लोगों ने घेरना शुरू किया। निडर जोशीजी को भरमाया गया कि "छात्रों में द्विवेदीजी के प्रति अपार श्रद्धा है, वे कभी भी उन्हें बरगला सकते हैं और ये छात्र! कभी भी आपको अपमानित कर सकते हैं।" जोशीजी घिर चुके थे–इन लोगों से। अब उनकी कार पर जाति विशेष के दो–तीन गुण्डे साथ में बैठे नज़र आते। बहाना था–जोशीजी की सुरक्षा का। किन्तु लक्ष्य था–दूसरा। द्विवेदीजी उपेक्षित होने लगे। जोशीजी से छात्र दूर और जोशीजी द्विवेदीजी से दूर। छात्रों और प्रशासक के बीच संवादहीनता बढ़ी। इसी बीच छात्रसंघ का चुनाव आया। चुनाव तो येन–केन प्रकारेण सम्पन्न हुआ। किन्तु कुलपति की पक्षधरता के विरोध में छात्र आन्दोलन भड़क उठा। आचार्य द्विवेदीजी

ने प्रयास किया–आन्दोलन की समाप्ति का। छात्र मान भी गये। किन्तु ज़ोर–दबाव के कारण उनकी संस्तुतियाँ जोशीजी ने नहीं मानीं। फलस्वरूप विश्वविद्यालय धू–धू कर जल उठा। महीने भर की अनिश्चितकालीन बन्दी का दंश विश्वविद्यालय को झेलना पड़ा। विश्वविद्यालय कोर्ट की बैठक हुई। जोशीजी पर आरोपों की बौछार। अविश्वास प्रस्ताव पेश हो गया। यह प्रस्ताव पास होने वाला ही था कि द्विवेदीजी खड़े हो गये। वक्तव्य पहले से तैयार था, किन्तु वे बोले मौखिक। उनके भावनात्मक प्रश्न तथा तर्क ने सभी को निरुत्तर कर दिया। अविश्वास प्रस्ताव पास न होते देख, वापस ले लिया गया। (कालान्तर में डॉ. रामविलास शर्मा ने इस व्याख्यान का उपयोग आचार्य द्विवेदी के मूल्यों/मानदण्डों के खण्डन हेतु किया।)

कोर्ट में परास्त लाबी यहीं हार मानने वाली नहीं थी। सरकारी तन्त्र, सांसद, मन्त्री सक्रिय हुए। विश्वविद्यालय को ऊँचाइयों के शिखर पर पहुँचाने की कल्पना सँजोये जोशीजी को मगरमच्छ रूपी 'गजेन्द्र गडकर आयोग' निगल गया। स्वाभिमानी जोशीजी दिल्ली में ही अपना त्यागपत्र देकर लौटे। और आज!... कल तक उन्हें घेरे रहने वाले विश्वविद्यालय के रणनीतिकारों और छात्रों का दूर तक अता–पता नहीं था। कोचीन हाउस जन–हीन होकर साँय–साँय कर रहा था। चारों ओर भयावह सन्नाटा पसरा था। होलकर हाउस (द्विवेदीजी का आवास) में भी सन्नाटा तो था किन्तु वैसा नहीं। यहाँ लोग आ–जा रहे थे। द्विवेदीजी मौन। सबकी सुनते रहे। उनकी आँखें आकाश की ओर टँगी रहीं। आचार्यजी के इस मौन में एक ऐसी ताक़त थी जो सबको धराशायी कर देती थी। कुछ देर बोलकर, उपदेश देकर, द्विवेदीजी की सहभागिता के अभाव में वापस जाने के लिए लोग विवश हो उठते।

आचार्यजी के चेहरे पर आक्रोश और पीड़ा का क़ब्ज़ा था। मैंने ताक–झाँक की। उनके चेहरे की कठोरता देख मैं घबड़ा गया। समझने में देर न लगी कि आचार्य प्रवर ने कोई बड़ा निर्णय ले लिया है।

कमरे में बैठा मैं इन स्थितियों पर विचार ही कर रहा था कि देखा, आचार्यजी उदास, पराजित चाल में धीरे–धीरे कोचीन हाउस में घुस रहे हैं। क़रीब एक घण्टे बाद वे लौटे। परन्तु इस बार उनकी चाल–ढाल, भाव–भंगिमा बदली थी। चेहरे पर ख़ुशी टपक रही थी। आँखें प्रफुल्ल। बाहर बरामदे में ही मैं खड़ा था। "राजमणि मैंने भी त्यागपत्र दे दिया।" मैं हतप्रभ। यह क्या? प्रश्नवाचक मुद्रा में मैं उनके पीछे–पीछे कमरे में पहुँचा।

माताजी भी हाज़िर। हम दोनों को सम्बोधित करते हुए उन्होंने जो कहा, उसका भाव/सार था–"मैं इस विश्वविद्यालय को तो पहले ही छोड़ चुका था। इस परिसर में सात वर्षों तक प्रवेश भी नहीं किया। अपने संकल्प पर अडिग रहा। किन्तु जोशीजी नहीं माने, मेरा संकल्प तुड़वाया। मैं चण्डीगढ़ में भी जोशी के साथ था, यहाँ भी पूरी आत्मा और शरीर के साथ रहा। लोग सम्बन्धों को तुड़वाते रहे, मैं जोड़ता रहा।... आज जब मैंने अपना त्यागपत्र सौंपा तो उनकी ख़ुशी का पारावार न रहा। त्यागपत्र वापस लेने के लिए वे मुझे समझाते रहे। मेरे स्पष्ट इनकार करने पर उनकी आँखों से ख़ुशी के आँसू टपक पड़े। उन्हें लगा कि कोई उनके साथ है। आज ज़रूरत थी उन्हें ऐसे अनेक लोगों की जो उनके साथ उठ खड़े होते और दिल्ली में बैठे राजनीतिज्ञों को एक नया सन्देश देते इससे जोशीजी सशक्त हो उठते। पर हाय रे स्वार्थ! मनुष्य स्वार्थ के वशीभूत होकर अन्धा, बहरा और गूँगा बन गया है...।"

जोशीजी गये, किन्तु कलकत्ता, पटना, इलाहाबाद वे प्रायः आते थे और वे इन जगहों की यात्रा का उपयोग आचार्यजी से मिलने के लिए करते रहे। काशी हिन्दू विश्वविद्यालय का यह आघात जोशीजी बहुत कम ही दिन झेल पाये।

2

जोशीजी के बाद काशी हिन्दू विश्वविद्यालय के कुलपति श्री कालूलाल श्रीमाली बने। जोशीजी के पश्चात श्रीमालीजी को विश्वविद्यालय में आते ही यदि कोई चिन्ता थी तो वह थी छात्रों के बीच आचार्य द्विवेदी की लोकप्रियता। वे उन्हें रेक्टर के पद से हटाना चाहते थे, ख़ोज में थे उन्हें किसी सम्मानजनक दायित्व से सम्पृक्त करने के लिए ताकि 'साँप भी मर जाय और लाठी भी न टूटे।' उन्होंने पुरानी फ़ाइलें खँगालीं और आचार्यजी को "हिन्दी भाषा का ऐतिहासिक व्याकरण" संशोधित करने की ज़िम्मेदारी सौंपकर रेक्टर हाउस से बेदखल कर दिया। सहायकों की एक लम्बी फ़ौज भी दे दी। आचार्यजी के कहने पर मुझे भी उनके साथ जोड़ दिया। आचार्यजी को काम चाहिए था, परन्तु सहायकों को काम करने की फुर्सत कहाँ? इतना ही नहीं एक उपनिदेशक सब कुछ लेकर घर बैठ गये। फ़ोन–पर–फ़ोन, दूसरी तरफ़ से बहाने पर बहाने। एक सन्ध्या

द्विवेदीजी बेहद परेशान अपने बरामदे में टहल रहे थे। पहुँचते ही कहा। "भाई चलो.... के यहाँ। कम–से–कम मैटर तो उठा लाऊँ, काम तो वह करने से रहा।" मैटर ले आये, किसी तरह। द्विवेदीजी ने स्वयं एक–एक शब्द पढ़कर देखकर यह व्याकरण पूरा किया। समूचे दौर में उनकी वेदना का मैं साक्षी था किन्तु हाय रे द्विवेदीजी! उन्होंने कभी किसी की शिकवा–शिकायत नहीं की। मैं भी पछता रहा हूँ–सत्य लिखने के लिए।

3

समय बदला। आचार्य द्विवेदीजी को पिता और माताजी को अम्मा कहने वाले उनके एक शिष्य एकाएक द्विवेदीजी को गालियाँ देने लगे। कारण–पुरस्कार समिति के अध्यक्ष होते हुए भी द्विवेदीजी उन्हें पुरस्कृत नहीं करा पाये थे, यही द्विवेदीजी का अपराध था। उनकी गालियों से मेरा भी साबका हो चुका था, पर मैं चुप था। साहस नहीं था कि द्विवेदीजी को बताऊँ। हाँ! शिष्य महोदय के विरोधी, आचार्यजी तक सब कुछ पहुँचा चुके थे। द्विवेदीजी मौन थे। महीना बीता होगा कि एक दिन सन्ध्या समय आचार्यजी ने कहा–"चलो टहल आया जाय।" सड़क पर निकलते ही उन्होंने कहा–"तुम्हें मालूम है कि.... मुझसे बहुत नाराज हैं। आज समाचार मिला है कि इस नाराज़गी ने उन्हें बिस्तर पर लिटा दिया हैं। उन्हें देखने चलना है।" मैं घबड़ाया–उस दृश्य की परिकल्पना कर जब दोनों का आमना–सामना होगा। किन्तु साथ देना तो विवशता थी। मैं अपने आराध्य हनुमानजी को स्मरण करता रहा और द्विवेदीजी की सुनता रहा। वे कहते रहे–"कैसे मैं उन्हें पुरस्कार दिलाता जब उनसे भी श्रेष्ठ रचना और रचनाकार उस दौड़ में हों।" ख़ैर हम दोनों पहुँचे। वे बाहर निकले भी, पैर छूने की कौन कहे, वे तो सामान्य शिष्टाचार भी भूल गये थे। उन्होंने अत्यन्त रूखे व्यवहार से द्विवेदीजी का स्वागत किया। 5–7 मिनट की अप्रिय वार्त्ता के पश्चात आचार्यजी उठे, चुपचाप बाहर निकल पड़े। रास्ते भर चुप रहे। घर पहुँचते ही माताजी से कहा–"...ज़्यादा बीमार है, समय मिले तो तुम भी देख आना। कुछ कहे तो बोलना मत।" माताजी ने हम दोनों पर भेदक निगाह डाली। द्विवेदीजी तो निश्चिन्त पर मैं भयभीत। वे भीतर चली गयीं। आचार्यजी जानते थे कि अभी मैं भीतर बुलाया जाऊँगा–किसी–न–किसी बहाने और मुझे सच बताना होगा।

आचार्यजी ने मेरी स्थिति भाँप कर निर्देश दिया–".... ने जो कहा है उसे बताना मत।"

4

उदारमना आचार्य प्रवर मानवीयता से ओत–प्रोत थे। उनका अट्टहास हिन्दी जगत् में अविस्मरणीय है। पर इस अट्टसास के भीतर की गहरी वेदना से कमतर लोग ही परिचित हैं। सच तो यह है कि आचार्यजी इसकी सहायता से अपने अन्तस् के समस्त कलुष को बाहर निकाल देते थे।

आचार्यजी को आचार्य न मानने वाले परम विरोधी पं. विश्वनाथप्रसाद मिश्र अपने स्वार्थ के वशीभूत एक दिन द्विवेदीजी के आवास पर पहुँचते हैं। द्विवेदीजी बाहर निकल कर गले मिलकर अट्टहासों से उनका स्वागत करते हैं। दोनों ऐसे बतियाते हैं, मानो दशकों से बिछुड़े मित्र हों। इन्हीं मिश्र जी के कारण आचार्य प्रवर के आत्मीय शिष्य और सुविज्ञ प्राध्यापक डॉ. श्रीकृष्ण लाल को मृत्यु का वरण करना पड़ा। मैं मौन होकर द्विवेदीजी के इस स्वरूप को भी देखता हूँ।

5

एक दिन आचार्यजी एक पत्र देते हुए फरमान जारी करते हैं–"शिवप्रसाद मिश्र रुद्र' के घर का पता लगाओ। वहाँ शाम को चलना है।" यद्यपि यह पत्र किसी और द्वारा लिपिबद्ध था। किन्तु इच्छा और भावनाएँ रुद्रजी की थीं। उन्होंने अपने सारे पापों के प्रायश्चित्त के लिए आचार्यजी के चरणस्पर्श और क्षमा–प्रार्थना की कामना की थी। यह भी निवेदित था कि मेरे प्राण तभी निकलेंगे जब आप उपस्थित होकर मुझे क्षमा करेंगे। हद है! आचार्यजी की यह सहृदयता। इस आदेश से मैं क्षुब्ध हो उठा। एक उन्हें हर तरह से अपमानित करता रहा और वे उसकी माँग पर उसे क्षमा करने के लिए उतावले हो रहे हैं। 'बहती गंगा' के लेखक रुद्र में प्रतिभा का अभाव नहीं था किन्तु चौबीसों घण्टे वे निरन्तर भाँग के नशे में रहने के आदी हो गये थे। इससे उनकी प्रतिभा मरी। नागरी प्रचारिणी सभा से आचार्य द्विवेदी को बहिष्कृत कराने में उन्होंने ही प्रमुख भूमिका निभाई थी।

किन्तु अनेक लाँछन लगाने वाले रुद्र के घर जाने, उन्हें क्षमा करने को बेताब हैं—आचार्य प्रवर। रुद्र की गुंडई से 'गुंडेश' नामधारी प्रो. जगन्नाथ प्रसाद शर्मा भी डरते थे। उन्हें अपनी रक्षा के लिए एक तथाकथित पहलवान को हिन्दी विभाग में प्रवक्ता बनाना पड़ा जो उस काल में उनके अंगरक्षक की भूमिका में थे।

मैं सोच में पड़ गया। क्या अघोर भैरव, तन्त्र—मन्त्र पर लिखते—लिखते आचार्यजी स्वयं अघोर भैरव हो गये हैं। उन्हें किसी का डर नहीं, मान—अपमान की परवाह नहीं। दिन भर मैं यही सब विसूरता रहा। पर समय तो किसी का होता नहीं। सन्ध्या आ गयी। शाम को मैं पहुँचा। "पता मिला", गोली दगी, टोन में परिवर्तन भाँपते मुझे देर नहीं लगी। यह मुझे डाँट थी, क्योंकि मैं अवरोध उत्पन्न करना चाहता था। मैंने साहस किया। पता तो मिल गया है, मेरा जाना समझा है पर क्या आपका चलना उचित है? मेरे इस प्रश्न का उत्तर देने के बदले वे अपना कुर्ता पहनने लगे।

रुद्र जी अत्यन्त जीर्ण—शीर्ण हालात में एक झेलगा (रस्सी से बुनी वह चारपाई जिसकी रस्सियाँ टूट चुकी हों) पर बिछी हुई गन्दी सी कथरी पर लेटे हुए थे। पहलवान शरीर आज गल चुका था, आँखें प्रकाश खो चुकी थीं, शरीर में केवल पेट ही पेट था। इसके बावजूद आचार्यजी के आगमन की सूचना पाकर वे झटके से उठ बैठे। मैं सोचता रहा, क्षीणकाय रुद्र जी में इतनी शक्ति कहाँ से आयी? आचार्यजी का पैर पकड़कर अपने माथे से छुवाते और रोते हुए कहने लगे, "जब तक आप क्षमा नहीं करेंगे मैं आपका पैर नहीं छोडूँगा।" अविरल अश्रुधारा आचार्यजी के पैरों को धो रही थी। वे मौन थे, मेरी ओर देख रहे थे। शायद मुझे यह बताना चाहते थे कि यही है सहृदयता—सहजता जो मनुष्यता कही जाती है। मैं चुपचाप इस कृत्य को देखता रहा। रुद्र के प्रति मैं प्रतिबद्ध मानसिकता से ग्रस्त था। मैं उनके कृतित्व से नहीं व्यक्तित्व से घृणा करता था। ख़ैर यह नाटक आधे—पौन घण्टे चला। हम लोग लौटे। चार—छह दिन बाद रुद्रजी चल बसे। रुद्र प्रसंग यहीं नहीं समाप्त हुआ। इसकी गाथा अकथ है। रोज़ उनके दामाद हाज़िर होते थे। मैं चिढ़ता रहता था किन्तु चलना तो था—द्विवेदीजी की इच्छा पर। अस्तु मैं चुप। केवल अपने को चिढ़ाता, जलाता और कोसता रहा। द्विवेदीजी ने सारे नियम—क़ानून को ताक पर रख रुद्रजी की पत्नी को पेंशन दिलवाई और उनके दामाद को नौकरी।

6

आचार्य प्रवर कितने सहृदय थे, कितने बड़े परीक्षक और प्रोत्साहक थे इसका प्रमाण एक दिन सुबह की चरण–स्पर्श के बाद मिला। अख़बारों से लिपटे कुछ काग़ज़ थमाते हुए आचार्यजी ने आदेश दिया–"इसे पढ़ना, जो कमी लगे उसे एक काग़ज़ पर नोट करते जाना, मैंने खोलना चाहा। तुरन्त आदेश हुआ–घर जाकर खोलना।" घर पहुँचा। बेसब्री से सारे अख़बार उधाड़ फेंके। उसके भीतर थे सैकड़ों पृष्ठ; दायें, बायें, ऊपर, नीचे लिखे हुए। तारतम्य बिठाया। पढ़ना शुरु किया। पत्नी भोजन लेकर हाज़िर हुई। गुस्सा आया, पर निगल गया। बी.ए. पास व्यक्ति की यह परीक्षा थी। पढ़ना शुरू किया। एक बार नहीं कई बार उसे पढ़ा। जो अच्छा नहीं लगा उसे नोट कर लिया। लगा कि यह उपन्यास है। चारित्रिक कमियों और वस्तु के नाटकीय मोड़ों पर मेरी दृष्टि विशेष थी।

एक दिन बंडल के साथ समक्ष पहुँचते ही आचार्यजी ने प्रश्न उछाला–"पढ़ा।" बीत भी तो गये थे–एक सप्ताह। सकारात्मक उत्तर देने के साथ मेरे मुँह से निकला–यह तो उपन्यास है। वे चुप रहे। मैंने 5–6 पृष्ठों का वह पुलिन्दा खोला, जिसमें कमियाँ गिनाई गयी थीं, मेरा उद्देश्य था एक–एक पर चर्चा करना किन्तु एक बालक की भाँति उन्होंने उसे मेरे हाथों से रहस्यमयी मुस्कान के साथ लपक लिया। थोड़ी देर बाद मैं बाहर चला आया। इस बीच सम्भवतः तीन माह बीत गये। न आचार्यजी ने चर्चा की न मैंने। कई दिनों बाद आचार्यजी के घर की ओर मुँह मोड़ा। शायद उन्हें आज मेरे पहुँचने का बोध था। तभी तो एक लिफ़ाफ़ा पकड़ाते हुए कहा इसे घर से ले जाकर खोलना। वे ऐसे कौतुक कई बार कर चुके थे। घर पहुँचकर जब खोला, हाथ आह्लाद से कम्पायमान हो उठे। 'पुनर्नवा' आचार्यजी की रचना थी। मेरी आदत रही है कि मैं पुस्तक को पहले पृष्ठ से खोलता हूँ। पहले पृष्ठ पर लिखा हुआ था–"प्रिय राजमणि शर्मा को, जिनके सुझाव के अनुसार इसमें परिवर्तन–परिवर्द्धन किया गया है। सस्नेह ......" हस्ताक्षर। यह उसी पुस्तक का प्रकाशित रूप था जिसे मैंने पढ़कर डरते–डरते टिप्पणियाँ लिखी थीं। प्रकाशित पूरा उपन्यास पुनः पढ़ गया। चरित्र और कथा तो नहीं बदली थी। हाँ, कहीं–कही, उनमें परिवर्तन और परिवर्द्धन था। पर वह पूरा नहीं, जो मैंने नोट किये थे। फिर भी मेरे लिए यह अनमोल आशीर्वाद था–आचार्य प्रवर का।

सच यह है कि आचार्यजी की संगति ने ही मुझमें वक्तृत्व–क्षमता और वक्तृत्व–पद्धति विकसित की। रचनाओं को समझने का विवेक दिया। उनके साथ पचासों जगहों पर गया। जहाँ जाता वहाँ द्विवेदीजी के व्याख्यान होते। द्विवेदीजी की वाक्–शक्ति और वक्तृत्व कला ऐसी थी कि तानसेन की भाँति श्रोता उन्हीं की वाग्धारा में बह जाते।

7

आचार्यजी के प्रारम्भिक दिन अत्यन्त ग़रीबी में बीते थे। काशी हिन्दू विश्वविद्यालय में शिक्षा के दौरान वे या तो सत्तू पर जीवित रहे या 'क्षेत्र' के भोजन पर। जूता–चप्पल तो दूर, वस्त्र तक का अभाव उन्होंने झेला था। किन्तु जन्मजात प्रतिभा के धनी आचार्यजी के जीवन का आदर्श 'कुटज' है। वे हिन्दी जगत् के एकमात्र ऐसे व्यक्तित्व थे, जिन्होंने कभी कहीं आवेदन नहीं किया। फिर भी वे कभी बेरोज़गार भी नहीं रहे। एक के बाद दूसरा आफर उन्हें मिलता रहा। ऐसे आचार्यजी के सैकड़ों कृतियों में से एक कृति होने का मुझे दम्भ है। जन्मशती वर्ष में उन्हें शत्–शत् प्रणाम।

अवधूत आचार्य हजारीप्रसाद द्विवेदी

''बाबूजी आदमी नहीं देवता थे।'' मंजूजी रुँधे कण्ठ से कह रही थीं। उनकी आँखों की पुतलियाँ गहरी अश्रुधारा में डूब–उतरा रही थीं। आँसुओं की भी क़ीमत होती है। वे इन्हें ज़मीन पर नहीं गिराना चाह रही थीं शायद, इसीलिए वे आकाश में ताकने लगीं अथवा उस शून्य में आचार्य प्रवर को खोज रही थीं, कह पाना कठिन है। मैं जानता हूँ आचार्यजी उन्हें कितना मानते थे। माताजी (द्विवेदीजी की पत्नी) का तो वे खिलौना थीं, वे उन्हें हाथों–हाथ लिए रहती थीं।

यह प्रसंग है–लगभग तीन महीने पहले का। मंजूजी और उनके पति डॉ. मुकुन्द द्विवेदी काशी आये थे। और! इस अवसर को भुनाने के उद्देश्य से मैं उनसे मिलने गया था। आचार्यजी का यह जन्म शताब्दी वर्ष है। मेरी चाहत थी एक बृहत् आयोजन द्वारा आचार्य हजारीप्रसाद द्विवेदी के साहित्यिक अवदान के पुनः स्मरण की, पुनर्रेखांकन की। इसे स्वरूप तभी दिया जा सकता था जब कुछ सहायक आगे आयें–सहयोग के लिए। डॉ. मुकुन्दजी से भी मैं सहायता माँगने गया था।

यह मेरा स्वार्थ था या परमार्थ पता नहीं। आचार्य प्रवर को तो मनुष्य की हर इच्छा, क्रिया में स्वार्थ ही स्वार्थ नज़र आता है–''दुनिया में त्याग नहीं है, प्रेम नहीं है, परार्थ नहीं है, परमार्थ नहीं है–है केवल प्रचण्ड स्वार्थ।... यह सारी बड़ी–बड़ी बोलियाँ जिनके बल पर दल बनाये जाते हैं, शत्रु मर्दन का अभिनय किया जाता है, देशोद्धार का नारा लगाया जाता है, साहित्य और कला की महिमा गायी जाती है, झूठ है। इसके द्वारा कोई–न–कोई अपना बड़ा स्वार्थ सिद्ध करता है।'' (कुटज, ग्रन्था. 9, 33)।

मैं अपने अन्तस् को टटोलता हूँ, बार–बार टोह लेता हूँ कि क्या इस आयोजन की परिकल्पना किसी स्वार्थ के वशीभूत होकर मैंने की है।

हो सकता है, आचार्यजी का ही कथन सही हो। वैसे आचार्यजी के आशीर्वाद और कृपा से सब कुछ मिल चुका है, अब कोई चाह नहीं, तब क्या आवश्यकता है मुझे अपनी जेब खाली करने की? नहीं! आज मैं जो कुछ हूँ उन्हीं का प्रदेय हूँ। अस्तु अपने आपको दलित द्राक्षा की भाँति निचोड़कर 'सर्व' के लिए निछावर कर देना चाहता हूँ और खण्ड–सत्य, स्वार्थ को पूर्ण बनाना चाहता हूँ–"ऐसा पूर्ण सत्य जहाँ कार्पण्य नहीं, जहाँ तृष्णा नहीं, मोह नहीं है।" वैसे यह कहना सरल है, करना कठिन। हाँ! आचार्यजी के लिए सरल था।

आचार्यजी मनोवैज्ञानिक तो नहीं थे, किन्तु उनका लेखन इस बात का साक्षी है कि मानव–मन के कोने–अँतरे में पैठकर उसकी छोटी–छोटी भावनाओं को वे वाणी दे जाते हैं, उसके अतीत, वर्तमान और भविष्य की व्याख्या कर जाते हैं, उसकी पीड़ा–सन्त्रास और संघर्ष के सहभागी बनते हैं। उनका तो उद्घोष ही है "संघर्षों से मनुष्य ने नयी शक्ति पायी है।" और की बात तो नहीं जानता, हाँ! मेरी अपनी ज़िन्दगी के संघर्षमय दिन मुझे शक्ति प्रदान करते रहे हैं। आज भी वे दिन, वे रातें मेरे पथ का पाथेय हैं।

मैं भी कहाँ भटक गया? बात थी 'देवत्व' की, देवता तो हमारी कल्पना–मात्र हैं, उनका स्वरूप या अस्तित्व किसने देखा, किसने पहचाना है, क्या सचमुच 'देवता' का स्वरूप होता है, उनका कोई अस्तित्व है? कहा तो यह जाता है कि मनुष्य ही अपने सत्कर्मों से लोक–मानस में पूज्य होकर, श्रद्धेय बनकर देवत्व प्राप्त करता है। आचार्य द्विवेदी ने प्राप्त किया या नहीं? हाँ! जहाँ कुछ के वे श्रद्धेय हैं, पूज्य हैं वहीं साहित्य तथा कर्मजगत में कुछ के विरोधी भी। जब बात कर्म की आती है तो उनके व्याख्यानों, उपदेशों और लेखन की याद आती है, जिसके द्वारा वे 'मनुष्य को मनुष्य बनाने के लिए' प्रयासरत थे, कितना बना पाये? यह अलग का लेखा–जोखा है। वैसे उनका यह प्रयास, आजीवन का यह संकल्प शायद उन्हें देवताओं की कोटि में शामिल करा देता है। किन्तु स्वयं द्विवेदीजी के आराध्य देवता नहीं थे। उनके लेखन को यदि गवाह मानें तो देवता से बड़ा वे अवधूत को मानते हैं। अवधूत! जो निस्पृह भाव से, स्वार्थरहित होकर, बेपरवाह सबसे अलग राह पर चलकर बिना विभेद के हर एक को मुक्त भाव से अपना सब कुछ लुटा दे। शिरीष की भाँति, कबीर की भाँति, रहीम की भाँति। द्विवेदीजी उसे भी बड़ा मानते रहे जिसने कालिदास,

टैगोर और गाँधी की भाँति अनासक्ति को साध लिया हो। अवधूत और अनासक्ति का साधक कालजयी होता है और जीवन की अजेयता के मन्त्र का प्रचारक बनता है। उन्हीं के शब्दों में "यह शिरीष एक अद्भुत अवधूत है। दुख हो या सुख, वह हार नहीं मानता। न ऊधौ का लेना, न माधौ का देना।.... अवधूतों के मुख से ही संसार की सबसे सरस रचनाएँ निकली हैं? कबीर बहुत कुछ इस शिरीष के समान ही थे, मस्त और बेपरवाह, पर सरस और मादक।" (शिरीष के फूल, ग्रं. 9, 37) और! ये अवधूत हों, चाहे कबीर हों, चाहे शिरीष अथवा कालिदास, टैगोर और गाँधी जैसे अनासक्ति के साधक हों, सभी वायुमण्डल से रस खींचकर कोमल और इतने कठोर बने।

आचार्य द्विवेदी कोमल भी थे, कबीर की भाँति फक्कड़ भी, कालिदास जैसे सरस और टैगोर तथा गाँधी की भाँति अनासक्त योगी भी थे। ऐसा योगी जो औघड़दानी था, अपनी परवाह किये बिना सब कुछ लुटा देने वाला था, जिसे केवल एकमात्र चिन्ता थी, समस्त सृष्टि के कल्याण की। न उन्हें ईर्ष्या थी, न मोह, न माया। मेरी दृष्टि में ऐसा व्यक्तित्व कबीर जैसे अवधूत का पर्याय ही होगा–"सुखिया सब संसार है, खावै अरु सोवे/दुखिया दास कबीर है, जागै अरु रोवै।"

यहाँ मुझे अपनी ही कहानी कुरेदती है। शिक्षा पूरी कर चुका था, नौकरी की ख़ोज थी। पर यह बिना वैशाखी के मिलनी नहीं थी। और! वैशाखी किसकी हो न पिता प्रोफ़ेसर, न माँ, न भाई, न अधिकारी, न मन्त्री–सन्त्री और न पढ़ी–लिखी पत्नी; कोई भी तो मेरा सहायक नहीं था। हाँ! मुझे पढ़वाने वाले आचार्यजी ही एकमात्र मेरी वैशाखी थे, नाव की पतवार थे, और थे–खेवनहार। किन्तु उनके विरोधी भी थे। और, ये विरोधी मुझे कैसे सह पाते? अस्तु द्विवेदी की चाह के बावजूद भी मेरा काशी से निष्कासन हुआ।

2

सब कुछ मेरे अनुकूल बनाने के बावजूद अन्तिम क्षण साक्षात्कार के लिए मुझे प्रतापगढ़ जाने से रोकना उनकी औघड़दानी प्रवृत्ति का ही परिचायक है। इस घटना से मेरी यह धारणा बलवती हुई कि आचार्य प्रवर देवता नहीं, औघड़दानी/अवधूत हैं। देवता तो दीर्घकालीन सेवा, पूजा से

प्रसन्न होते हैं, परन्तु औघड़दानी अवधूत सरल हृदय, छल–छद्म से दूर आचार्यजी को प्रसन्न करने के लिए एक कारुणिक चेहरा या अधिक से अधिक दो बूँद आँसू की आवश्यकता ही होती है। भले ही वे नकली ही हों। ऐसा भी नहीं था कि नकली चेहरे बनाने की कला को वे पहचानते न रहे हों। वे सब कुछ जानते–समझे थे, ऐसे तमाम लोगों को मैं जानता हूँ जो उनकी जेबें खाली करा देते थे–नकली चेहरे, दुख और आँसू से। और! आचार्यजी इन प्रसंगों को उसी क्षण भूल जाते थे। स्वयं उन्हीं के शब्दों में देखें–''ठगा भी गया हूँ, धोखा भी खाया है।.... केवल उन्हीं बातों का हिसाब रखूँ जिनमें धोखा खाया है तो जीवन कष्टकर हो जायेगा।'' (ग्रं. 9, पृ. 450)। सच यह है कि वे उस कांग्रेसी नेता के पैंतरे तथा छात्र की असलियत को भली–भाँति जानते थे। किन्तु वे तो दधीचि थे।

अब! मैं आचार्य प्रवर को क्या कहूँ–देवता या अवधूत अथवा औघड़दानी। मेरी दृष्टि से तो वे अवधूत ही थे, जो अपना सब कुछ निछावर कर समस्त सृष्टि को सुखी और प्रसन्न देखना चाहते थे।

3

आचार्य हजारीप्रसाद द्विवेदी ने 'अनामदास का पोथा' में अनामदास को गप्पी कहा है–''अजब गप्पी है यह 'अनाम'।'' शब्द कोशों में 'गप्प' का अर्थ ख़ोजता फिरा। हर कोश में एक ही अर्थ मिला–'वृथा बकवाद'; अर्थात व्यर्थ की बातचीत। क्या जिस अनामदास के लिखे हुए को आचार्यजी उपन्यास का बाना पहना रहे हों, वह वृथा बकवाद है? ऐसा कैसे हो सकता है? उपन्यास तो मानव जीवन का महाकाव्य है। निश्चय ही इस कथन में कोई गूढ़भाव छिपा है, इसके पीछे कोई ऐसा इतिहास है जिसकी जानकारी हमें नहीं है। छटपटाता मन इस शब्द के मूल–रूप की ख़ोज में भटका।

ऐसे भटकावों में अपनी मातृभाषा ही साथ देती है, बशर्ते वह सम्बद्ध भाषा की बोली हो। अवधी मेरी मातृभाषा और हिन्दी की एक प्राचीन एवं समृद्ध बोली है। इसमें एक शब्द है–'जल्पना'। इसका अर्थ है–'दुखड़ा रोना'। इस शब्द की याद आते ही मैं बाँसों उछल पड़ा। 'ना' को अलग किया, बचा 'जल्प'। किन्तु इसका भी अर्थ 'व्यर्थ की बातचीत' ही मिला। ऐसा प्रतीत होता है कि 'जल्प' का 'ज' 'ग' में परिवर्तित होकर 'गल्प' को

स्वरूप दे गया। शब्दकोशों में 'गल्प' के दो अर्थ दिये गये हैं–(1) मिथ्या प्रलाप और (2) छोटी कहानी। अर्थ तो काम का मिल गया, किन्तु 'गप्प' या 'गप्पी' कैसे बना? मेरा तो यही मानना है कि अपभ्रंश काल में संयुक्त व्यंजन के द्वित्वीकरण की प्रवृत्ति के कारण 'गल्प' 'गप्प' बन गया। किन्तु 'गप्प' या 'गप्पी' कैसे अपना दूसरा अर्थ–'छोटी कहानी'–खो बैठा?

सच यह है कि शब्द मरते नहीं, वे हर काल में जीवित रहते हैं, इसीलिए शब्द को ब्रह्म कहा गया है। ऐसा ब्रह्म जो दिखे नहीं, परन्तु उसका अस्तित्व बना रहे। जबकि अर्थ वास्तविक जगत की सच्चाई है। वह वक्ता की इच्छा के अधीन नहीं, वह सामाजिक स्वीकृति चाहता है। और यह सामाजिक स्वीकृति, युगीन–चेतना से परिचालित होती है, अर्थात शब्द–विशेष का अर्थ जो एक काल–विशेष में था, दूसरे काल में भुला दिया गया। उसे नया अर्थ दे दिया गया। किन्तु मनुष्य भुलाये गये या अप्रासंगिक अर्थ को सचमुच भूला कहाँ? वह तो अपने स्मृति–कोश में ख़ोजता फिरता है, नयेपन के लिए। यह नयापन युगीन आवश्यकतानुसार नये अर्थ से सम्पृक्त होते रहते हैं। यह प्रयोगकर्ता–रचनाकार के मानस–कल्पना की उपज होती है।

भाषावैज्ञानिक इसे अर्थ–विस्तार, अर्थ–संकोच या अर्थादेश की संज्ञा से अभिहित करते हैं। वस्तुतः रचनाकार का बौद्धिक–विलास उसकी कल्पनाशीलता का परिणाम है। रचना का मूलत्व भी युगीन यथार्थ के अभिव्यक्ति की ललक, कल्पना के आवरण में लिपटा रहता है। रचनाकार समाज को जिस दृष्टि से देखता है, अनुभूत करता है, उसकी वह दृष्टि ही कल्पना समन्वित होती है। कल्पना ही संवेदना भी है और सहृदयता भी, अर्थात् रचनाकार को एक साथ सहृदय, संवेदनशील और काल्पनिक होना चाहिए। आचार्य द्विवेदी इन गुणों से पूर्णतया समृद्ध थे, तभी तो वे पंख लगाकर कल्पना–लोक में उड़ा करते थे; किन्तु उनकी कल्पनाएँ भी यथार्थमय होती थीं।

आचार्य द्विवेदी शब्द और भाषा के कारीगर थे, लोक–जीवन में व्यवहृत शब्दों के व्युत्पत्तिमूलक इतिहास प्रस्तुत करने के साथ–साथ वे शब्दों को नये अर्थ, 'कभी अतीत में प्रयुक्त अर्थ' में प्रयुक्त करने में माहिर थे। उनकी भाषा का सशक्त आधार है–'व्यंग्यात्मकता'। यह व्यंग्यात्मकता उनके गप्पों में पैठकर गम्भीर चोट करती है। उन्होंने 'गप्प' की व्युत्पत्ति तो नहीं दी, लेकिन उसका महत्त्व अवश्य इंगित किया है।

''आदिकाल से मनुष्य गप्प रचता आ रहा है, अब भी गप्प रचे जा रहे हैं... गप्प कहाँ नहीं है क्या नहीं है'' (देवदारु, ग्रं. 9, पृ. 40)। अर्थात सब कुछ गप्प है, सब में गप्प है। वे तो यह भी मानते हैं कि ''मिथक गप्पें–भाषा की अपूर्णता को भरने का प्रयास है।'' (वही)। देरिदा भी स्वीकार करते हैं कि गल्प स्वयं को गढ़ता है। फलस्वरूप रचना में एक सच्चा संसार, एक गल्प या काल्पनिक गाथा बन जाता है। तात्पर्य यह कि भाषा–सर्जन की शक्ति है–'गप्प'। भाषा और कथ्य को सरस तथा सहज बनाने का माध्यम है–'गप्प'। भाषा के माध्यम से गहरी चोट में सहायक होती है–'गप्प'। उनकी 'गप्पें' रचना का महत्त्वपूर्ण हिस्सा कैसे बनती थीं, इसका प्रमाण है–'बाणभट्ट की आत्मकथा', 'चारुचन्द्र लेख', 'पुनर्नवा' एवं 'अनामदास का पोथा' की भूमिका। पहले में 'मिस कैथराइन' उपस्थित हैं दूसरे में 'अनामदास'।

द्विवेदीजी ने 'अनामदास का पोथा' की भूमिका में अनामदास की कहानी के माध्यम से 'गप्पी' के नये अर्थ–छोटी कहानी–का संकेत कर दिया है। उन्हीं के शब्दों में ''कोई चालीस वर्ष पहले उन्होंने (अनामदास ने) छान्दोग्य उपनिषद् के रैक्व आख्यान पर एक कहानी लिखी थी। कहानी का शीर्षक था–'सब हवा है'। वह कहीं प्रकाशित नहीं हुई। उन्होंने कहानी बड़े हल्के मनोभाव से लिखी थी। अब उसका दूसरा रूप उन्हें मिल गया है और उन्हें खेद हुआ है कि उन्होंने हल्कापन दिखाया। जान पड़ता है, उसके अन्त में उन्होंने कुछ नयी पंक्तियाँ भी जोड़ दी हैं।.... इस भूमिका में वह पुरानी कहानी दे रहा हूँ।'' (ग्रन्थावली, भाग–2, पृ. 310)। लेकिन 'अनामदास का पोथा' तो छोटी कहानी नहीं, उपन्यास है। अर्थात् उसके मूल अर्थ–छोटी कहानी–को भी आचार्य प्रवर ने विस्तार दे दिया, यह विस्तार उनकी कल्पनाशक्ति का प्रमाण है।

यह कहना बेमानी है कि द्विवेदीजी 'गप्प' निर्मिति में माहिर थे। वस्तुतः वे 'गप्प' लिखते ही नहीं सुनाते भी थे और हम सब सुनने वालों के साथ वे भी लहालोट होते। उन्हीं के शब्दों में ''एक बार जब मैं एक बड़े शहर (शहर का नाम मुझे आज याद नहीं) में गया था, तो कुछ सेठ लोग मेरे पास आये। निवेदन किया कि उनकी सभा में कल मैं महावीरजी पर कुछ बोल दूँ। मैंने सोचा कि हमारे यहाँ महावीर अर्थात् हनुमान तो शक्ति के प्रतीक हैं, लोक देवता हैं। घर–घर पूज्य हैं। बच्चे से बूढ़े, पढ़े–अनपढ़े सभी तो इनकी पूजा कर अपने मन का डर भगाते हैं।

फिर बचपन में याद किया गया हनुमान चालीसा, बजरंग बाण, हनुमाष्टक तो सहायता के लिए हर क्षण तैयार रहता है और क्या पढ़ना? और मैं तैयार हो गया। धारा–प्रवाह हनुमानजी के कार्यों और माहात्म्य का वर्णन करता रहा। सभा में बैठे लोग हतप्रभ, चेहरों पर हवाइयाँ उड़ने लगीं। मंचस्थ और आयोजक परेशान, श्रोताओं के चेहरे के हाव–भाव से परेशान मैं भी हुआ, किन्तु मुझे परवाह कहाँ, सोचा अभी ठीक हो जायेगा। इस बीच मंचस्थ लोग मेरा कुर्ता खींचने लगे–कोई दायें से, कोई बायें से, कोई पीछे से। मैंने सोचा कि लोग बैठने के लिए कह रहे हैं। किन्तु अपनी धाक जमाने का यह अवसर मैं गँवाना नहीं चाहता था। ऐसा मंच फिर कहाँ मिलेगा? वह भी सेठ–साहूकारों का। इसलिए मैं और तेज़ हो गया। हाथ झटक–झटक कर हनुमानजी के गुण, रहस्य, उनकी लोक स्थिति को रद्दे–पर–रद्दे दे प्रमाण सहित बखानने लगा। अन्ततः एक आयोजक ने उठकर कान में कहा–हनुमानजी पर नहीं, स्वामी महावीर जैन पर बोलना है। एक क्षण को मैं धड़फड़ाया किन्तु तत्काल मैंने पलटी मारी। लोक में पूज्य महावीर (हनुमान) के समस्त गुण–कर्म को मैंने महावीर जैन पर आरोपित कर दिया। कई बार खूब तालियाँ बजीं। मैंने महावीर जैन को हनुमानजी जैसा लोक देवता बना दिया। श्रोताओं के हाव–भाव से मैंने अनुभव किया कि आज तक उन्हें मेरे समान ओजस्वी वक्ता नहीं मिला। वे मुझमें महावीर जैन के सिद्धान्तों के लिए एक अच्छे प्रचारक का गुण देख रहे हैं।''

मैं नहीं जानता कि यह कथा उन्होंने हम लोगों के या अपने मनोरंजन के लिए सुनाई या सचमुच असली थी? यद्यपि मुझे विश्वास तो नहीं हुआ, पर उस क्षण के आनन्द को मैं खोना नहीं चाहता था। और उस समय तक उनका समूचा साहित्य भी नहीं पढ़ पाया था। हाँ, जब ग्रन्थावली सामने आयी तो पूरा पढ़ा और भगवान महावीर पर दो संकलित निबन्ध सामने आये–(1) 'सर्वकाल नमस्य महामानव' एवं (2) 'आत्मजयी भगवान महावीर'। पहला नवभारत टाइम्स के 1975 के वार्षिकांक और दूसरा हरियाणा संवाद के नवम्बर, 1974 के अंक में छपा था। इन निबन्धों का कथ्य और स्वरूप ही भिन्न है और यह कि, महावीर पर व्याख्यान के आमन्त्रण को द्विवेदीजी ने इसलिए स्वीकार किया कि उत्तर–पूर्वी भारत में हनुमान के लिए प्रचलित शब्द 'महावीर' है, कल्पना के परे है।

जिस समय हम लोगों को उपर्युक्त कहानी उन्होंने सुनाई, सम्भवतः उस समय तक वे 'अनामदास का पोथा' लिखना प्रारम्भ कर चुके थे।

इसकी भूमिका उनके लेखन की साक्षी है, जिसमें अनामदास अपने लिखित पोथा के साथ उपस्थित हैं। वस्तुतः यह लेखकीय शैली मात्र है। उन्हें कहना कुछ और था जो 'मिस कैथराइन' या 'अनामदास' के बिना नहीं कह सकते थे। तुलसीदास कहते हैं–'कवित्त विवेक एक नहि मोरे' और उन्हीं की तर्ज पर द्विवेदीजी कहते हैं–''पोथा पढ़ गया।... अनुभव का क्षेत्र तो इसका बहुत सीमित लगता है, पर उस सीमा के भीतर उछल–कूद कर सकता है। कभी–कभी तो ऐसा उछलता है कि लगता है 'अंगद–कूद' करके ही मानेगा।'' (वही)। 'अनामदास' तथा छत ढहा देने वाली 'अंगद कूद' की परिकल्पना द्विवेदीजी की अपनी है। सच तो यह है कि यहाँ वे अनामदास के बारे में नहीं, अपनी सीमा की चर्चा कर रहे हैं। 'अंगद–कूद' आचार्यजी के कल्पना की कूद है। किन्तु पाठक को वे भ्रम में डाल देते हैं। ग्रन्थों में इसके इतिहास ख़ोजते रहें। न मिलना है, न मिलेगा। क्या 'अनामदास का पोथा' में दिया गया 'अंगद–कूद' का कोई स्रोत ग्रन्थों में मिल पायेगा? शायद नहीं। इतना ही नहीं इस कथा के बहाने आचार्य प्रवर 'अंगद–कूद' की नयी, बिल्कुल नयी, लौकिक व्याख्या कर जाते हैं। उनकी ऐसी नयी व्याख्याएँ, उनकी नयी खोज होती हैं। साथ ही ऐसी खोजें रचना में कथा–रस की वृद्धि में सहायक भी बनती हैं जो समूची कृति को जीवन्त बना देती हैं। यथा–प्रसंग है–रावण पर विजय के पश्चात राम, सीता और लक्ष्मण का समूची सेना के साथ जनकपुर की यात्रा। मामला ससुराल का था। लक्ष्मण सदा चिन्तित रहते थे कि लोक–व्यवहार से अनभिज्ञ बन्दर कुछ ऐसा न कर दें जिससे भद्द हो। सो, सब समय सिखाते रहते थे–''मुझे देखते रहो, मैं जैसा करूँगा वैसा ही करना।... लक्ष्मण ने नींबू का टुकड़ा उठाया, उसे दबाया। एक बीज–छिटककर ऊपर उठा। बन्दरों ने समझा इशारा हो गया। पासवाला उचककर थोड़ा कूदा। धीरे–धीरे क्रम से एक–एक वानर उचकने लगा। थोड़ा और अधिक उचकने की होड़ लग गयी। अंगद की बारी आयी तो ऐसा उचके कि छत ही ले उड़े। राम–लक्ष्मण हैरान।'' (वही, भाग 2, पृ. 308)। नीबू तो कोई नहीं उठाया, न उसे दबाया, किन्तु बीज के छिटकने को संकेत मान लिया–कूदने का। यहाँ कथारस तो है ही पर सन्देश है–अन्धानुकरण कर्त्ताओं को, कि ग़लत अनुकरण से कितना बड़ा अनर्थ हो सकता है।

द्विवेदीजी एक ऐसे व्याख्याकार थे, जो अपनी कल्पनात्मक सर्जनशक्ति से अतीत–वर्तमान को समानान्तर खड़ा कर देते थे। असम्बद्ध को सम्बद्ध

बना देते थे–'शिरीष के फूल' निबन्ध शुरू होता है–आदिकाल और मध्यकाल की सांस्कृतिक झाँकी से तो अन्त होता है–महात्मा गाँधी के माहात्म्य चित्रण में।

आचार्यजी के गप्पों में व्यंग्य ही नहीं रस भी होता था। एक बार चमकती, रहस्यमयी आँखों में हास्य भरे मुझे बताया कि "वे और प्रख्यात पत्रकार पं. बनारसीदास चतुर्वेदीजी रूस की यात्रा पर थे। वहाँ दुभाषिए के रूप में एक रूसी बाला उनकी देखभाल, सहायता में लगी थी। द्विवेदीजी के अनुसार चतुर्वेदीजी उस बाला की सेवा, मृदु व्यवहार आदि से परम अभिभूत हो उठे। और भारत का बूढ़ा यदि किसी बालिका के व्यवहार से अभिभूत होता है तो उसे सुयोग्य वर के साथ विवाह का आशीर्वाद दे बैठता है। लौटने के दिन आशीर्वाद देते हुए चतुर्वेदीजी ने उससे कहा, "बेटी! अब यथाशीघ्र अपना घर बसा लो।" उसने मुस्कराते हुए जवाब दिया–"मेरा बेटा रसियन आर्मी में कमांडर है।" चतुर्वेदीजी यह सुनकर अवाक् रह गये। असहाय मेरी ओर देखने लगे।" कथा को अन्त करते–करते वे हँसते–हँसते लोट–पोट हो गये। इस गप्प का अभिप्रेत शायद यही है कि भारत में तो बालिका तथा विवाहिता में भेद करना आसान है किन्तु रूस, जापान या चीन तथा अन्य यूरोपीय देशों की स्त्रियों में यह भेद करना कठिन है। सहज–हृदय चतुर्वेदीजी के लिए यह और कठिन था। एक तरफ़ यहाँ श्रृंगार रस है तो दूसरी तरफ़ व्यंग्य है–भारतीय स्त्रियों की दुर्दशा पर, जो तीस वर्ष की होते–होते बुढ़िया दिखने लगती हैं।

गम्भीर व्यक्तित्व के पर्याय द्विवेदीजी में कभी–कभी बालकों जैसी चंचलता और ख़ुशी की हिलोरें भी उठती रहती थीं। एक बार मुझे एक पुस्तक की ज़रूरत पड़ी। मैंने उनसे कहा। थोड़ी देर बाद वे स्वयं सीढ़ी लगाकर चढ़ने लगे। मैंने उन्हें मना किया, खुद तैयार हुआ किन्तु वे नहीं माने। उन्होंने कहा कि तुम नहीं ख़ोज पाओगे। चढ़कर चार–पाँच किताबों को देखते रहे, फिर एक को अँगुली से छुआ, निकाला। किताब वही निकली जो मुझे चाहिए थी और आचार्य प्रवर! वहीं सीढ़ी पर, बालकों की तरह किलकारी भरने लगे। "देखा मेरा कमाल। मेरी उँगली उसी किताब पर पड़ेगी जिसकी चाहत होगी।"

कतिपय द्विवेदी समर्थक प्रगतिशील समीक्षकों ने कबीर के समानान्तर तुलसीदास को प्रतिक्रियावादी कवि सिद्ध करने में कोई कोर–कसर बाक़ी नहीं रखी। कुछ अतिप्रतिक्रियावादी तत्त्वों ने तो लोक–पूज्य–सम्मानित

'मानस' तक को जलाया। किन्तु द्विवेदीजी से पूछे तो कोई, उस द्विवेदी से जिसने कबीर को 'जनता' का कवि सिद्ध किया और जिसके कारण उन्हें समीक्षा–क्षेत्र में दूसरी परम्परा का खोजकर्ता माना गया, तो शायद उन्हें इन पर रोना ही आता। द्विवेदीजी आज हमारे बीच नहीं हैं किन्तु भारतीय संस्कृति और पूज्य चरित्रों के प्रति आचार्य प्रवर के अन्तस् में गहरी श्रद्धा थी। यह अलग बात है कि स्थायित्व के स्थान पर वे भारतीय संस्कृति में बदलाव भी देखते हैं, इसका मूल कारण वे बाहरी आक्रान्ताओं को मानते हैं। बदलती भारतीय संस्कृति आक्रान्ताओं की संस्कृति के अच्छे तत्त्वों को ग्रहण कर निरन्तर समृद्ध होती रही। साहित्य में बाह्य विचारधाराओं के प्रभाव को भी वे स्वीकार करते हैं, विशेषकर प्रगतिवाद को। किन्तु प्रगतिशील/प्रगतिवादी कहलाने के चक्कर में भारतीय–पौराणिक, ऐतिहासिक और लौकिक चरित्रों को पतन के गर्त में जानबूझकर ढकेलने वालों को वे कभी माफ़ नहीं करते। मुझे स्मरण आता है 'मानस का हंस' का प्रकाशन। प्रकाशक–राजकमल प्रकाशन प्रा. लिमिटेड था। इसकी संचालिका शीला संधू का आचार्य प्रवर बहुत सम्मान करते थे। वे आचार्यजी से इस उपन्यास पर सम्मति चाहती थीं ताकि बिक्री बढ़े। उन्होंने कई पत्र लिखे, कइयों से कहलवाया भी। किन्तु आचार्यजी टस–से–मस नहीं हुए। बात मेरे कानों में भी पहुँचाई गयी, सिफ़ारिश के लिए। मैं समझ गया कि कोई–न–कोई गड़बड़–झाला ज़रूर है, फिर भी मन में कौतूहल हुआ और जब मैंने जानना चाहा कि क्यों नहीं सम्मति दे रहे हैं तो आचार्यजी का गुस्सा सातवें आसमान पर था। आचार्यजी के गुस्से से जीवन में यह मेरा पहला और अन्तिम साबका था। उनकी वाणी फट पड़ी–"तुम पढ़े हो उपन्यास को, नहीं पढ़े हो तो लो पढ़ लो। (उपन्यास मेरी ओर फेंक दिया)। इन लोगों के पास कल्पनाशीलता है ही नहीं। प्रगतिशील बनने के चक्कर में ये तपस्वी, त्यागी लोकपूज्य तुलसीदास को वेश्या के कोठे पर पहुँचा देते हैं।..." मुझे काठ मार गया। मैंने सिर नीचा कर लिया।

शायद दो वर्ष बीते होंगे 'मानस का हंस' का नया संस्करण सामने आया। उस पर आचार्यजी की प्रशंसात्मक सम्मति देखकर मैं हतप्रभ रह गया। मैं नहीं जान पाया कि उन्होंने कब यह सम्मति लिखी, किन दबावों में लिखी। वैसे मेरा अनुमान है बिना उनके लिखे ही संधू ने अपनी ओर से लिखकर छपवा दिया और द्विवेदीजी ने उसका विरोध नहीं किया।

आचार्य हजारीप्रसाद द्विवेदी रचनाधर्मिता का मूलाधार करुणा

''जो जैसा करे करने दीजिए, अपना आत्मबल न खोएँ'' एक श्रद्धेय के पत्र का यह वाक्य पढ़कर मन को राहत मिली। ख़ुशी भी हुई। और अन्तस् के कोने से चिर–परिचित आवाज़ कूक उठी–''किसी से भी न डरना, गुरु से भी नहीं, मन्त्र से भी नहीं, लोक से भी नहीं, वेद से भी नहीं।'' आचार्य द्विवेदी की यह सीख बार–बार मिली। कभी वाणी से, कभी महुआ की कोइया जैसी बड़ी–बड़ी आँखों के कोरकों से; उन चिकनी स्पन्दनहीन पर जीवन्त कोरकों से, जिनमें कलुष, ईर्ष्या, द्वेष और प्रतिकार का अंश लेशमात्र भी न रहता। किन्तु वे कोरकें जीवनानुभवों की घनीभूत पीड़ा से हमेशा आप्लावित रहतीं। ठीक उसी भाँति जैसे प्रसाद के हृदय में निरन्तर बजती विकल रागिनी ही रचना का रूप ग्रहण करती है–''इस करुणा कलित हृदय में, अब विकल रागिनी बजती। निकल रही थी मर्म वेदना करुणा विकल कहानी सी।'' (आँसू) प्रसाद की श्रेष्ठतम काव्यकृतियों 'आँसू' एवं 'कामायनी' की आधारभित्ति इसी वेदना पर तो टिकी है, तभी तो वह पाठक के अन्तस् को गहरे तक झकझोर जाती है। करुणा–विगलित, वेदना–सम्पृक्त स्कन्दगुप्त हमारे सामने उपस्थित होकर, समूचे नाटक को पढ़ने के लिए, उसमें लीन होने के लिए हमें उत्कंठित कर जाता है। 'आँसू', 'कामायनी', 'स्कन्दगुप्त' आदि की वेदना, करुणा प्रथम द्रष्ट्या भले वैयक्तिक लगे पर यह तो लोक की करुणा है, जन–सामान्य की वेदना है।

आचार्य हजारीप्रसाद द्विवेदी इस लोक–करुणा से अछूते नहीं हैं। करुणा, उनमें गहरे पैठकर उन्हें अभिव्यक्ति के लिए व्याकुल करती है,

वह अभिव्यक्ति जिसमें दलित द्राक्षा की भाँति अपना सर्वस्व निचोड़कर दे देने की अभिलाषा हो। फलस्वरूप करुणा और वेदना उनकी रचना का केन्द्रीय तत्त्व बनी; उनकी सोच, उनका चिन्तन, मानवीय पीड़ा, करुणा से सना–पगा रहा। रहता भी क्यों न... क्योंकि बलिया की भीषण गर्मी में गंगा तट की भउरा बनी बालू में यही रचनाकार अपने पैरों को झुलसा चुका था, और इस झुलस से बचने के लिए ढाक के पत्तों का चप्पल–जूता बनाकर पहन चुका था। परिस्थितियों से लड़ने की जुगत बनाने वाला, बचपन से ही रचनाधर्मिता से सम्पृक्त यही बालक हिन्दी साहित्य का एक श्रेष्ठतम सर्जक/समीक्षक बन बैठता है तो आश्चर्य किस बात का और जले–झुलसे पैर नहीं, बढ़े हुए वे क़दम थे जो हर क्षण–हर मोड़ पर हिन्दी साहित्य में अपनी अलग पहचान बनाये हुए हैं। ''होम करते हाथ जलता ही है।'' मानव कल्याण के लिए बढ़े हुए क़दम को कबीर की भाँति चोट खानी ही होगी। पहले उस वेदना को सहना ही होगा, पहले अपना घर जलाना ही होगा, तभी तो अनुभूति की सघनता होगी और अभिव्यक्ति में तरलता।

भारतीय वाङ्मय का इतिहास इस बात का गवाह है कि साहित्यिक रचनात्मक प्रतिस्पर्द्धा में वे ही रचनाकार आज तक खड़े रह पाये, परिवर्तन रूपी आँधी, तूफ़ान, वर्षा को वे ही रचनाकार झेल पाये, जिन्हें अपने घर से ही, बचपन से ही संघर्ष करना पड़ा, अपने अस्तित्व के लिए जूझना पड़ा और जिनकी रचना में संघर्ष का यथार्थ रूप उपस्थित है, जिन्होंने जीवन–जगत की पीड़ा आत्मसात कर अपनी रचनाधर्मिता को करुणा से अभिषिक्त किया और जिन्होंने लोक–पीड़ा को ग्रहण किया। कबीर की बराबरी हम या आज के हमारे रचनाकार तब तक कैसे कर सकते हैं जब तक कि–''कबिरा खड़ा बाज़ार में लिए लुकाठी हाथ, पहले घर जारे आपनो, तब जारे संसार।'' अन्यथा हम माया मोह में ही फँसे रह जायेंगे। पता नहीं भारतीय वाङ्मय के अतीतकालीन शलाका पुरुषों, रचनाकारों ने अपनी रचना के लिए पुरस्कारों की जोड़–तोड़ की थी या नहीं। पर लोक में प्रचलित किंवदन्तियों के अनुसार समाजधर्मा विद्वानों, रचनाकारों ने इन्हें पुरस्कार के बदले जो कुछ दिया उसे आज का परजीवी, पुरस्कार–जीवी, पुस्तकाधृत रचनाकार भोग पायेगा, सह पायेगा, इसमें मुझे सन्देह है। और यह सन्देह तो तब और बढ़ जाता है जब वह अपनी प्रशंसा में ही लेख

लिखवाना चाहता है, दोषों पर उँगली उठाने पर वह आपकी उँगली कलम करने को उद्यत हो उठता है। वह तो हर जगह सुना जायेगा, पर आप कहीं के नहीं रहेंगे। और उन पुरस्कार बाँटने वालों पर तो दया आती है जो भूमिका तक को पढ़ने की जहमत नहीं उठाना चाहते। वह भूमिका, जिस पर भीमकाय रचना की नींव रखी है।

आज द्विवेदीजी की याद आ रही है, इसलिए नहीं कि मेरी वैशाखी बनते, अपितु इसलिए भी कि उनकी निर्मिति, उनके शिष्य, उनकी महानता, उनके आदर्श, उनकी शिक्षा, उनकी करुणा, दया, ममता को क्या भूले–बिसरे भी याद करते हैं और उसका पालन करते हैं? कितने हैं जो जाति भेद से ऊपर उठकर कुछ सोचते–विचारते हैं?

द्विवेदीजी को अपनों से जो पीड़ा मिली वह उनकी सम्पत्ति बनी। गाली एवं अपमान और विरोधियों से जो कष्ट मिला वह उनके दुर्गम–पथ का पाथेय बना। यही स्थिति मेरी भी रही। द्विवेदीजी का आजीवन विरोध करने वालों के जीवन के उस अन्तिम दृश्य का भी मैं साक्षी हूँ, जब वे द्विवेदीजी के चरण पकड़कर अपने कृत्यों के लिए क्षमा माँगे, ताकि वे शान्तिपूर्वक मृत्यु को अपना सकें। मैंने उन विरोधियों को भी देखा है, जो स्वार्थवश द्विवेदीजी से आ मिले। द्विवेदीजी ने उन्हें गले लगाकर अपने अटूट अट्टाहास से उनका संकोच दूर किया। उस क्षण की द्विवेदी जी की सहजता, सरलता भी मेरे जैसे अनगिनत लोगों के जीवन की थाती बन गयी।

मालवीयजी के निर्देश–स्नेह, राजेन्द्र बाबू तथा नेहरूजी के द्विवेदीजी के प्रति सम्मान, बनारसीदास चतुर्वेदी के स्नेह और टैगोर, क्षितिमोहन सेन के प्रेरणास्पद दिशा–निर्देश के द्विवेदीजी द्वारा सुनाये गये अनेक प्रसंग–संस्मरण आज मेरी निजी सम्पत्ति के साथ–साथ मेरे पथ के पाथेय भी हैं। इनसे द्विवेदीजी को मिली मानवीय करुणा। वह करुणा जो भारतीय वाङ्मय के गहन विश्लेषणात्मक अध्ययन, भारतीय साहित्य की संवेदना के आधारभूत ग्रन्थ श्रीमद्‌भागवत, महाभारत और रामायण का केन्द्रीय तत्त्व रही जो आगे के रचनाकारों का दिशा–निर्देशक रही, वही उनकी अपनी रचना का आधार बनी। फिर द्विवेदीजी इससे कैसे अछूते रहते। इसीलिए तो शुक्लजी के समानान्तर द्विवेदीजी मानवतावादी समीक्षक कहलाये।

'बाणभट्ट की आत्मकथा' का 'भट्ट' हो या 'भट्टिनी', 'निपुणिका' हो या 'महामाया' सभी तो, और पूरा उपन्यास करुणा विगलित हृदय का रूपाकार बना। 'चारुचन्द्र लेख' में भी करुणा दूर नहीं हट पायी। मानवी दुख को दूर करने के लिए रानी का प्रयास, गृहत्याग आदि अनेक प्रसंग इसके साक्षी हैं। 'पुनर्नवा' की आधार कथा मृणाल का जन्म, देवरात द्वारा पोषण और 'अनामदास का पोथा' का समूचा रचना–संभार इसी करुणा पर आधारित है। उनकी समीक्षाओं का आधार भी यही करुणा है, जो आगे बढ़कर मानवतावादी समीक्षा प्रणाली के रूप में प्रतिष्ठित होती है। सन्त कवियों, योगियों, नाथ पन्थियों, विशेषतः कबीर की प्रतिष्ठा इसी भावना का चरम उत्कर्ष है। पर यहाँ केवल करुणा ही नहीं, भारतीय आदर्श–त्याग भी उपस्थित है। निश्चय ही करुणा और त्याग को एक सुदृढ़ आधारभूमि चाहिए। इसी आकांक्षा ने जन्म दिया–उनके निबन्धों को। इन निबन्धों में भारतीय संस्कृति का पुनराख्यान ही नहीं, मानव स्वभाव के परिष्कार के लिए भी ये निबन्ध उपादेय हैं। और इसलिए भी कि ये निबन्ध भारतीय संस्कृति के अव्याख्यायित अंशों पर पड़े परदे को हटाने, धूल को साफ करने और उनकी युगीन व्याख्या के प्रयास हैं, जिससे हम परावलम्बी न हों, हम, सब कुछ के स्रोत की ख़ोज के लिए पश्चिमाभिमुख न हों हम अपने अतीत को न भूलें, कम–से–कम उस थाती को न भूलें, जिसे पश्चिमी देशों ने यहाँ से लेकर अपना बना लिया और आज हम जिसके आयात के लिए बेसब्र हैं। और, इन भावनाओं से भी बच निकले तो शब्दहीन प्राकृतिक–तत्त्वों से सीख लें।

काव्य का प्रस्फुटन ही करुणा से हुआ। मिथुनरत क्रौंच–बध की करुणा से आदि कवि का कण्ठ फूट पड़ा और वहीं, उसी क्षण काव्य ने जन्म लिया और तब से आज तक यह काव्य का आधार बनता चला आया, भले हम न पहचान पायें। ज़रूरत है, इसे पहचानने की युगानुरूप प्रासंगिक बनाने की। आचार्य द्विवेदी इसमें अग्रणी रहे। करुणा के आधार पर उन्होंने साहित्यिक सौन्दर्यबोध का मानदण्ड बदला, उसे नव–संभार से अभिषिक्त किया। और उन्होंने मनुष्य को यह समझाने का प्रयास किया कि जिसे हम अपने जीवन का सबसे बड़ा कलुष समझते हैं वही सबसे बड़ा सत्य है।

आचार्य परम्परा की कड़ी

प्रतीक्षा की घड़ियाँ बीत नहीं रही थीं। चाह थी एक व्यक्तित्व के मिलन की जिसके कृतित्व से तो मैं परिचित और अभिभूत था पर साक्षात् दर्शन का लोभ मन में था। यह लोभ मुझे बेचैन किये हुए था। विभाग की सीढ़ियों से ऊपर–नीचे हो रहा था। इसी बीच लम्बे–चौड़े गौर वर्ण, आकर्षक और सुदर्शन व्यक्तित्व को रिक्शे से उतरते देखता हूँ, इस व्यक्तित्व से मन का आतंकित और संकुचित होना स्वाभाविक था। मेरे पैरों में बेड़ियाँ सी पड़ गयीं। सम्भवतः मेरी खोजी निगाहों, संकुचित मन, स्थिर क़दम को उन्होंने भाँप लिया। तभी तो सीधे रिक्शे से उतरकर मेरे निकट आ खनकती वाणी में मुस्कराते हुए प्रश्न किया–"आप डॉ. राजमणि शर्मा है न?" उनके व्यक्तित्व का आतंक उनकी वाणी की सहजता से क्षणभर में तिरोहित हो उठा। यह और कोई नहीं मेरे अन्तस और मन में स्थान बना चुके डॉ. विश्वम्भरनाथ उपाध्यायजी थे। मेरे पहले पीएच.डी. छात्र के मौखिक परीक्षा में उनके अध्ययन की गहराई का मुझे परिचय मिला। शोध–प्रबन्ध की चीर–फाड़ और उनके वक्तव्य एवं टिप्पणियों का आनन्द मैं लेता रहा, बहुत–कुछ सीखता भी रहा। विद्वत्ता से आपूरित उनके हड़काऊ व्यक्तित्व से मैं अभिभूत होता रहा। पहली पीएच.डी. की मौखिकी परीक्षा का अनुभव आज तक मेरे जीवन के पथ का पाथेय है। उनके पाण्डित्य एवं अधिकारपूर्ण सहज शैली में अभिव्यक्त साहित्यिक विचार से हम सभी लाभान्वित हुए। मैंने पाया कि उन्होंने पाश्चात्य समीक्षा का जितना गहरा अध्ययन और मनन किया है उससे भी अधिक भारतीय परम्परा और सिद्धान्तों की उनमें गहराई है। अपने नये दर्शन, नये सिद्धान्त की स्थापना की उनमें ललक दिखाई दी।

अपने मिट्टी और खाद–पानी से उत्पन्न उनके दर्शन, चिन्तन एवं सिद्धान्तों में जहाँ सामान्य जन की वकालत है, जन सामान्य की पीड़ा से साक्षात् कराने

की ताक़त है, रूढ़–जर्जर एवं अप्रासंगिक बनी परम्परा पर प्रहार है, वहीं भारतीय संस्कृति एवं परम्परा के 'अच्छे' के प्रति मोह भी है। उनमें यथार्थ के प्रति मोह तो है पर अश्लीलता के मूल्य पर नहीं। उनका अपना यथार्थ केवल विचारधारा तक ही सीमित नहीं, अपितु वह गहरी अनुभूतिपरक संवेदना का पर्याय है। फलस्वरूप उनमें भावुकता है, पर गलदश्रु भावुकता नहीं।

डॉ. उपाध्याय विषय का कितनी गहराई से अध्ययन करते थे, उसके गुण–दोषों के विवेचन पर अपने व्यक्तित्व की छाप छोड़ते थे इसका प्रमाण भी मेरे पास है। हिन्दी पाठ्यक्रम विकास केन्द्र ने सम्पूर्ण भारतीय विश्वविद्यालयों में स्नातक एवं स्नातकोत्तर स्तर हेतु एक पाठ्यक्रम बनाया। विश्वविद्यालय अनुदान आयोग द्वारा नियुक्त दस विशेषज्ञों में वे भी एक थे जिन्हें इसका परीक्षण करना था। लगभग चार सौ पृष्ठों के उस पाठ्यक्रम पर उनकी रपट उनके तटस्थ व्यक्तित्व और पाण्डित्य का प्रमाण है।

आचार्य उपाध्याय ने अपने चिन्तन में अपनी आलोचना एवं संरचना प्रक्रिया पर प्रकाश डाला है। "मैंने आलोचना बौद्धिक चुनौती के परिणाम–स्वरूप लिखी–जो अपने को व्यक्त करने के लिए बेचैन करे, विकट मन्थन के भँवर में डालकर, अपने रूप को रचवाये, वह रचना है और जो स्पष्ट कराने के लिए, अदृश्य और रहस्यमय को ज्ञान की सर्चलाइट से स्पष्ट, दृष्ट और बुद्धिगम्य बनाये वह आलोचना है।" यह स्पष्टीकरण रचना और आलोचना का भेद ही नहीं स्पष्ट करता अपितु दोनों के लिए नये मानदण्ड भी निर्धारित करता है।

रचना–प्रक्रिया में आचार्य प्रवर की वैयक्तिकता दीप्त हो उठी है। वे स्वीकार भी करते हैं–"मैंने इस मन को, व्यक्ति के व्यक्तित्व को सर्वदा विशेष महत्त्व दिया है क्योंकि मुझे लगा है कि सामाजिक परिवर्तन के आन्दोलनों–संगठनों में तात्कालिकता के दबाव से मनुष्य के मन को दबाना पड़ता है किन्तु जब दबे हुओं का उद्धार ही क्रान्ति है तब मनुष्य के निजी मन की मुक्ति भी ज़रूरी है।" यह निजी मन की मुक्ति मार्क्सवादी सिद्धान्त की ही परिणति नहीं अपितु भारतीय–दर्शन की भी संकेतक है। सिद्ध योगी, सन्त इसी का तो आह्वान करते हैं। उनकी कविताओं में मन एवं मूल्य का अन्तर्द्धन्द्व साफ़ उभरता है। यह अन्तर्द्वन्द्व युगीन चेतना और सामाजिक अपेक्षा की देन है। यही गुण उनके काव्य को कालजयी बनाता है। उनकी कविताओं में उनके अपने मूड्स और मनोभावों का ही नहीं, मन और मूल्य के द्वन्द्वों का भी चित्रण प्रस्तुत है।

आचार्य प्रवर की दृष्टि में आत्मशिल्प का लक्ष्य सिर्फ़ सामाजिक–राजनीतिक चेतना की पुनर्निर्मिति नहीं अपितु मनुष्य के मन को मनाते

हुए उसको मानवीय बनाना रचनाधर्मिता का दायित्व होता। मनुष्य के मानवीकरण की इस प्रक्रिया का प्रमाण है उनका समूचा रचना संसार। 'रीछ' में विमल की चेतना का क्रमिक विकास ही नहीं, समग्र जीवन के परिदृश्य उपस्थित हैं वहाँ संघर्ष भी है, मानवीयता भी। 'दूसरा भूतनाथ' तो रोमांस को क्रान्ति के पथ का पाथेय बना देता है। इसमें देश की सुरक्षा, अखण्डता, इन्दिरा गाँधी की हत्या की परिस्थितियों का यथार्थ अंकन है। फलस्वरूप वे संकीर्ण और कुत्सित समाजशास्त्र के प्रबल विरोधी के रूप में हमारे सामने आते हैं। और यही कारण है कि उनकी रचनाओं में मनुष्य के बहुआयामी, बहुस्तरीय और सतरंगी जीवन–चित्र उपस्थित हैं। 'जाग मच्छन्दर गोरख आया' उनका बहुचर्चित उपन्यास है। इसमें भारत के लोक जीवन में प्रचलित वेद–बाह्य साधनाओं के गम्भीर अध्येता, बड़े लोग चिन्तक के रूप में प्रतिष्ठित हैं–हमारे आचार्य प्रवर।

साम्यवादी विचारधारा से प्रभावित प्रगतिशील आन्दोलन के प्रमुख कर्णधारों में श्रद्धेय उपाध्यायजी का नाम सम्मान से लिया जाता है। जहाँ प्रगतिशील आन्दोलन से जुड़े अन्य चिन्तक भाषा–समस्या के प्रश्न पर उर्दू–हिन्दी दोनों के पक्षधर बनते दीखते हैं, और यहाँ तक कि अंग्रेज़ी का समर्थन कर जाते हैं वहीं उपाध्यायजी ने हिन्दी को ही श्रेष्ठतम माना। उनके हिन्दी प्रयोग की, उनकी अभिरुचि और संकल्प की एक घटना से और पुष्टि होती है। वाइवा के दिन ही उनका आवासीय पता मैं लिख रहा था–अंग्रेज़ी में। उनकी निगाह पड़ी। एकाएक आक्रोश में आकर उन्होंने मेरे हाथ से काग़ज़ एवं क़लम छीन ली। डाँटते हुए कहा–"रोटी खाते हो हिन्दी की, लिखते हो अंग्रेज़ी में।" मैं हतप्रभ, असलियत से दुखी। जब तक क्षमा प्रार्थना करूँ तब तक हिन्दी में लिखा पता पकड़ाते हुए संकल्प कराया कि "अब अंग्रेज़ी का प्रयोग कभी नहीं करोगे।" निश्चय ही वे हिन्दी के एक सेनानी रहे हैं जो निरन्तर हिन्दी को अपना हक दिलाने की लड़ाई लड़ते रहे और हिन्दी–सेनानियों की संख्या में वृद्धि करते रहे। इस घटना ने मेरे जीवन की दशा और दिशा ही बदल दी। यद्यपि अन्ध–हिन्दी समर्थन के लिए विश्वविद्यालय जाँच–समितियों जैसे आँधी–तूफ़ान तक का भी मुझे सामना करना पड़ा, पर मैं क़भी डिगा नहीं। और आचार्य प्रवर के समक्ष लिए गये संकल्प को मैंने अपना जीवन बना लिया।

अन्त में! अनेक प्रगतिशील विचारक लेखक मेरे पूज्य, श्रद्धेय एवं मित्र हैं किन्तु उनमें हमारे औघड़ बाबा परम श्रद्धेय डॉ. विश्वम्भरनाथ उपाध्याय का स्थान सर्वोपरि है। उन्हें शत्–शत् प्रणाम।

मानवीय मूल्यों के रक्षक डॉ. श्रीवास्तव

यह वाक़या 1975 का है। जाड़े के शुरुआती दिन थे। सुबह के 6 बजे होंगे। अपने को एक दरवाज़े पर खड़ा पाता हूँ। कालबेल पर हाथ पड़ता है। कुछ क्षण बाद ही दरवाज़ा खुलता है। एक चश्माधारी सजा–धजा व्यक्तित्व अपने हाथों में कुछ काग़ज़ लिए खड़ा है। मेरे दोनों हाथ जुड़ते ही भीतर प्रवेश का संकेत मिलता है। मुझे कुर्सियों पर बिठाकर वह व्यक्तित्व वहाँ से ग़ायब। कहीं से किसी ध्वनि का आभास नहीं। क़दमों की आहट तक नहीं। सब कुछ सोया सा लगा पर सब तो जगा था। क्योंकि, कुछ क्षण बाद ही चाय के दो प्यालों के साथ उस व्यक्तित्व का पुनः आगमन। मैं स्तब्ध! न तो जान–न–पहचान, न परिचय पूछना, न यह पूछना कि किससे, किसलिए मिलना है, फिर भी चाय सामने–'चाय लीजिए' निर्देश के साथ हाल–चाल पूछे जाने की बारी आती है। मुझे मौक़ा मिलता है–अपने बारे में और यह कहने/बताने का कि मुझे डॉ. रवीन्द्रनाथ श्रीवास्तव से मिलना है। मेरे यह कहते ही, पीछे से किसी विदुषी के क़दम उसकी आवाज़ के साथ हमारी ओर बढ़ते हैं–"आपके सामने ही तो बैठे हैं–डॉ. श्रीवास्तव।" मैं भौचक! सोचता हूँ, कहीं मुझसे कोई भूल तो नहीं हुई। मेरी मनःस्थिति से साक्षात् करते हुए मोहक मुस्कान के साथ वे पूछ बैठे बनारस के अपने गुरुजनों, नातेदारों तथा मेरी शिक्षा–दीक्षा के सम्बन्ध में, मेरे परिवार के सम्बन्ध में। आश्चर्य। अपरिचित के साथ इतना आत्मीय और मानवीय व्यवहार। फिर तो मुझे अनेक अवसर मिले जहाँ हम दोनों साथ, कभी वीणा भाभी भी साथ। और! हर क्षण उनकी मानवीयता, सदाशयता, आत्मीयता का साक्षात्।

2

लगभग दस वर्षों पश्चात मैंने आचार्य हजारीप्रसाद द्विवेदी संगोष्ठी का आयोजन किया। स्मरण है–उसके सन्त्रास। और स्मरण है–उसके सहभागियों और श्रोताओं को भी वह संगोष्ठी। मैं इस संगोष्ठी का निर्देशक था। एक सार्थक/आदर्श संगोष्ठी की मेरी चाहत थी। इसलिए चाहता था–द्विवेदीजी पर एक सार्थक बहस। लोगों के पूर्वाग्रह और व्यवधान बहुत थे। सहयोग अपेक्षित था, सभी को साथ लेकर चलना चाहता था। डॉ. श्रीवास्तव इस संगोष्ठी की मेरी अपनी अनिवार्यता थे। पर उनकी व्यस्तताएँ और मेरा अपना छोटा क़द आड़े आ रहा था, फिर भी उनके स्नेह की थाती मेरा सम्बल थी। और! बिना किसी पूर्वाग्रह के वे अनेक कार्यक्रम छोड़कर आये। आये भी ट्रेन से–मेरी स्थिति का आकलन करके। रहे भी तीन दिन। हर संगोष्ठी में अपनी उपस्थिति का अहसास कराया। मेरी समस्याओं का समाधान किया। भाषा–संगोष्ठी की अध्यक्षता करते हुए, उन्होंने उसे अविस्मरणीय तो बनाया ही अपने ज्ञान के प्रभा मण्डल, सूक्ष्म तत्त्व विश्लेषणीय मेधा से हम सबको प्रदीप्त किया।

3

उनकी मानवता हम सबके लिए सीख बनी। मनुष्य–मनुष्य में भेद उन्होंने जाना नहीं। हर एक की सहायता के लिए वे हर क्षण तत्पर रहते थे। और तत्पर रहते थे सबको अपनी छाया देने के लिए। पर उनके मानदण्ड थे, उससे नीचे आकर नहीं। पुष्प के समान कोमल यह व्यक्तित्व, सिद्धान्त और मान्यताओं के धरातल पर पत्थर के समान कठोर, हिमालय के समान अडिग और समुद्र के समान अगाध ज्ञान राशि का भण्डार साबित हुआ।

और थे–वे एक वटवृक्ष। ऐसा वटवृक्ष जो चौराहे पर खड़ा अनेकों आँधी–तूफ़ान झेलता निरन्तर अपनी हरीतिमा सँजोए है। और! हर क्षण ज्ञानराशि–रूपी धरती के अतल तल से अपनी जीवनी–शक्ति सँजोता, मुक्तहस्त बिना किसी भेदभाव के हर एक की चिन्ता के परिहार, हर एक के श्रम बिन्दु को अपनी शीतल बयार से पोंछते वटवृक्ष थे वे। वे ऐसे वटवृक्ष भी थे, जिसने प्राकृतिक सिद्धान्त के विरुद्ध अपनी छाया में अनेक पौधों को विकसित किया। निस्पृह, कर्मयोगी, ज्ञान के आगार,

परम मानवीय डॉ. श्रीवास्तव की स्मृतियाँ हमारे पथ की पाथेय हैं, ठीक उसी तरह, जैसे इस विश्वविद्यालय के चौराहे का वह वटवृक्ष जो पिछली आँधी में हम सबके मन में अपनी स्मृति छोड़कर हमारे बीच से उठ गया। पर क्या चौराहे पर पहुँचते ही अपनी स्मृति से हमें उसका अभाव झिंझोड़ता नहीं? ऐसी ही नित की मानसिक झिंझोड़ डॉ. श्रीवास्तव की अमरता का आधार है।

□□